Peter Noller

Junkie – Maschinen

Rebellion und Knechtschaft im Alltag von Heroinabhängigen

Peter Noller

Junkie-Maschinen

Rebellion und Knechtschaft im Alltag von Heroinabhängigen

DUV DeutscherUniversitätsVerlag
GABLER · VIEWEG · WESTDEUTSCHER VERLAG

CIP-Titelaufnahme der Deutschen Bibliothek

Noller, Peter:
Junkie-Maschinen: Rebellion
und Knechtschaft im Alltag von Heroinabhängigen/
Peter Noller. - Wiesbaden: Dt. Univ.-Verl., 1989
Zugl.: Frankfurt (Main), Univ., Diss., 1987
ISBN 3-8244-4024-5

Der Deutsche Universitäts-Verlag ist ein Unternehmen der Verlagsgruppe Bertelsmann.

Satz: AlphaBet: Text & Satz, van Gelder und Giefer, Fankfurt a.M.
Druck und Buchbinder: difo-druck Bamberg
Printed in Germany

ISBN 3-8244-4024-5

Inhalt

Vorwort 7

1 Einleitung: Gewalt als geschichtliches Substrat der Szenesubkultur 9

2 Theoretischer Ansatz und empirische Vorgehensweise 18

2.1 Untersuchungskonzeption: Heroinszene und Populärkultur 18

2.2 Die materielle Kultur der Heroinszene: Alltag, Erfahrungen, Entwürfe. 25

2.3 Wunschproduktion 35

2.4 Lebensgeschichten: Erfahrungen im Sich-Erinnern 41

3 Die Dispositive der Macht: Wodurch die Fixer dazu gebracht werden, das zu sein, was sie sind 46

3.1 Der institutionalisierte Diskurs der Macht: Normalität und soziale Kontrolle 48

3.2 Die diskursiven Beziehungen von Heroinszene und Drogeninstitutionen. 55

3.3 Die Sündenbockfunktion: die Aufteilung der Welt in Gut und Böse 61

3.4 Kolonisator und Kolonisierter: Über die Erfahrung des Widerspruchs von eigener und fremder Kultur. 69

4 Lebensgeschichten: Versuche von Fixern, etwas aus dem zu machen, was aus ihnen gemacht worden ist 78

4.1 Nach der Haftentlassung: Auf der Suche nach dem Leben zwischen »Normalität« und »Anmache« der Szene 79

a.) Präsentation und Entwurf: »Ein neues altes Leben« 83
b.) Die Familie: »Ich habe gelernt, zu hassen und mich mit Gewalt durchzusetzen«. 97
c.) Die Personalisation. 113

4.2 Der Kämpfer: »Ich war die Revolution.« 145

a.) Präsentation und Entwurf: »Die Szene ist wie 'ne Heimat« 145
b.) Die Familie: »Was ich von meinem Vater habe, ist Arroganz und Durchsetzungsvermögen« 146
c.) Personalisation: »Ich habe gekämpft, gegen mich und mit mir« 152

4.3 Das Opfer: »Ich, Ulla, Fixer«. 166

a.) Präsentation und Entwurf: Festhalten an der Abhängigkeit 166
b.) Die Familie: Der Vater ein Haustyrann, die Mutter ängstlich 168
c.) Personalisation: »Ich, Ulla, Fixer!« 175

*5 Kolonialisierte Mentalität und Habitu*s 192

5.1 Junkie-Maschinen 193

5.2 Anders leben 201

5.3 Freiwillige Knechtschaft 206

Anmerkungen 211

Literatur 221

Vorwort

Die repressive Drogenpolitik in der Bundesrepublik ist gescheitert. Trotz massiver Eingriffe sozialer Kontrollinstanzen in die Drogenszene und in das Leben von Drogenabhängigen konnten weder die Zahl heroinabhängiger Menschen noch ihre Sterblichkeitsrate oder der Drogenhandel vermindert werden – und für die Fixer hat sich nichts am miesen Leben auf der Szene geändert. Veränderungen hingegen sind in der letzten Zeit in der drogenpolitischen Diskussion festzustellen. Über Themen, die bis vor kurzem noch massiv vom offiziellen politischen und therapeutischen Drogendiskurs bekämpft und tabuisiert wurden, wird heute verstärkt öffentlich nachgedacht: die Entkriminalisierung des Drogenkonsums und die Verteilung von Methadon an Heroinabhängige, die in Modellprojekten bereits erprobt wird. Aber dieser Wandel ist nicht der Einsicht in die Notwendigkeit einer repressionfreien und nicht ausgrenzenden Drogenpolitik entsprungen, sondern resultiert aus der gesellschaftlich produzierten Angst vor AIDS. Die Frage nach dem Schutz der Bürger vor den AIDS-»Risikofaktoren« Fixer und Heroinszene steht im Vordergrund der neuen Maßnahmen und Debatten, nicht die Frage nach einem anderen gesellschaftlichen Umgang mit dem sozialen Phänomen Heroinabhängigkeit. Im Gegensatz zum herrschenden Drogendiskurs, aus dessen Perspektive die Abhängigen vornehmlich als Kranke, Kriminelle, Opfer oder AIDS-Risikogruppe erscheinen, nimmt die vorliegende Studie eine Sichtweise ein, in der die Fixer auch noch im Gewaltzusammenhang der Heroinszene als Subjekte ihres eigenen Schicksals zu Wort kommen. Das Interesse der Studie zielt darauf ab, in der subkulturellen Szene Formen von Subjektivität aufzuspüren, die unter bestimmten Umständen die Fixer zur Selbstbefreiung aus der schlechten Realität der Heroinszene befähigen. Obwohl die repressive Drogenpolitik und die vorherrschende inquisitorische Drogentherapie dem Prozess der Selbstbefreiung und Subjektivierung entgegen wirken, verweisen neuere Forschungsergebnisse über die Selbstheilung von Fixern auf die zunehmende Bedeutung dieses bisher kaum wahrgenommenen Phänomens. Diese Perspektive aus den eigenen Regeln der Heroinszene freizulegen und damit zugleich das in den Insitutionen der sozialen Kontrolle vorherrschende objektivierende Selbstverständnis von der Heroinszene und den Fixern zu seiner Überwindung infrage zu stellen – dazu möchte das vorliegende Buch einen Beitrag leisten.

Die Ergebnisse der Studie basieren auf ausführlichen Beobachtungen und Gesprächen auf der Heroinszene und in Drogeninstitutionen in Frankfurt und Berlin. Ohne Vera, Michael und Ulla, die mir ihr Vertrauen geschenkt und ihre Lebensgeschichte erzählt haben, wäre diese Arbeit nicht zustande gekommen. Mit ihren kritischen Fragen zur Konzeption der Arbeit und Interpretation der Ergebnisse haben Helmut Reinicke und Heinz Steinert wichtige Anregungen gebeben. Mein ganz besonderer Dank gilt Ruth Fühner, die mit ihrer hartnäckigen Kritik wesentlich zur endgültigen Fassung des Buches beigetragen hat.

1

Einleitung: Gewalt als geschichtliches Substrat der Szenesubkultur

»Ohne Grausamkeit kein Fest: so lehrt es die älteste, längste Geschichte des Menschen – und auch an der Strafe ist so viel Festliches!« (F. Nietzsche)

Die Untersuchung stellt den Versuch dar, die materielle Kultur[1] der Heroinszene als ambivalente Ausdrucksform einer subkulturellen Lebensweise zu deuten, die bestimmte Subjektivitätsformen wie auch deren Verhinderung hervorbringt: Rebellion und Knechtschaft. Der Schwerpunkt liegt auf der Beschreibung der materiellen Erkenntnis, die die Heroinszene über die soziale wie die eigene Welt hervorbringt. Die Erfahrung von Gewalt wird dabei als konstitutives Element begriffen für die Beschränkungen, denen sich die Fixer auf der Subkultur unterwerfen, wie auch für ihre Lebensentwürfe zur Überschreitung des Gegebenen. Die Arbeit greift diesen Zusammenhang unter der Fragestellung auf: wie kann auch noch in einer von Gewalt beherrschten Szene wie der Heroinszene die Möglichkeit sich befreiender Subjektivität gedacht werden? Ich versuche, diese Frage aus einer doppelten Perspektive zu beantworten: auf der einen Seite wird der Prozess der »Subjektivierung von Randständigen« (K. Dörner 1988)[2] ernst genommen, auf der anderen Seite wird deutlich gemacht, wie Fixer, die sich als Fixer bekennen, der herrschenden Kultur einen Spiegel über ihre eigene Verfaßtheit vorhalten. Mit der Verbindung beider Seiten in der Analyse möchte ich schließlich zeigen, daß die Anerkennung der »anderen« Kultur der Heroinszene die Grenzziehung der Bürger gegen die Randständigen als ihre Objekte und Opfer unbrauchbar macht, und die Voraussetzung für einen nicht repressiven Umgang mit dem sozialen Problem Heroinabhängigkeit sowie für die Selbstbefreieiung der Fixer schafft.

Gewalt ist auf der Szene alltäglich. Seit jeher ist sie die Stütze des herrschenden Geschichtsprozesses. Gewalt wurden den Menschen immer schon eingebleut, um mit Strafe und Schmerz Unterdrückte zu erzeugen. Zugleich haben die Menschen die jeweils historisch entstandenen Formen von Grausamkeit und Gewalt so erinnert, daß sie zu ihrer zweiten Natur wurden: sie sind die Pfeiler der Geschichte. Nicht nur, weil sie von den Herrschenden ausgeübt wurden, auch weil sie das Handeln und Denken der Opfer bestimmen.

Der unterdrückte Teil der Menschheit hat sich in der Geschichte einer freiwilligen Knechtschaft unterworfen, die Selbstaufopferung und Selbstfolter verlangt; zugleich konstituiert sich in der Empfindung des Schmerzes das Sensorium der Menschen für die reale Erfahrung dieser Herrschaftsgeschichte, die die Erfahrung des Widerstandes einschließt. Damit ist aber auch die Möglichkeit gegeben, nicht nur die aufgezwungene Gewalt unter den jeweiligen historischen Bedingungen zu ertragen; sondern auch umgekehrt, die Sehnsüchte nach Selbständigkeit auszusprechen.

Die Vorstellungen von einem besseren Leben, von Freiheit und Selbstbestimmung existieren real nur durch die Negation von erfahrenem Zwang und Gewalt. Der Versuch, ihnen innerhalb der bürgerlichen Gesellschaft zu entkommen, trägt ihre Male allemal.[3] Dies trifft insbesondere auf die kulturelle und soziale Praxis von sozialen Gruppen zu, die – wie die Heroinszene – an den Rand der Gesellschaft gedrängt sind.

Befreiung vom Zwang setzt die Einsicht in deren Notwendigkeit voraus; diese wiederum geht auf Erfahrungen zurück. Die Erfahrungen der Subjektivierung und der Selbstbefreiung liegen freilich bei Subkulturen wie der Heroinszene unterhalb des Zwangs des offiziellen Geschichtsverlaufs und des herrschenden Diskurses über das soziale Problem Heroinabhängigkeit. Ihre Subgeschichte muß deshalb immer wieder als das geschichtliche Substat der Heroinszene von neuem nachgezeichnet und in den Erinnerungen der Menschen entdeckt, aus ihnen hervorgeholt und als das geschichtlich Unabgegoltene in ihren aktuellen konkreten lebensgeschichtlichen Erfahrungen und Lebensentwürfen ausgewiesen werden.

Ziel der Arbeit ist es, die auf Veränderung drängenden Erfahrungen von Heroinabhängigen im Alltag der Szene aufzuspüren und den Spuren nachzugehen, in denen sich die Subjekte selber wiederentdecken. Sie will den Ausdrucksformen einer subkulturellen Lebensweise als Produktivkraft auf die Spur kommen, d.h. der Spontaneität, den Widerständen, dem Trotz und den übrigen Reaktionsweisen der Subjekte in der Subkultur, die diese in der Konfrontation mit Herrschaft entwickeln.

Untersucht wird die materielle Kultur der Heroinszene. Diese wird dabei als materiell-kulturellen Produktion innerhalb einer spezifischen Populärkultur Jugendlicher begriffen. Die Untersuchung greift den sozialen Hintergrund der konkreten Erfahrungen kultureller und geschichtlicher Verhältnisse auf und geht den Produktivkräften der Lebensentwürfe nach, die das »Potential eines praxeologischen Wachstums« (U. Sonnemann) bilden; d.h. sie geht der praktischen Möglichkeit nach, aus der konkreten Erfahrung die Zwangsverhältnisse bewußt und transparent und dadurch das eigene Schicksal zum Gegenstand von Selbsterfahrung und Selbstbefreiung zu machen.

Ausgangspunkt der Untersuchung ist der Alltag der Heroinszene, der von Formen der Gewalt geprägt ist: von Unterwerfung und Widerstand. Dabei müssen wir davon ausgehen, daß auch die Freiheiten, die die Fixer in der relativ autonomen Kultur der Heroinszene leben, von Formen der Gewalt, von freiwilliger Knechtschaft und der Sittlichkeit von Kolonialisierten geprägt sind. Im Lebenszusammenhang der Heroinszene fügen sich die Fixer auf der einen Seite selbst Gewalt zu, um die Gewalt gegen ihre Körper und ihre Seelen aushalten zu können; auf der anderen Seite dient ihnen diese selbstzerstörerische Gewalt zur Vergewisserung ihrer subkulturellen Identität, mit der sie sich gegen den Normalitätsentwurf der herrschenden Kultur zur Wehr zu setzen versuchen. Die angeeignete Gewalt in der Subkultur richtet sich aber nicht nur gegen die »Normalität«, sondern auch gegen die Fixer selber: im Widerspruch zwischen Selbstbehauptung und Abgrenzung gegenüber der Normalität wird Gewalt für sie schließlich zu einer Frage des Überlebens.

All dies findet an der Peripherie der Gesellschaft statt, hinter dem Schleier des »zivilisierten« und »gewaltlosen« Alltags der Normalgesellschaft. Aber gerade diese Verschleierung von Gewalt verweist auf die Spuren von Beschädigungen, die die bürgerliche Gesellschaft als Zivilisationsprozess hinterlassen hat. Diese Spuren, gelesen innerhalb einer Subgeschichte der Szene, sind Teil einer Genealogie der Gewalt, die die Formen der Ausbeutung und Unterdrückung des kapitalistischen Produktionsprozesses begleiten und sich bis in die Besonderheiten der individuellen Psyche hineinverlängern. Gewalt bildet dabei jene Doppeltheit von Subjektivität ab, welche sich als Widerstand gegen Herrschaft richtet und sich zugleich dieser unterwirft. Die Subkultur weist sich so durch die Produktion von Gewalt als alte geschichtliche Form wie als deren Neuproduktion aus.

Dieses geschichtliche Substrat der Heroinszene wird im herrschenden Drogendiskurs in der praktizierten Drogenpolitik in den öffentlichen und politischen Debatten über das soziale Problem Heroinabhängigkeit weitgehend verdrängt. Die Gewalt, die die Fixer in ihrer Lebensgeschichte sowie auf der Szene erfahren haben und die ihr Schicksal prägt, sowie die Gewalt, die sie sich selber antun um zu überleben, wird lediglich als Ausdruck individueller Krankheit gesehen. Hier existiert die Welt der Fixer vornehmlich als Ansammlung von Kranken und Kriminellen, die der zerstörerischen Wirkung der Droge verfallen oder Opfer einer Drogenmafia geworden sind. Der »Krieg« der staatlichen Apparate gegen das Rauschgift richtet sich dabei aber nicht nur gegen die Händler und Vertreiber von illegalen Drogen, sondern auch gegen den verzweifelten Versuch von Jugendlichen, der herrschenden Normalität die Verwirklichung von Sehnsüchten und Hoffnungen abzuringen, die sie an Drogen und Subkultur knüpfen.

Im wissenschaftlichen, politischen und öffentlichen Diskurs wird überwiegend das Kranke und Asoziale der Szene hervorgehoben und retrospektiv die Frage nach den individualgeschichtlichen und familialen Ursachen der Abhängigkeit gestellt. Die Seite der Produktion von Wünschen nach einem besseren Leben, die Seite also, die die Handlungen und Motive der Szenemitglieder in Richtung auf die Überschreitung des Gegebenen leitet, bleibt dabei völlig ausgespart. Auf diese einseitige Betrachtungsweise der kulturellen Praktiken und individuellen Handlungsstrategien auf der Szene ist zurückzuführen, daß in den gängigen sozialwissenschaftlichen, psychoanalytischen oder psychologischen Erklärungsmodellen von Sucht und Subkultur die Gewalt auf der Szene nicht mehr als Möglichkeit eines konkreten und symbolischen Handelns von Individuen verstanden werden kann, das sich in den Erfahrungen der Subjekte konkretisiert und ihnen damit zu einem Gegenstand wird, mit dem sie einen jeweils »anderen« Lebenszusammenhang überhaupt erst denken und herstellen können. Dadurch bleibt verdeckt, daß die im Lebenszusammenhang der Heroinszene praktizierte Gegengewalt zur Aufhebung von Gewalt immer auch den praktischen Versuch der Fixer einschließt, innerhalb der Subkultur Formen von Selbstbestimmung und Selbstbewußtsein auszuleben. Letztlich ist aber nur durch diese Praxis der enge Zusammenhang zwischen Selbstzerstörung und Suche nach einem besseren Leben in der Welt der Heroinszene zu verstehen.

In den Empfindungen der Fixer ist dieser Zusammenhang vermittelt über die ambivalente sinnliche Erfahrung beim »Schuß«, in die die Erfahrung des guten »feelings« und die der Selbstverstümmelung und des körperlichen Zerfalls einfließen. Das selbstzerstörerische Ritual des Alltags wird zu einer Vergewisserung der eigenen Identität und darin zum Protest gegen die schlechte Normalität.

Die Selbstzerstörung auf der Szene gilt es demzufolge nicht als individuellen Mangel, sondern als Teil des gewaltsamen Lebenszusammenhangs innerhalb der bürgerlichen Gesellschaft und des ausgrenzenden Umgangs mit Randständigen zu thematisieren. Als Opfer und Mitglieder einer am Rande der Gesellschaft lebenden sozialen Gruppe halten die Heroinabhängigen dieser Gesellschaft einen Spiegel vor, in dem die in ihr praktizierte und produzierte Gewalt, die Negativität und Konflikthaftigkeit zwischenmenschlicher Beziehungen sichtbar wird. Die Gesellschaft wiederum reagiert darauf mit dem Versuch der Grenzziehung durch die Kriminalisierung der Szene und die Pathologisierung ihrer Mitglieder: das Abweichende der Szene soll so von dem, was als normal zu gelten hat, unterschieden werden.

Aber die Szenemitglieder akzeptieren diese Grenzziehung nicht. Sie wollen die Anerkennung des »Anderen« der Subkultur und die Anerkennung ihrer spezifischen Form der Subjektwerdung durch die Gesellschaft. Ihre »Krankheit« sehen sie selber (das wird die Darstellung der Lebensgeschichten zeigen) ganz im Sinne von J. Genet und J.P. Sartre nicht als eine individuelle, sondern als historisch verursachte Pathologie, d.h., als Teil einer »objektiven Neurose«, die das Verhalten aller Menschen in der bürgerlichen Gesellschaft prägt. Nicht die »Krankheit« ist für sie das Problem, sondern die Nicht-Anerkennung als Subjekte und die Nicht-Anerkennung der Differenz der Szene zur Normalität. Aus diesem Grund machen Fixer auch immer wieder ihren eigenen Willen zur Voraussetzung für die Abkehr von der Droge oder umgekehrt für das Festhalten an der Sucht. In diesem Festhalten am eigenen Willen kommt das ganze Dilemma der Szene zum Ausdruck: sie ist zur »Freiheit verurteilt« (J.P. Sartre), Selbstbestimmung im Schuß Heroin zu praktizieren.

Die Perspektive, die ich als Konsequenz dieser Einsicht im folgenden einnehmen werde, geht von einer gesellschaftlichen Konfrontation zwischen dem sogenannten »normalen« und dem subkulturellen Lebenszusammenhang aus. Diese Konfrontation ist konstitutiv sowohl für den Szenealltag, das Setting der Drogenbeschaffung und -handhabung und die individuellen Überlebensstrategien der Heroinabhängigen, wie auch für die spezifische Art und Weise mit der polizeiliche, medizinische, öffentliche und sozialtherapeutische Drogeninstitutionen normative Kontrollmechanismen durchsetzen und eine bestimmte, das Fremde der »abweichenden« Kultur ausgrenzende Umgangsweise mit dem Problem Heroinabhängigkeit und Fixer produzieren und reproduzieren. Im Zentrum der Untersuchung steht die Frage, wie die Fixer in einer gesellschaftlichen Allgemeinheit zu leben versuchen, die ihnen als – wie sie es selber sehen – feindliche Kultur gegenübersteht. Desweiteren wird gefragt, welche handlungsleitenden Lebensentwürfe sie aus dem Konflikt zwischen der Szene und den auf Normalisierung zielenden Machtinteressen der Gesellschaft entwickeln und in ein aktives und praktisches Verhalten, d.h. in einen subkulturellen Szenehabitus überführen. Ich gehe dabei davon aus, daß der Prozess der Subjektwerdung der Fixer innerhalb einer bestimmten gesellschaftlichen Konjunktur stattfindet, welche durch Gesetze, Rechtsprechung, Therapiemodelle und öffentliche Meinung eine ausgrenzende, d.h. die kulturelle Differenz der Subkultur prinzipiell nicht anerkennende gesellschaftliche Umgangsweise mit dem Problem Heroinabhängigkeit festlegt, und die die Selbstüberschreitung und die Selbstfindung der Fixer als andere Lebensform nicht nur verhindert, sondern in das Gegenteil verkehrt; daß die Gesellschaft und die Institutionen der sozialen Kontrolle perfekt verdrängen, daß sie konstitutives Element bei der Hervorbringung von Gewalt auf der Szene sind, korrespondiert mit einer spezifischen Praxis der Individuen auf der Heroinszene: indem sich die Fixer selbst kaputt machen, zeigen sie der Gesellschaft, wie sie Individuen kaputt macht. Ausgehend von dieser Perspektive auf die kulturellen Praktiken der Heroinszene lautet die zentrale These meiner Arbeit: innerhalb des Gewaltzusammenhangs der Heroinszene kann von den Individuen Selbstbestimmung radikal nur gelebt werden als Selbstzerstörung; zugleich dient diese den Mitgliedern der Szene zur Vergewisserung der eigenen Identität und Subjektivität.

Der empirische Zugriff auf diese soziale Realität, die sich in der Praxis einer gelebten Kultur und in ihren Denk- und Praxisformen artikuliert, ähnelt einer Reise. Der Forscher überschreitet die Grenzen seiner Erlebniswelt und entdeckt Fremdes oder gar Exotisches. Aus der Konfrontation mit dem Anderen bleiben Eindrücke, Empfindungen und Irritationen zurück, die er mit den ihm zur Verfügung stehenden Theorien zu ordnen und zu erklären versucht. Was er vorfindet und aufzeichnet, sind zunächst nur Bruchstücke und Ausschnitte aus der chaotischen Mannigfaltigkeit der Formen der anderen sozialen Realität. Mittels eines Konstruktionsverfahrens, das von der wissenschaftlichen Praxis geleitet wird, versucht er ein neues Ganzes zu produzieren, das über das Bruchstückhafte hinausweist. Die Untersuchung des Unmittelbaren und Konkreten – und dies schließt immer die Untersuchung des Sozialen als sich vollziehender Totalität mit ein – setzt dabei voraus, daß »wahr nicht das Gebet oder das Recht ist, sondern der Melanesier dieser oder jener Insel, Rom, Athen« (Marcel Mauss). Die Erkenntnis dieser sozialen Tatsache, die aus der wissenschaftlichen Praxis kommt, ist demzufolge nicht identisch mit der Sache selbst. Aber es besteht eine Affinität zwischen der Praxis der primären Erfahrung und der Praxis der wissenschaftlichen Erfahrung, die sich im forschungspraktischen Prozess der Analyse als Erkenntnispraxis konstituiert.

Die methodischen und erkenntnistheoretischen Grundlagen der Studie werde ich im folgenden zweiten Kapitel der Arbeit behandeln. Die Ausführungen sind sowohl als Begriffsklärung zum Verständnis der Subkultur Heroinszene wie auch als Resultat meiner Erfahrungen im Forschungsprozess zu begreifen. Wichtig schien mir dabei zu fragen, wie in dieser Kultur (und dies trifft auf andere Jugend- und Subkulturen genauso zu) Forderungen nach einem anderen Alltag überformt, welche neuen Nischen entdeckt, welche Strategien eingeschlagen werden, und warum sich die Subjekte schließlich immer wieder der schlechten Realität unterwerfen.

Ich werde im Anschluß daran den Nachweis für die These von der Selbstzerstörung als spezifischer Form der Erfahrung von Subjektivität von den beiden Seiten her führen, die den Alltag der Szene bestimmen: von der Seite der sozialen Kontrolle und der Seite der relativ autonomen Kultur der Heroinszene.

Kapitel drei handelt von der Machtausübung der Kontrollinstanzen. Die Analyse der Macht als Reproduktionsbedingung der Szene geht dabei von der Frage aus, wie Fixer zu dem gemacht werden, was sie sind – kranke Kriminelle. Hierzu werden jene Dispositive nachgezeichnet, die aus den institutionalisierten Strategien der Macht hervorgehen.

In Kapitel vier wird dann vor diesem Hintergrund die Konstitution von Autonomie und Subjektivität als Formen von Widerstand und Unterwerfung von Fixern untersucht, wie sie aus den Erfahrungen von lebensgeschichtlichen und subkulturellen Lebenstätigkeiten der Subjekte hervorgehen. Die zentrale Frage in diesem Kontext lautet: was machen die Fixer aus dem, was aus ihnen gemacht worden ist; d.h., wie überschreiten sie, was man ihnen aufzuzwingen versucht und was sie als schlechte Realität erfahren.

Im fünften Kapitel werde ich schließlich zeigen, wie sich im Alltag der Heroinszene die Lebenspraxis der Fixer zu einer relativ autonomen Kultur des Überlebens verdichtet. In ihr konstituiert sich auf unterschiedlichen sozialen Ebenen und in zahlreichen Schichtungen von Beziehungen das Verhältnis von Lebensgeschichte, Szeneökonomie und sozialer Kontrolle als ein spezifischer Erfahrungs- und Erlebniszusammenhang in der Subkultur: eine kolonialisierte Alltagswelt, in der die Szenemitglieder das »andere Leben« nur noch als Exposition der schlechten Realität der Szene und der Normalität leben können. Ich werde beschreiben, wie auch noch im kolonialisierten Habitus und der Mentalität der Szene subjektive Dimensionen zum Ausdruck kommen, in die die Erfahrungen einer unabgegoltenen Naturgeschichte der Menschheit einfließen: die Erfahrungen einer subkulturellen sozialen Praxis, die über die herrschende Gewalt und Unterdrückung so hinausweist, wie sie die Wunschproduktion von »Junkie-Maschinen«[4] in der sozialen Realität konkretisieren.

2

Theoretischer Ansatz und empirische Vorgehensweise

2.1 Untersuchungskonzeption: Heroinszene und Populärkultur

Die Betrachtung der subkulturellen Erfahrungswelt von Fixern auf der Heroinszene und die Herausbildung einer spezifischen Form von subkultureller Subjektivität und Identität, einer den herrschenden Verhältnissen entgegengesetzten eigenen Kultur der Szene sowie eines eigenen Alltags am Rande der Gesellschaft bezieht sich im Folgenden auf den Zusammenhang von individualgeschichtlichen Erfahrungen, von Erfahrungen gesellschaftlicher Macht und sozialer Kontrolle sowie den Alltagserfahrungen auf der Szene. Mit der Analyse der subkulturellen Erfahrungswelt der Fixer werden der Alltag sowie die Reflexionsformen einer bestimmten Populärkultur erfaßt – die Heroinszene als Teil der Erscheinungsweise der Jugendkultur. Diese bezeichnet eine bestimmte Realität. Sie ist der Ausdruck von »tiefgreifenden und bislang ungelösten Strukturproblemen fortgeschrittener Industriegesellschaften« (Gerdes/Wolffersdorff-Ehlert 1974 S. 314), die in den subkulturellen Protestbewegungen wie auch in der Drogenkultur ihren Ausdruck finden. In die Analyse der Subkultur Heroinszene fließen damit Annahmen aus der Tradition der kritischen Jugendkulturforschung sowie einer Theorie sozialer Bewegungen ein, die eine kritische Auseinandersetzung mit der zunehmenden

Individualisierung der Drogenabhängigkeit und der Pathologisierung der Szene in der Drogenforschung ermöglichen.

Jugendkulturelle Bewegungen haben Jugendforscher immer wieder gezwungen, ihre Erklärungsmodelle zu korrigieren oder gar zu ersetzen. Waren die Jugendtheoretiker zum Beispiel von der Revolte 1968 völlig überrascht, so haben die Unruhen eines Teils der Jugend Anfang der achtziger Jahre (Hausbesetzungen, Punk u.a.m) Bundesregierung und Jugendtheoretiker zumindest dazu bewegen können, das »Phänomen Jugend« neu zu überdenken. Die Bundesregierung setzte eine Enquête-Kommission ein, die zu dem für sie beruhigenden Ergebnis kam, daß der größte Teil der Jugend den Normen und Werten der »freiheitlich demokratischen Grundordnung« »positiv« gegenüberstehe; in der sozialwissenschaftlichen Beschäftigung mit der Jugend führten die Unruhen immerhin zu einer Veränderung forschungspraktischer Fragestellungen und theoretischer Perspektiven (M. May 1986). Darauf ist zurückzuführen, daß die »Lebensphase Jugend« (Hurrelmann, Rosewitz, Wolf 1985) heute vielfach nicht mehr, wie in der traditionellen Jugendsoziologie, als Durchgangsstadium und Moratorium zur Vorbereitung auf die Erwachsenenrolle aufgefaßt wird, sondern als Ausdruck eines gesamtgesellschaftlichen Strukturkonfliktes und sozialkultureller Phänomene, die mit Stichworten wie Wertewandel, Ende der Arbeitsgesellschaft, Individualisierung etc. gekennzeichnet werden (H. Fend 1988; D. Baacke/W. Heitmeyer 1985; J. Zinnecker 1987). So wird Jugendtheorie gegenwärtig im übergreifenden Rahmen einer Gesellschaftstheorie entwickelt, die soziale Wandlungsprozesse auf die Entwicklung jugendlicher Lebensphasen bezieht (Rosenmayer 1985). Die Neubestimmung der Jugendforschung ist dabei eng verbunden mit der Reflexion auf veränderte Bedingungen des Aufwachsens (H. Fend 1988; W. Jaide 1988) und der jugendkulturellen Produktion von Lebensweisen und -stilen (M. May 1986; Shell-Studie Jugend 81; DJI 1983). Der kulturtheoretische Ansatz des Centre of Contemporary Cultural Studies in Birmingham/England (CCCS)[5] hat dazu wesentlich beigetragen. Die Eigenstruktur von sub- und jugendkulturellen Lebenszusammenhängen werden in der Analyse des »whole way of life«(R.

Williams) ins Zentrum der Betrachtungen gerückt.[6] So richten neuere Untersuchungen ihr Augenmerk auf die Beschreibung der Eigenstruktur sozialer Gruppen und das Eigensinnige im Alltag von Jugendkulturen. In diesem Zusammenhang definiert Baacke (1987) Jugendkultur »als Absatzbewegung auf der kulturellen Ebene« (ebda: S. 5), in der »neue Stile, neue Auffassungen von Subjekt, Individuum und Identität« (ebda.) in »Szenen« neu geschaffen werden.

Diese Betrachtungsweise von Jugendkulturen öffnet den Blick auf die Erfahrungsproduktionen und die Versuche der Jugendlichen, eigene Lebensformen zu entwickeln, die nicht auf die Lebensphase Jugend beschränkt, sondern auf das Leben in der Gesellschaft ausgerichtet sind. Die über die Lebensphase Jugend hinausweisende Annahme betont dabei die konstitutive Rolle von Jugendkulturen und von Subjektivität für den individuellen und kulturellen Wandel in der Gesellschaft. Der erkenntniskritische Hintergrund einer solchen Analyse ist im Kontext von Forderungen zu sehen, die in den siebziger Jahren vor allem von der Studentenbewegung als moralische Elemente und als Alltagssittlichkeit vorgestellt wurden und bis heute von den neuen sozialen Bewegungen praktisch gefordert werden. Im Kern geht es in diesen Bewegungen um den Versuch, Autonomie und einen qualitativ anderen Alltag durchzusetzen. Die Jugendkultur ist der vehementeste Ausdruck dieser sozialen Bewegung. Sie stellt den sozialen Habitus dar, den die soziale Bewegung in den Alltag und in subkulturelle Szenen wie die Drogenszene gebracht hat.

Der Schlüssel für die Erfassung dieses Zusammenhangs liegt in den gelebten Erfahrungen, die in der Auseinandersetzung mit der sozialen Welt von den Subjekten der Jugend- und Subkulturen gemacht werden. In ihnen wird ein anderes Leben erprobt, gewinnen die Jugendlichen ihre eigenen Werte und Normen aus der Auseinandersetzung mit den herrschenden Werte und Normen der Gesellschaft. [7] Da aber zugleich die Hervorbringung eines eigenen, selbstbestimmteren Lebenszusammenhangs stets im Konflikt mit und innerhalb des herrschenden Lebenszusammenhangs stattfindet trägt das »Neue« immer auch noch die Zeichen des »Alten«, die Zeichen der herrschenden Gesellschaft. Die Analyse von Jugend- und Subkulturen muß diesem Widerspruch gerecht werden. In der herrschenden Jugend- und Subkulturforschung besteht hier ein Defizit. Dies ist vor allem darauf zurückzuführen, daß Erfahrungen der Gewalt und von der Produktion und Reproduktion von Herrschaft nicht systematisch als Konstitutionselement von Subjektivität mitgedacht werden: der konstitutive Widerspruch von Protest und Bornierung bei der Herausbildung von Subjektivität und von kulturellen Lebensformen bleibt dadurch ausgespart.

Auf diese Verengung des Forschungsblickwinkels ist auch zurückzuführen, daß die Heroinszene vorrangig als eine vom illegalen Drogenmarkt abhängige Ansammlung von Opfern und nicht unter dem Aspekt eines sub- und jugendkulturellen Zusammenhangs betrachtet wird. Die Erfahrungsproduktion der Fixer, wie sie in meiner Analyse aus der Selbstdarstellung von heroinabhängigen Individuen gewonnen wurde, wird eine andere Wahrheit vor Augen führen: die Heroinszene produziert der Möglichkeit nach Dimensionen der Selbstbefreiung aus der Erfahrung der Widersprüche im Alltag der Szene. Die Voraussetzung für diese Sichtweise ist freilich die Einsicht, daß die Befreiungsversuche soziale Bewegungen ebensowenig ohne die Seite der mögliche Reproduktion von Gewalt und Herrschaft zu denken sind wie umgekehrt die Heroinszene nicht ohne emanzipatorischen Impetus. Erst vor diesem Hintergrund kann die am Rande der Gesellschaft existierende Heroinszene als Zeichen eines aktuellen gesellschaftlichen Konflikts betrachtet und die Analyse ihrer Erfahrungswelt zum Ausgangspunkt für die Explikation gesamtgesellschaftlicher Prozesse genommen werden.

Mit der Zunahme des Drucks auf die Drogenszene und der Pathologisierung ihrer Mitglieder, die sich zur beherrschenden Machtstrategie der Gesellschaft gegenüber der Subkultur entwickelt haben, hat sich allerdings auch die Praxis der Drogenszene von den Desideraten einer sozialen Bewegung völlig losgelöst. Auch die Formen der sozialen Bewegungen haben sich geändert. Ein direkter und offensichtlicher Zusammenhang zwischen Heroinszene und politisch-sozialen Bewegungen ist deshalb nicht umstandslos herstellbar.

Dennoch verweist die Form des Denkens und Handelns der Fixer, mit der sie ihre gelebten Lebensformen erklären und praktizieren, auf diesen sozialen Kontext.

In subkulturellen Freiräumen probieren Jugendliche anders zu leben. Sie suchen Freiräume vor den Zwängen des Staates und der Familie und wollen Autonomie erproben. Übergreifende Begriffe, mit denen die emanzipatorische Jugendkultur wie auch der Drogensubkultur ihren eigenen Lebenszusammenhang reflektieren, sind Kommunikation, neue Erfahrungen, ein anderes Leben. (Noller/Reinicke 1986)

Am Ende der Drogenkarriere steht freilich für die Subjekte die Unmöglichkeit, diese Sehnsüchte zu realisieren. Doch noch in der kupierten Form von Subjektivität drücken sich für die Fixer Sehnsüchte aus, die sie radikal als Selbstzerstörung leben. Sie vertreten und entwerfen dabei für ihr Leben substantielle Forderungen einer vorsichgehenden Gesellschaftskritik. Zugleich bringen die Formen ihrer subjektiven Artikulation und sozialen Veränderung bornierte Formen der Revolte hervor. Selbstverstümmelungspraktiken gehören hierher ebenso wie die Verdoppelung der miesen Welt in der Drogenszene. Hier soll zwar eine andere Welt gelebt werden, sie wird aber als kupierter Doppelgänger der bestehenden produziert. Der Versuch der Aneignung individueller Kreativität, Autonomie, Identität u.ä. findet bei den Fixern schließlich auch in sozialen Räumen statt, in denen sie wie »Neger im eigenen Land« behandelt und kolonisiert werden. Die Kolonialisierung[8] bestimmt ihre Lebenserfahrung auf der Szene und ist konstitutiv für eine Mentalität und einen Habitus, in dem sie sich ihrer Autonomie durch Selbstzerstörung vergewissern. Gleichzeitig ist für die Fixer eine neue, entkolonialisierte Gesellschaft, neues Land nicht in Sicht. Die Freiräume, in denen sie anders leben können, bleiben vorerst noch ohne Ort. Sie glauben, sie auf abseitigen und gefährlichen Fluchtrouten zu entdecken: an dieser Hoffnung halten die Fixer noch im kaputten Alltag der Szene fest.

Der Drogenforschung ist der Blick auf diese Zusammenhänge weitgehend verstellt. Nur wenige Ansätze gehen davon aus, die Drogensubkultur sei eine Ausdrucksform der »Suche nach erfüllter

Gegenwart« (Gerdes/Wolffersdorf-Ehlert 1974), in der die Leistungsansprüche der bürgerlichen Gesellschaft zurückgewiesen (H. Berger u.a. 1980; 1982) und eigene Identitätsentwürfe über die Auseinandersetzung mit den gesellschaftlichen Wertsystemen und Deutungsmustern hergestellt werden (M. Siegert 1979). Vorherrschend ist im Gegensatz dazu die Vorstellung von den pathologischen Verhaltensweisen der Fixer, die auf individuelle Persönlichkeitsstörungen und subjektives Versagen zurückgeführt werden. Mit der Individualisierung von subkulturellen Verhaltensweisen wird freilich der Blick auf die schlechte Realität der herrschenden Verhältnisse verdeckt, die Selbstverstümmelung überhaupt erst möglich macht. Die Subjektivitätsformen innerhalb der Heroinszene sind gesellschaftlich hergestellte. Die Mechanismen der vorgängigen Strukturierung der Subjekte können deshalb auch nicht als dem Subjekt einverleibt betrachtet werden, sondern sind ihm von außen aufgezwungen. Von diesem Standpunkt aus kann dann auch die Behauptung aufgestellt werden, daß die reduzierte Betrachtungsweise des sozialen Problems Heroinabhängigkeit in Wissenschaft und Politik mit einer Normalisierungspraxis der Institutionen der sozialen Kontrolle korrespondiert, die vom willenlosen, handlungsunfähigen und kranken Fixer ausgeht und damit die scheinbare Notwendigkeitet begründet, ihm fundamentale Menschenrechte zu entziehen (B. Dammann/ S. Scheerer 1986).

Angesichts der herrschenden Politik des helfenden Zwangs, in der »Therapie als Strafe« (S. Scheerer) verankert ist, muß das Ziel einer aufklärerischen Sozialforschung sein, die Erfahrungsprozesse der Fixer innerhalb der dominierenden Alltäglichkeit von Macht und Herrschaft auf der Szene zu erfassen. Sie zeigt die Möglichkeit einer auch noch aus ihren Verkehrungen und Beschränkungen sich befreienden Subjektivität auf. Die konkreten sozialen Erfahrungsprozesse, welche sie dabei aufgreifen muß, vollziehen sich stets in der Auseinandersetzung mit den Formen direkter und abstrakter, nicht-ökonomischer und ökonomischer Herrschaft, und sie erfahren Verarmung durch die Reproduktion dieser Alltäglichkeit.[9] Diese Alltagserfahrungen sind konstitutiv für die Entfaltung der Identität der Szene und bestimmend für ihre negative Form.

Der herrschende Drogendiskurs und die Drogenpolitik klammern die konkreten Erfahrungsprozesse sowie die spezifischen Artikulationsformen von Subjektivität Heroinabhängiger aus. Ihr Ziel ist es vielmehr, die Heroinabhängigen zum Zwecke der Sicherung sozialer Systeme für ein richtiges Leben nachzusozialisieren. Als Kriterium dieses richtigen Lebens gilt die normale Genuß- und Arbeitsfähigkeit. Die Frage nach dem Sinn dieses normalen Lebens, in das die Fixer nach dem therapeutischen Ideal zurückkehren sollen, wird dabei ausgespart; die Heilung des kranken Individuums steht im Vordergrund der therapeutisch-sozialpädagogischen Maßnahmen. Und dies, obwohl gerade die Frage nach dem Sinn des sogenannten realitätstüchtigen Lebens mit im Zentrum des Denkens und Handelns von Fixern steht. Auch noch in ihren beschädigten Umgangsformen und Denkweisen artikulieren die Fixer Bedürfnisse nach Kommunikation, Identität und einem anderen Leben. Erst wenn die Analyse diesen alltagspraktischen Konstitutionszusammenhang von Subjektivität aufnimmt, kann sie auf Veränderung gerichtete Inhalte freilegen. Schließlich entfalten die Subjekte im subkulturellen Alltag auf der Szene (als Gegenalltag zum normalen Alltag) qualitative Dimensionen, die weder in der vorgelagerten Alltagswelt noch in den in der Heroinszene beschädigten Formen von Subjektivität aufgehen.

Das Ausblenden dieses Zusammenhangs aus der Erforschung der Heroinszene bedeutet freilich mehr als nur ein Forschungsdefizit. Damit nämlich vollzieht die sozialwissenschaftliche Forschung jenen gesamtgesellschaftlichen Verdrängungsversuch nach, der Tod, Elend und Selbstzerstörung auf der Szene auf ein Problem individueller Pathologie zu reduzieren versucht. Sie spricht der kulturellen und lebensgeschichtlichen Praxis der Fixer, die sich in der Heroinszene eingerichtet haben, die Dimension sich befreiender Subjektivität ab, und leitet damit zugleich die Möglichkeit der Veränderbarkeit dieser Subjekte alleine aus therapeutischen und staatlichen Eingriffen in das Leben der Individuen her, nicht auch aus ihrem Willen und ihrem auf Veränderung zielenden Verhalten. Daß der Bedeutung des Zusammenhangs von subkultureller Erfahrung und Selbstbefreiung erst in neuester Zeit in Studien über die Selbstheiler[10] nachgegangen wird, obwohl dieses Phänomen bekannt ist, kennzeichnet die Forschungs- und Drogenpolitik in der Bundesrepublik und unterstützt die These von der auf Ausgrenzung zielenden, die Subjektivierung sogenannter Randgruppen ignorierenden kollektiven Verdrängungsleistung.

2.2 Die materielle Kultur der Heroinszene: Alltag, Erfahrungen, Entwürfe.

Szenealltag

Der spezifische soziale Hintergrund, der die Erkenntnis der Fixer über die eigene wie die soziale Realität strukturiert, ist der Gegenalltag der Szene. Dieser existiert im Bewußtsein der Fixer als Setting, das sich aus offiziellen und nicht-offiziellen Institutionen, Populärkultur und Öffentlichkeit sowie der Produktion eines subkulturellen Netzwerkes von Kommunikation, Ökonomie, Moralität, Sprache, Habitus und Kontrollsystem zusammensetzt: als materielle Kultur der Szene, die den sozialen Hintergrund für die Produktivität des gelebten Sozialen in einer Gegenkultur bildet. Diese ist bestimmt vom Druck der Drogen- und Geldbeschaffung, von der Angst, verhaftet zu werden und ins Gefängnis oder in eine Therapieeinrichtung zu kommen, vom Schmerz der Entzugserscheinungen, von Aggressivität, Gewalt, Kriminalität, Tod, sowie dem Feeling, dem unheimlich guten Gefühl, das der Schuß Heroin bewirkt.

Im Alltag der Fixer teilt sich die Welt auf in das Leben am Rande der Gesellschaft und das der normal arbeitenden Menschen, in Unterdrückte und Unterdrücker, in Herrschende und Beherrschte. In diesem Alltag von »Drop-Outs« entwickeln die Fixer einen Szenehabitus des Überlebens, eine spezifische Organisationsform der Ökonomie sowie spezifische Ausdrucksformen der Szenemoralität und -sittlichkeit. Die Lebenswelt der Fixer formt sich als Reaktion auf den herrschenden Alltag in den Metropolen und die Disziplinierung von Verhaltensweisen.

Der Alltag von Heroinabhängigen produziert und reproduziert ein Leben von relativer Autonomie; zugleich wird er konfrontiert mit sozialen Institutionen, die kontrollierend eingreifen. Die Auseinandersetzung mit polizeilichen, medizinisch-therapeutischen und sozialpädagogischen Einrichtungen sowie denen des Strafvollzugs ist selbst ein Teil des Alltags der Szene. Die Szene setzt sich demzufolge nicht nur aus Lernerfahrungen über den Umgang mit der Droge und in der Auseinandersetzung mit der gesellschaftlichen Kontrolle zusammen, sondern produziert ein eigenes materielles Leben, das sich aus Szeneökonomie, den Interventionen der Institutionen und dem Szenarium der Drogenkultur und seiner Rituale konstituiert. Die hieraus resultierende materielle Kultur ist Bedingung und Beschränkung der Reproduktion der Szene.

Der Gegenalltag der Szene beinhaltet den Versuch der Fixer, im Jetzt ein selbstbestimmtes und anderes Leben zu führen. Freilich, der Alltag, der gegen Gewalt, Angst und Zwang produziert wurde, ist – wie bereits betont – selbst durch Herrschafts- und Unterdrückungsprinzipien gekennzeichnet. Im Produktionsprozeß der materiellen Kultur der Szene entstehen Unterwerfung und Anpassung an die gesellschaftlichen Institutionen sowie Formen sozialstruktureller Beschränkungen. Ausbeutung und Unterdrückung kennzeichnen die Umgangsformen der Fixer genauso wie kollektive Kommunikation. In der materiellen Kultur der Szene werden Widerstandsformen produziert, die zum Überleben in der Szene befähigen; zugleich bringt sie Formen von Subjektivität hervor, in denen Selbstbestimmung als Selbstzerstörung gelebt wird.

In dieser Ambivalenz vollzieht sich die spezifische Subjektivität der Szene, produzieren die Fixer Erkenntnisse über die individuelle wie die soziale Welt sowie einen subkulturellen Lebenszusammenhang. Die soziale Praxis der Subjekte auf der Szene verweist damit auf ihre strukturalen Bedingungen und Schranken, d.h. auf die alltägliche Reproduktion von Macht und Herrschaft durch die Subjekte selber: auf die Übernahme von Beschränkungen in subkulturellen Lebensformen, und die Unterordnung unter die institutionalisierten Ordnungsprinzipien, um überleben zu können. Damit geht einher, daß den Fixern mit der Zeit das Szeneleben als »normal« erscheint, wodurch das Inkommensurable an ihm aus dem Bewußtsein der Fixer weggeschnitten wird und die Gedanken an ein qualitativ anderes Leben verschwinden. Der Prozeß der Selbsterhaltung auf der Szene ist dann nicht mehr – wie beim Einstieg in die Szene – auf Veränderbarkeit gerichtet, sondern auf Überleben oder Untergang.

Szeneerfahrungen

Die kulturelle Erfahrungswelt der Fixer weist als Zusammenhang von Szeneerfahrungen sozialer Kontrolle sowie von individualgeschichtlichen Erfahrungen, Ambivalenzen in der gesellschaftlichen Existenzform Heroinabhängigkeit aus: einerseits sind die Heroinabhängigen, die in der subkulturellen Szene leben und in diesem Lebenszusammenhang die Szene formen, aber auch selber von der Szene geformt werden, Opfer sozialer Kontrollinstanzen. Andererseits haben sich die Heroinabhängigen aber auch als handelnde Subjekte im relativ autonomen Lebenszusammenhang der subkulturellen Szene eingerichtet. Dieser ambivalente Erfahrungszusammenhang weist jeden einseitigen theoretischen und therapeutischen Zugriff auf die Heroinszene zurück, der die Heroinabhängigen auf der Szene lediglich als willenlose Kranke oder handlungsunfähige Opfer betrachtet.

Vielmehr sind Heroinabhängige genauso wie andere Individuen an der Hervorbringung und Gestaltung ihrer Geschichte und ihres Alltags mit all seinen kulturellen Formen und Stilen unter der Vorgabe der herrschenden Verhältnisse und innerhalb gesellschaftlich notwendiger Mystifikationen aktiv beteiligt; auch am Rande der Gesellschaft entfremden und objektivieren sich die Menschen und erlangen eine spezifische Form von Subjektivität. Wo Menschen leiden, machen sie Geschichte, und dies ist immer unmittelbar mit der eigenen Lebensgeschichte verknüpft: »Dieses Leben ist ein Scheißleben, aber es ist immer noch ein Leben« – so ein Fixer, dessen ganzer Stolz darin besteht, fast zehn Jahre auf der Heroinszene überlebt und den Forderungen der Normalgesellschaft widerstanden zu haben. Die Erfahrung des Überlebens hat sein Bewußtsein von sich selbst und von den sozialen Verhältnisse geprägt, in denen er zu leben hat – und sie geben seinen Handlungen einen bestimmten Sinn und Inhalt.

Die Erfahrungen, die Fixer auf der Szene machen und die sie artikulieren, sind Ausdruck gesellschaftlicher Krisen, eines aufgezwungenen Alltags und der zerstörerischen Formen des kapitalistischen Fortschrittes. Auf der Flucht vor der Polizei schrieb mir ein Fixer aus seinem Zufluchtsort in Holland einen Brief, den ich hier ausführlich zitiere, weil er diesen Zusammenhang vortrefflich beschreibt:

> Ich will hier raus. Doch draußen ist es kalt. Das Sonnenlicht, das sich an den Fassaden aus Beton, Spiegelglas und Stahl bricht, schmerzt in den Augen. Eigentlich ist es nicht kalt, draußen. Das Thermometer zeigt 28 Grad Wärme. Aber ich rede nicht von der Kälte, die von den Nervenenden in der Haut registriert wird. Ich denke an eine viel tiefer gehende Kälte, die einen völlig durchdringt, aushöhlt, töten will. Sonnenlicht, das von Beton, Stahl, Glas, Asphalt u.ä. reflektiert wird, erzeugt eine solche Kälte. Eigentlich können Menschen in dieser Kälte gar nicht mehr leben! Und ich frage mich oft, ob man das, was für die meisten Menschen Leben ist, überhaupt noch als solches bezeichnen darf.
>
> Ich sehe da hauptsächlich nur noch eine dahinvegetierende Masse, die an Fließbändern steht, um ihr Leben finanzieren zu können; die sich nur noch mäßig eigene Gedanken macht, deren Meinung von Zeitungen mit Millionenauflagen und vom Fernsehen gemacht wird, und die trotzdem (oder gerade deshalb) stolz auf ihren Freien, Demokratischen Westen sind.
>
> Ich bin mir sicher, daß auch diese Menschen den unbeschreiblichen Hunger in sich fühlen, wie ich ihn fühle. Den Hunger nach Natur, nach

> Grün, nach Leben ... Und diese Menschen ersäufen das Gefühl mit Alkohol, ersticken es mit Essen, verstecken es unter ihrer Arbeit, verdrängen es beim Glücksspiel oder auf der Autobahn. ... gegen diejenigen aber, die eine eigene Meinung behalten haben und die diese auch vertreten, kann man Gummiknüppel, Tränengas, Wasserwerfer einsetzen; die kann man vor Gerichten zu Straftätern machen lassen und in Gefängnisse der Psychiatrien sperren lassen.

Die Erfahrungen auf der Szene werden bestimmt durch Formen kultureller Pathologie sowie durch gesellschaftliche Machtausübung zum Zwecke der Normalisierung von abweichendem Verhalten, sind Ausdruck von gesamtgesellschaftlichen Krisenerfahrungen.

Die von den Fixern selber in dieser Weise wahrgenommene Differenz des eigenen »anderen« Lebens auf der Szene im Vergleich zur Normalgesellschaft impliziert eine von den Subjekten selbst hervorgebrachte relativ autonome Kultur, eine Lebensweise »gegen« die herrschende Kultur. Freilich, die auf Veränderung der Lebensformen und -weise ausgerichtete Neugier beim ersten Drogenkonsum, das Bedürfnis nach anderen Erfahrungen, nach Identität und Kommunikation, schließlich das Einrichten in der Heroinszene führen nicht zu einem besseren Leben, sondern zu bornierten Formen von Subjektivität.

Diese Bornierung ist auch anderen jugend- und subkulturellen Szenen eigen, den Punks, Skinheads und Rockern. Ihre Stile und Ausdrucksformen umfassen nicht nur Dimensionen von Revolte und einem besseren Leben; sie wiederholen in Kleidung und Musik auch die Rituale des kapitalistischen Arbeitsprozesses und die Undurchschaubarkeit der Verhältnisse. In den subkulturellen Lebensformen bringen sie zum Ausdruck, wie die Menschen in den Produktionszusammenhängen kaputt gehen und beherrscht werden können; in der Art und Weise aber, in der sie dies zeigen, machen sie sich selber zu Opfern. Auch die Fixer tun das. Die selbstproduzierten Schranken im Versuch der Überwindung des herrschenden Alltags schließen bei diesen Protestformen die Unfähigkeit zur Kritik der Verhältnisse insgesamt ein. Trotz aller Bemühungen, die eignen Erfahrungen auf der Szene als Überschreitung des Gegebenen zu denken, reduziert sich die Kritik auf das »Vergessen« der schlechten Realität oder auf die Flucht vor ihr für einen »Augenblick« – andernfalls könnte im harten Alltag der Szene der »Anschluß« zum nächsten Deal und zum nächsten Schuß verpaßt werden. In dem bereits zitierten Brief heißt es:

> Zäh und langsam fährt die Rolltreppe nach oben. Da wo die Rolltreppe aufhört, ist die Szene. Ich habe Angst. Auf der Szene heute ist es, wie in einem Seegebiet, wo es Haie gibt, zu schwimmen. Vielleicht wird man abgezogen, vielleicht wird man verhaftet ... Endlich hat es die Rolltreppe geschafft, mich ganz nach oben zu fahren. Ich stehe mitten in der Szene. Ein Blick in die Runde sagt mir, daß wenig los ist. Die Leute hängen herum. Einer, den ich kenne, sieht mich und schüttelt mit dem Kopf. Egal, ich habe Zeit. Und ich habe das Geld für ein Päck zusammen. Also beginne ich meinen Suchgang durch das Viertel, ich gehe durch knöcheltiefen Schlamm. Die Straße ist echt klebrig unter meinen Sohlen und ich stelle mir vor, daß das Pflaster hier vielleicht so heiß ist, daß es meine Sohlen aufweicht ... Wann kommt er endlich! Ich überquere die Straße und gehe auf dem Bürgersteig auf und ab, nie die Haltestelle aus den Augen lassend. Wieder kommt eine Bahn, wieder steigt er nicht aus. Gut, daß ich in den Jahren meines Drogenkonsums gelernt habe zu warten. Das Warten ist fast bei jedem Deal dabei. Immer, wenn man etwas Dope kaufen will, muß man an irgendwelchen Treffpunkten warten. Und wieder kommt eine Bahn an. Diesmal aber steigt er aus ... Bei jedem Schuß glaube ich, es sei der letzte. Ich habe gerade noch Zeit, abzudrücken. Das sagt mir mein Gefühl; die Vernunft ist dann natürlich schon längst wieder dabei, zu überlegen, woher der nächste kommt ... Bis zu diesem Schuß hier, bis dieses Päck hier vor mir auf dem Tisch lag, ist so viel geschehen, habe ich fast ein ganzes Leben erlebt. Ich bin in Himmel und Höllen gewesen. Habe Ewigkeiten des Wartens durchmessen, habe Ängste erlebt, die mir eiskalten Schweiß aus den Poren trieben. Ich war in der glühenden Hitze der Sonne zerschmolzen und zugleich in der eisigen Kälte, die die Sonne in mich hineinbrannte, zu einem Eisblock erstarrt. Jäger war ich gewesen, und Gejagter. Zugleich. Es war ein Pokerspiel. Und der Einsatz war ich selbst ... Ich löse es auf und verwandle es in Gefühl ... Die Nadel hat getroffen und eine Blume aus dunklem Blut blüht in der Spritze auf. Langsam lasse ich das Gift

in die Vene fließen. Der Höhepunkt der Zeremonie. Geschafft. Ein paar Minuten zurücklehnen und die Augen schließen, abschalten – im wahrsten Sinne des Wortes. Das Feeling richtig kommen lassen. Ich spüre, wie es im Hinterkopf zu dröhnen beginnt. Eine Tinktur, in der Milliarden mikroskopisch kleiner Sonnen aufgelöst sind, läuft mir die Wirbelsäule herunter und entzündet den inneren Vulkan. Es rieselt leise durch die Brust. Ich fühle jede Zelle meines Körpers aufleben, sich mit neuer Energie aufladen. Auf der Zunge, auf den Lippen habe ich einen angenehmen, nicht ganz bitteren Geschmack. Nur Ruhe, silence. Einen Moment lang keinen Stress, nicht nachdenken, nicht agieren, nicht reagieren müssen. Nur fühlen, aufblühen. Einmal tief Luft holen, bevor ich wieder eintauchen muß in den Morast da draußen; in dieses schlammige Meer aus Beton, Stahl, Glas, Staub. Ein paar Minuten nur den Sumpf aus Geld, Konsum, Plastik, Luxus, Elend, Not, Geld ... vergessen! Einen (viel zu kurzen) Augenblick lang entfliehen, dieser Stadt mit ihren guten, sauberen Bürgern und mit deren Polizisten; mit ihren Pennern und Freaks, mit ihren Huren, Ganoven und Fixern. Mit ihren Ämtern und Gerichten und Kaufhäusern und Banken und Bordellen (und Kirchen). Und dann wieder raus, raus in die Scheiße! Ich darf den Anschluß nicht versäumen!

Lebensentwürfe

Die Alltagserfahrungen innerhalb der Szene sind konstitutiv für die Subjektivität der Fixer. Der Alltag der Szene bildet dabei den sozialen Hintergrund sowohl für die Erfahrungen individuellen Eingreifens in die Alltäglichkeit als auch solche sozialer Determiniertheit. Diese Erfahrungen wiederum gehen aus den Lebenstätigkeiten der Subjekte selber hervor, setzen also zumindest ihrem Gehalt nach Bewußtsein voraus. Die Vermittlung dieses Bewußtseins setzt ihrerseits den Gebrauch der Sprache voraus, wie er in den Erzählungen von Lebensgeschichten geschieht. Im spezifischen Gebrauch der Sprache und in der Benutzung des Szenejargons artikulieren die Erzählenden einen Habitus der Szene, in den historische Dispositionen einfließen: sozialstrukturelle Dispositionen der dominierenden

Kultur wie auch Dispositionen der Gegenkultur. Die Sprache ist Moment der materiellen Kultur der Szene (H. Reinicke 1983 S. 124 f.); sie ist zugleich Reflexionsmedium, in dem die permanente Vermittlung von eigener und fremder Kultur, Innenwelt und Außenwelt, Subkultur und herrschender Kultur von den Subjekten aktualisiert wird. Die Sprache ist Träger von Geheimcodes und kulturellen Symbolen der Szene. In ihr artikulieren sich die Ambivalenzen des Szenealltags sowie die Formen des Umgangs damit: Gewalt, Aggression, ökonomischer Druck, aber auch Hoffnung, Bedürfnisse und Gefühle der Fixer.

In den lebensgeschichtlichen Erzählungen reflektieren die Fixer vor dem sozialen Hintergrund der Szene subkulturelle und individualgeschichtliche Erfahrungen und Erlebnisse und synthetisieren sie als Lebensentwurf. Dieser Entwurf ist bestimmend für ihr praktisches Verhalten. Praktisches Verhalten verstehe ich dabei im Sinne von J.P. Sartres Subjekttheorie als ein Verhalten, das sich stets auf reale, vorliegende Faktoren bezieht, die es bedingen, und das zugleich durch ein Objekt bestimmt wird, das durch das konkrete praktische Verhalten erst noch entstehen soll. In diesem Sinne hält der handlungsleitende Entwurf der Subjekte fest, was in der Gegenwärtigkeit des Zukünftigen als das Fehlende hervortritt. Die in Erzählungen dargestellten Lebensentwürfe beziehen sich dabei immer auf eine verhinderte und/oder abgebrochene Zukunft.

In den Erzählungen von Fixern spiegeln sich die Macht der Gesellschaft und die Verhinderung eines selbstbestimmten zukünftigen Lebens. Gleichwohl sind auch in den Lebensentwürfen von Fixern – wie in jedem Entwurf – die Bedingungen der Möglichkeit der Selbstüberschreitung enthalten, also jene Bedingungen, welche die Menschen erst zum Subjekt der eigenen und der kollektiven Geschichte machen. Von den Fixern wird diese Überschreitung als Modell einer anderen, illegalen oder subkulturellen Zukunft gelebt.

Die Lebensentwürfe von Heroinabhängigen sind auf den Entwurf eines anderen individuellen Lebens wie auch auf die Möglichkeit eines anderen Lebens für Alle ausgerichtet. Die Rekonstruktion der Erfahrung von möglicher Subjektivität aus Erzählungen, welche die

Erfahrungen einer Subkultur des Überlebens synthetisieren, setzt voraus, daß man die Spuren nachzeichnet, die die Überwindung alter Abhängigkeiten markieren, die Revolten und auch die verzweifelten Versuche, etwas aus dem zu machen, was aus einem gemacht worden ist. Das Leben auf der Szene ist ja auch deshalb für die Fixer immer noch ein Leben, weil es die Möglichkeit der Überschreitung als Entwurf eines selbstproduzierten Lebens beinhaltet. Als Flucht oder auch als Sprung nach vorn, als Verweigerung und Realisierung zugleich, hält dieser Entwurf, der auf der Szene gelebt wird, die überschrittene und zurückgewiesene Realität fest.

Die Analyse von Erkenntnis- und Erfahrungszusammenhängen innerhalb der materiellen Kultur der Heroinszene geht den gesellschaftlichen Bestimmungen lebenspraktischer Erfahrungen und Erlebnisse im Alltag nach, wie sie in den Beschreibungen lebensgeschichtlicher Erzählungen erscheinen. Es geht dabei um die Analyse der subjektiven Bedeutung sozialer Werte, die in der Lebensweise auf der Szene implizit oder explizit verkörpert werden. Dabei werden die Erfahrungs- und Erlebniszusammenhänge, wie sie sich in den lebensgeschichtlichen Erzählungen artikulieren, vom aktuellen Stand der Erkenntnismöglichkeit (und dieser ist durch das Leben auf der Szene geprägt) aufgegriffen, von dem aus die Subjekte ihre Erfahrungen und ihr Erleben neu zusammensetzen und zu einer spezifischen Komplexität ordnen.

Die Erlebnis- und Entwurfstruktur, die dabei freigesetzt wird, ist mit der der Kindheit identisch und nicht mit ihr identisch. Sie ist identisch insofern die kindlichen Erlebnisinhalte von den Lebensmomenten des Familienverbandes geprägt sind und vom Erzählenden zu einer neuen (unter ungünstigen Umständen problematisch erlebten) Realität zusammengesetzt werden. Damit wird zugleich die familiale Erlebniswelt aufbewahrt und überschritten. Die Zuspitzung der unvermeidlichen Distanz von Aufbewahrung und Überschreitung zu systematischer Verdrängung ist Erkenntnisgegenstand der Psychoanalyse. Zugleich ist aber die handlungsleitende Entwurfsstruktur auch durch die Arbeit der Aufhebung dieser ursprünglichen Abweichung, durch Bewegung, gekennzeichnet und dadurch nicht mit ihr identisch:

> demzufolge verläuft ein Leben in Spiralen; es kommt immer wieder an den gleichen Stellen vorbei, aber auf verschiedenen Ebenen der Integration und Komplexität (J.P. Sartre 1964 S. 87).

Jede einzelne in der Erinnerung festgehaltene Lebensphase scheint eine Wiederholung der ursprünglichen Erlebnisstruktur zu sein; ist aber – wie Sartre am Beispiel Flaubert zeigt – im Gegenteil ein unablässiges Überschreiten dieser Gegebenheit:

> Denn sowohl der Entwurf als ausgerichtetes Leben, als Bestätigung des Menschen durch die Tat, wie auch zugleich dieser Dunstschleier unlokalisierbarer Irrationalität spiegelt sich als Zukunft in unseren Kindheitserinnerungen und als unsere Kindheit in den vernünftigen Wahlakten des reifen Menschen wider. (S. 88)

Im Entwurf wird Subjektivität als ein permanent das Individualgeschichtliche hin zum Sozialen überschreitende Bewegung gefaßt, die aus der Praxis der Alltagssubjekte selber hervorgeht. Dieser Prozess der Subjektwerdung umfaßt sowohl die individualgeschichtlichen wie auch die sozialen Ereignisse und Erlebnisse, die die Individuen (als einzelne Allgemeine) im alltäglichen und situationsgebundenen Interessenvollzug (H.R. Leu 1985) tätig vermitteln. Im Entwurf als Form des sozialen Handelns vollzieht sich die gesellschaftliche Einbindung der Subjekte wie auch die Entfaltung ihrer individuellen Besonderheit. Wie die individualgeschichtliche mit der geschichtlichen Bewegung durch Entwürfe bis in die Charakterbildung von Personen hineinreicht, ist auf der Ebene von Wunschproduktionen zu untersuchen.

2.3 Wunschproduktion

> Man brennt etwas ein, damit es im Gedächtnis bleibt: nur was nicht aufhört, weh zu tun, bleibt im Gedächtnis – das ist ein Hauptsatz der allerältesten (leider auch allerlängsten) Psychologie auf Erden. (F. Nietzsche)

Alltagserfahrungen, die aus der Lebenstätigkeit der Subjekte hervorgehen und damit Konstitutionselemente von Subjektivität sind, haben Grundformen des Bewußtseins zur Voraussetzung. In ihren kulturellen Praktiken unterliegen die Menschen aber nicht nur bewußten, sondern auch unbewußten Prozessen. Die kulturelle Erfahrungswelt der Menschen umfaßt somit die soziale Strukturierung der Ereigniswelt wie auch Dimensionen der Erlebniswelt. Die Vermittlung dieser beiden Ebenen ist Teil der innerpsychischen Struktur von Verarbeitungs- und Erlebnismomenten (A. Lorenzer 1986). Die vorliegenden Untersuchung zielt dabei aber nicht auf die Analyse der Formen »bewußtseinsunfähiger« Lebensentwürfe[11], wie sie Gegenstand der Psychoanalyse sind. Ihr Erkenntnisinteresse gilt vielmehr den Formen von Lebensentwürfen, die als mehr oder weniger bewußte in die Grunderfahrungen des Bewußtsein eingehen und aus der Lebenstätigkeit der Subjekte resultieren. Ausgangspunkt ist dabei – im Unterschied zur Freudschen Theorie – die Annahme, daß die Impulse des Zwangs, denen das Ich ausgesetzt ist, und die vom Unbewußten ausgehen, dem Prinzip nach dem Bewußtsein praktisch zugänglich sein können (K. Theweleit 1977), und daß dem Widerstand (im psychoanalytischen Sinne) sowie den Verweigerungsstrategien (Verdrängung) auch eine quasi-bewußte Strategie zugrunde liegen kann, d.h. ein Wille oder eine Absicht (U. Sonnemann 1985). Diese Betrachtungsweise zielt auf die Hervorhebung des Spontanen, der »Sabotage des Schicksals« (U. Sonnemann), welche die Weltbezüge der Person erst herstellt und als Bewußtsein vom Recht des Aufstandes des Individuums gegen das »Realitätsprinzip« stets gegenwärtig ist. Die Charakterbildung der Subjekte wird nicht in einem genealogischen Retrospektivmodell aus der genetischen Triebfixierung und der Triebregression (Ödipus-Komplex) abgeleitet, sondern innerhalb eines Modells betrachtet, in dem die Erfahrung der praktischen Überwindungsversuche innerer und äußerer Zwänge als »Selbstverwirklichungsstätte der Individuen« (U. Sonnemann), als »transformative capacity« (A. Giddens) betrachtet werden.[12] Ausgangspunkt ist der Bruch zwischen den herrschenden sozialen Wertvorstellungen und Verhaltensmustern, die von den Subjekten selber irgendwo außerhalb der eigenen Motive verortet werden, und dem was sich in einem handlungsleitenden bewußt/vorbewußten individuellen Wissen um das Ich-Fremde der herrschenden Normen und Werte niederschlägt. Aus diesem gewußten und erlebbaren Bruch können die Subjekte dann die Einheit ihrer Person als zukünftigen Entwurf erinnern. Gerade dieser Übergang in Erfahrung ist die Voraussetzung dafür, die Zwangsverhältnisse bewußt und transparent zu machen, um dadurch wiederum das eigene Schicksal zum Gegenstand von Selbsterfahrung machen zu können.

Vor diesem Hintergrund werden die Erscheinungen des Lebens für die Analyse der materiellen Kultur nicht wie in der traditionellen Psychoanalyse von der Abwehrseite her, sondern von der Wunschseite her betrachtet. In diesem Sinne haben die Autoren des »Anti-Ödipus« (1977), Gilles Deleuze und Felix Guattari, den Begriff des Unbewußten definiert.[13] Ihr Vorschlag zielt darauf, die Produktivkräfte von Lebensentwürfen anhand der Wunschproduktion als ständig präsente und mögliche Form der Produktion von Sozialem zu betrachten.[14] Das Unbewußte wird als Kraft definiert, deren Funktion es ist, den Wunsch zu wünschen, und was dieser Wunsch produziert, ist die politische und soziale Realität.

Der unbewußte Wunsch wendet sich in diesem Modell unmittelbar dem gesellschaftlichen und sozialen Feld zu:

> In Wahrheit ist die gesellschaftliche Produktion allein die Wunschproduktion selbst unter bestimmten Bedingungen. Wir erklären, daß das

> gesellschaftliche Feld unmittelbar vom Wunsch durchlaufen wird, daß es dessen historisch bestimmtes Produkt ist und daß die Libido zur Besetzung der Produktivkräfte und Produktionsverhältnisse keiner Vermittlung nach Sublimation, keiner psychischen Operation nach Transformation bedarf. Es gibt nur den Wunsch und das Gesellschaftliche, nichts sonst. Selbst die repressivsten und demütigsten Formen gesellschaftlicher Produktion werden vom Wunsch innerhalb der Organisation erzeugt, die unter einer jeweiligen Bedingung, die wir zu analysieren haben, sich daraus ergibt. (Deleuze/Guattari S. 38).

Die Produktivkraft des Wunsches nimmt innerhalb eines gesellschaftlichen Feldes eine reale und soziale Form an. Ausgangspunkt dieser Überlegungen ist – wie in den Freudschen Analysen – das Verbot, das den Ödipus-Komplex begründet; aber nicht jene Seite des Verbotes, die unumgänglich Scham und Schuld in das Individuum einpflanzt und lediglich die Strukturen wiedergibt, die der kulturelle Fortgang erzwingt, und die Beschädigungen, die er zurückläßt – sondern die Seite des Verbotes, welche die spezifische Struktur des Wunsches sowie die Produktivkraft hervorbringt, die darauf abzielt, dieses Verbot zu durchbrechen, zu verletzen und die auferlegten Beschränkungen zu überschreiten. Anders als beim Abwehrmechanismus in der Theorie Freuds, der sich regressiv auf den ödipalen Konflikt zurückbeziehen und das Verhalten der Subjekte auf das Erbe eines Konfliktes zwischen Vater, Mutter und Kind zurückführen läßt, ist es eine Eigentümlichkeit des Wunsches, daß er sich immer schon unmittelbar dem gesellschaftlichen Feld zuwendet und es für den Wunsch nicht erst einer psychischen Transformation bedarf, um das Terrain außerhalb der Familie zu besetzen:

> Es zeigt sich, daß das erste, was das Kind im gemeinsamen gesellschaftlichen Feld verdrängt, zu verdrängen hat oder zu verdrängen versucht, das Unbewußte des Vaters und der Mutter ist. Das Scheitern dieser Verdrängung stellt derart die Grundlage der Neurosen dar. Die Kommunikation dieser Unbewußtseine hat aber keineswegs die Familie, sondern die Gemeinschaft des gesellschaftlichen Feldes als Gegenstand der Wunschbesetzung zum Grunde. Die Familie ist, unter welcher Perspektive auch immer, niemals determinierend, sondern nur deter-

> miniert, als Anfangsstimulus zunächst, dann als Endkomplex, schließlich als Instanz der Vermittlung oder Unterbrechung von Kommunikation. (S. 357)

Demzufolge entstehen im Kind Wünsche, wie zum Beispiel der Inzestwunsch, auf Grund der gesellschaftlichen Bedingungen, in die es hineinwächst:

> Weil es in eine Familie kommt, in der der Mutter durch die herrschende Monogamie eine besondere Rolle als Sexualobjekt zukommt, und weil die Familie dafür sorgt, daß das Kind mit der Realität außerhalb der Familie nur geringe Berührung hat, richtet das Kind seine Wünsche notgedrungen auf etwas innerhalb der Familie ... Dieser Prozeß wird verstärkt, wenn das heranwachsende Kind die gesellschaftlichen Repressionen zu spüren bekommt, die außerhalb der Familie herrschen. Wenn es zu wenige seiner Wünsche dort verwirklichen kann, wenn seine Wunschproduktion am Produzieren gehindert wird, weil die Organisation der gesellschaftlichen Realität sich der gewünschten Art der Produktion versagt, dann wird der Mensch auf die Familie zurückgeworfen und sucht seine Wunschobjekte erneut in ihr (K. Theweleit 1980 S. 265/267).

Diese Betrachtungsweise der Wunschproduktion hat Konsequenzen für die Deutung von Wünschen, wie sie zum Beispiel anhand konflikthafter und problematisch erinnerter Beziehungsstrukturen zwischen Vater, Mutter und Kind in lebensgeschichtlichen Erzählungen dargestellt werden. Der Wunsch nach Geborgenheit und Liebe kann dann nicht als primärer Wunsch (Inzest) vorausgesetzt werden. Vielmehr muß dieser Wunsch als Ergebnis einer Produktion gefaßt werden, die das Gesellschaftliche wie auch das psychisch Reale (z.B. Verschmelzungswünsche) produziert, und zwar unabhängig von den ödipalen Transformationen familialer in gesellschaftliche Orientierungen.

Die Wunschproduktion ist gesellschaftliche Produktion und damit zugleich Teil der sozialen Grunderfahrungen des Menschen. Die unbewußten Wünsche werden innerhalb eines bestimmten Alltags wie Normen, Werte und Erwartungen gelebt, und der Umgang mit ihnen wird im Habitus des Lebens erlernt. Das Unbewußte ist so Moment einer materiellen Kultur, es ist gelebte Erfahrung, die auf spezifische Art und Weise von den Subjekten gehandhabt und immer wieder neu hervorgebracht wird. E. P. Thompson (1980) hat auf diesen Verknüpfungspunkt von geschichtlicher Erfahrung und kultureller Produktion aufmerksam gemacht (freilich ohne selber in seinen Analysen die lebensgeschichtliche Dimension berücksichtigen):

> ... Menschen erfahren ihre eigene Erfahrung nicht bloß als Ideen innerhalb des Denkens und seiner Vorgänge, oder (wie einige theoretische Praktiker annehmen) als proletarischen Instinkt usw. Sie erfahren ihre eigene Erfahrung auch als Gefühl, und sie handhaben ihre Gefühle in ihrer Kultur: als Normen, als familiäre und verwandtschaftliche Verpflichtungen und Gegenseitigkeiten, als Werte oder (in elaborierten Formen) in der Kunst oder in religiösem Glauben. Diese Hälfte der Kultur (und es ist eine volle Hälfte) kann man als affektives und moralisches Bewußtsein beschreiben. (S. 233)

Will man diesen Bedürfnissen, den Wünschen und Gefühlen nachgehen, die immer auch ein subjektives Wollen enthalten, das aus dem Inneren der Menschen kommt, und die immer wieder neu hervorgebracht werden, dann lautet die Frage nach dem Unbewußten nicht, wie sich die Individuen unter dem Zwang der Verhältnisse von ihren subjektiven Bedürfnissen distanzieren, sondern: wie werden Erfahrungen mit unabgegoltenen Lebensentwürfen praktisch als zukünftiges Verhalten (als Sollen) gelebt, welchen sozialen Bedürfnissen und Wünschen kommen sie dabei nach und warum unterwerfen sich die Menschen dabei dem Zwang der Verhältnisse?

Diese Fragestellung setzt voraus, daß die Träger von kulturellen Prozessen in der Tat Erfahrungen mit dem eigenen Unbewußten machen und sich von diesem – als nicht den eigenen Motiven und Bedürfnissen entsprechend – abgrenzen können. Wir finden diese auf Abgrenzung basierende Erfahrung zum Beispiel in den unterschiedlichsten sozialen Bewegungen, in denen sich die Subjekte vom selbstzerstörerischen Rüstungswahn und der kapitalistischen Fortschrittsideologie abgrenzen, indem sie versuchen, einen anderen Alltag zu gestalten und neue Lebensformen durchzusetzen. Innerhalb dieser Bewegungen findet die spontane Erfahrung kulturell auferlegter Zwänge und der kulturellen Pathologien des eigenen Denkens und Handelns statt.

In demselben Kontext sind auch die Abgrenzungsversuche der Fixer auf der Szene zu begreifen. Auch sie grenzen sich mehr oder weniger bewußt in ihrer subkulturellen Lebensweise von der in das Individuum eingreifenden Macht der herrschenden Kultur ab. Die Ausgangslage der Fixer wie auch die Art und Weise ihrer Abgrenzung ist freilich – wie gesagt – gänzlich von den sozialen Bewegungen verschieden. Ihre Lebensweise zeichnet sich ja gerade durch die Aneignung der von der Gesellschaft abverlangten Destruktionskräfte aus.[15] Die Fixerszene repräsentiert dabei sozusagen das Negativbild der anderen Lebensformen der emanzipatorischen sozialen Bewegungen. In ihrer abgrenzenden Lebensweise zeigt sie nicht, wie die schlechte Realität zu überwinden ist, sondern wie Individuen von der Durchsetzung des Kulturfortschritts kaputt gemacht werden.

Diese Verkehrung der Werte in der subkulturellen Lebensform der Heroinszene ist aber auch der Ausdruck einer Erfahrungswelt, in der Widerstand gegen den gesellschaftlichen Machtanspruch auf eine spezifische Weise gelebt wird. Auf der Ebene des Persönlichkeitscharakters kann sich diese Verkehrung zum Beispiel als »delinquentes Ich« (Redl/Winemann 1951) artikulieren, das Selbstzerstörung in Kauf nimmt, um die eigene Triebbefriedigung gegen den Herrschaftsanspruch der Kultur und das Realitätsprinzip unter Ausschaltung der Schuldgefühle durchzusetzen. Es reicht nicht aus, dieses Phänomen aus vorgelagerten Triebstrukturen und einem nicht bewältigten ödipalen Konflikt zu erklären, denn diese Betrachtungsweise isoliert die Konstitution des »Triebes« und des »Unbewußten« vom sozialen Handeln und der verändernden Praxis der Subjekte, die mit ihren Widersprüchen außerhalb der Psychologie liegen:

> Es mögen im Menschen amoralische und soziale (unbewußte P.N.) Triebe sein, das faktische Tun einer Menschheit, die Arbeit und Brot

und gutes Wohnen hat, verrät mindestens gleich starke Triebe zum Sozialen und Moralischen (J. Schumacher 1972 S. 102).

Die subjektiven wie kollektiven Beschädigungen sind demzufolge Ausdruck einer kulturellen Pathologie. Sie sind zugleich auch Gegenstand der auf subjektive wie soziale Veränderung des Bestehenden gerichteten Erkenntnis, weil in ihnen lebenspraktische Entwürfe zur Überwindung des unerträglichen Lebens enthalten sind. Diese Doppelschlächtigkeit von Emanzipation und Regression kennzeichnet die Produktivkraft der Erfahrungen auch der Fixer in ihrer Alltagswelt, und sie ist Element der spezifischen Form von Subjektivität, die daraus hervorgeht.

Innerhalb der Heroinszene als gelebter Kultur hat die Entwicklung der Affektivität des Verhaltens und der Erfahrungen von Menschen (N. Elias 1978) und ihrer Wahrnehmungen (A. Corbin 1984) Spuren und Zeichen hinterlassen. Diese Zeichen sind sowohl Ausdruck von Selbst- und Fremdzwängen wie auch des Sich-Verändern-Wollens.

2.4 Lebensgeschichten: Erfahrungen im Sich-Erinnern

Aus der Ambivalenz von Emanzipation und Regression, von »Suche nach Gegenwart« und kollektivem wie individuellem Lebenssinn in der Heroinszene einerseits und der gleichzeitigen Bornierung dieser Subjektivität andererseits ergeben sich methodische Konsequenzen.

Diese Arbeit zielt auf die Erforschung der Alltagswelt und die Lebensgeschichten der Interviewten. Dabei überläßt sie die Rekonstruktion vorrangig der Selbstdarstellung der Szene sowie den lebensgeschichtlichen Darsellungen der Individuen. Das hierbei angewandte Verfahren, ist die »narrative Analyse« (Marks u.a. 1983;

Noller/Reinicke 1987; Kade 1983 S. 118/119). Dieses Verfahren konstruiert die Logik der Diskurse, wie sie in lebensgeschichtlichen Erzählungen entwickelt wird. Die narrative Analyse einer subjektiven Textproduktion umfaßt die Nacherzählung der Narration und ihre Übersetzung in analytische Kategorien. Diese Zweiteilung ist notwendig, will man die Theorieproduktion in Koproduktion mit dem Erzählenden durchführen und nicht als nachträgliches Geschäft des analysierenden Sozialforschers verstehen. In den Kategorien, mit denen der Erzählende seine Theorie über die eigenen und soziale Realität entwickelt (narrative Synthesen), strukturiert er das, was er vorstellen will und gibt den Inhalten eine bestimmte Formbestimmtheit. Der Forscher greift diese rekonstruierte Kategorien auf und übersetzt sie in narrativ-synthetische Kategorien, die er dann in den Kontext der materiellen Kultur stellt.

Auf dieser Analyseebene sind zwei Konstitutionsbedingungen der Szene sowie der subjektiven Erfahrungswelten zu unterscheiden. Die eine Seite wird durch die Mechanismen der Macht vorgegeben. Die zentrale Fragestellung lautet dabei: wie erfahren die Fixer die gesellschaftlich-kulturellen Praxisformen, durch die sie zu dem gemacht werden, was sie sind? Diese Fragestellung zielt auf die Erfahrungen der Heroinabhängigen mit den Dispositiven der Macht (M. Foucault). Analysegrundlagen sind Interviews mit Institutionsmitarbeitern, Polizisten, Ärzten, Sozialarbeiter sowie Mitgliedern der Heroinszene.

Diese Seite korrespondiert mit den entgegengesetzten Erfahrungen und Praxisformen der Abhängigen im subkulturellen Lebenszusammenhang, d.h., mit subkulturellen und lebensgeschichtlichen Erfahrungen von Selbstveränderung, die aus den spontanen und kulturellen Verhaltenweisen der Abhängigen gegenüber Gesellschaft, Familie sowie den Machtträgern sozialer Kontrolle entstehen. Die zentrale Frage auf dieser zweiten Analyseebene lautet in Anlehnung an J.P. Sartres Flaubert-Analyse(1977): was machen die Heroinabhängigen aus dem, was aus ihnen gemacht worden ist, und wie artikulieren sich diese Erfahrungen in ihren Handlungsmotiven? Grundlage dieser Analyse sind drei Lebensgeschichten: zwei von Heroinabhängigen auf der Szene, und eine, die kurz nach der Haftentlassung aufgezeichnet wurde.

In den erzählten Lebensgeschichten konfrontieren die Fixer ihre individualgeschichtlichen Erfahrungen mit den objektiven Verhältnissen und historischen Ereignissen vor dem Hintergrund des aktuellen Lebenszusammenhangs: der Heroinszene. Dabei setzen die Erzählenden beim Erzählen die je individuellen Erfahrungen vom aktuellen Stand ihrer Erkenntnismöglichkeit her neu zusammen. Das Gewesene verschmilzt derart mit der Gegenwart, daß vergangene Erlebnisinhalte und Ereignisse im Zusammenhang mit der aktuellen Szenepraxis interpretiert und dargestellt werden. Die Praxis des Erzählens selbst (die ihr Material aus der Erinnerung erhält) ist es, welche die lebensgeschichtlichen Erfahrungen und Erlebnisse als Lebensentwurf synthetisiert.

Die Erzählenden greifen Erinnerungsspuren auf, die sie in ihrem Gedächtnis bewahrt haben, d.h., sie erzählen von Ereignissen, Erfahrungen, Szenen und Bildern aus Schule, Familie, peer-group etc., die als Gedankenmaterial in ihrem Bewußtsein weiter existieren. Gleichzeitig vergegenwärtigen sie sich im Sich-Erinnern jene Empfindungen und »intuitions sensibles« (M. Halbwachs), die sich innerhalb des jeweiligen sozialen Erfahrungsraumes herausgebildet haben und im Gedächtnis unveränderlich weiterbestehen. Im Sich-Erinnern wird so das Vergangene in der Gegenwart wiedergefunden.

Die zeitliche und räumliche Ordnung, der diese Erinnerungen unterworfen werden, orientiert sich einerseits am individuellen, persönlichen Gedächtnis, andererseits aber auch am kollektiven. Dieses kollektive Gedächtnis wird sowohl von der Gruppe (Subkultur) als auch von der Gesellschaft geprägt. Angeregt durch die Interviewsituation, beginnen die Interviewten zu denken und sich zu erinnern, indem sie individuelle und gemeinsame Erfahrungen verflüssigen, sie zeitlich und räumlich im familialen, jugend-kulturellen etc. Kontext verorten.

Was nun können wir aufgrund von erzählten Lebensgeschichte über die Individuen wissen? Zur Beantwortung dieser Frage müssen wir die Informationen, die wir dem Text entnehmen, wie auch die konstruierten narrativen Kategorien verallgemeinern, so daß die heterogenen Schichten unreduzierbarer Bedeutungen und Sinnzusammenhänge zum Teil eines Ganzen werden:

> Ein Mensch ist nämlich niemals ein Individuum; man sollte ihn besser ein 'einzelnes Allgemeines' nennen: von einer Epoche totalisiert und eben dadurch allgemein geworden, retotalisiert er sie, indem er sich in ihr als Einzelheit wieder hervorbringt. Da er durch die einzelne Allgemeinheit der menschlichen Geschichte allgemein und durch die allgemeinmachende Einzelheit seiner Entwürfe einzeln ist, muß er zugleich von den beiden Enden untersucht werden. (J.P. Sartre 1980 Bd.1 S. 7)

Für die Analyse der Lebensgeschichten heißt dies, daß wir den Strukturen nachspüren müssen, die bei den Erzählenden in Haltungen verinnerlicht und in Praktiken wieder entäußert wurden; durch die sie dazu gebracht wurden, das zu sein, was man aus ihnen gemacht hat. Umgekehrt wird man aber auch Verhaltensweisen finden und verfolgen müssen, welche aus der Überschreitung dieser verinnerten totalisierten Bestimmung resultieren:

> Niemand kann sich leben, ohne sich zu schaffen, das heißt, ohne auf das Konkrete hin zu überschreiten, was man aus ihm gemacht hat. (J.P. Sartre 1981 Bd.2 S. 656)

Wir können nicht davon ausgehen, daß uns die Erzählenden die objektive Wahrheit über die eigene Vorgeschichte sagen. Aber sie teilen uns mit, wie sie die Entwicklung des eigenen Lebens empfunden haben. Wir können also nicht auf einen Kausalität vorspiegelnden chronologischen Ablauf achten. Vielmehr müssen wir mit dem letzten Stadium der zu untersuchenden Erfahrungen beginnen, d.h. mit dem Moment, wo sie sich dem Subjekt selber in ihrer aktuellen Gestalt präsentieren (Präsentation und Entwurf). Die Selbstdarstellungen zeigen dabei Formen von Diffusion, Labilität und Orientierungslosigkeit. Diese Formen werden als Ausdruck von sozialem und psychischem Streß gedeutet, der auf den Beschaffungs- und Selbsterhaltungsdruck auf der Szene zurückgeht. Gleichzeitig setzt dieser Streß aber einen spezifischen Persönlichkeitscharakter voraus, der Anpassung als Zwang erfährt. Seine Konstitution ist in der Struktur der Familie angelegt, die in einem zweiten regressiv gerichteten Schritt analysiert wird. Die Erlebnis- und Entwurfsstruktur, die dabei freigelegt wird, ist mit der Kindheit identisch und mit ihr nicht identisch. Sie ist identisch, weil die kindlichen Erlebnisinhalte von den Lebensmomenten des Familienverbandes geprägt sind, und sie ist nicht identisch, weil sie in der Erzählung der Lebensgeschichte zu einer neuen Realität zusammengesetzt wird. Meine Darstellung zielt darauf zu zeigen, wie die familiale Erlebniswelt aufbewahrt und zugleich überschritten wird. Damit wird das reflektive Rückspiel in das Subjekt selber, in die konkrete Person nachvollzogen, d.h. die subjektiven Bedingungen von Subjektivität werden thematisiert im Sinne von J.P. Sartres Subjekttheorie. Der dritte, wieder progressiv gerichtete Schritt der Konstruktion, umfaßt dann die totalisierende Selbstreflexion der Erzählenden, ihre Personalisation, d.h. ihre Reflexion auf die Praxis ihres gegenwärtigen Interessenvollzugs, mit dem das Erinnerte aufbewahrt und überschritten wird.

Auf allen drei Darstellungsebenen (Präsentation und Entwurf, Familie und Konstitution, Personalisation) ist das Ziel, mittels der »narrativen Analyse« die synthetisierenden Erfahrungen der Erzählenden als Entwurf zu konstruieren, um so zu einer »dichten Beschreibung« (C. Geertz 1986) der Erfahrungsproduktionen im subkulturellen Lebenszusammenhang der Heroinszene zu kommen.

3

Die Dispositive der Macht: Wodurch die Fixer dazu gebracht werden, das zu sein, was sie sind[16]

»Die Strafe soll den Wert haben, das Gefühl der Schuld im Schuldigen aufzuwecken« (F. Nietzsche).

Im Alltag ist der Fixer einerseits konfrontiert mit Einrichtungen der sozialen Kontrolle, mit Institutionen des Rechts, der Gesundheit, des Sozialwesens, andererseits mit Verhaltensweisen der »Normalbürger« gegenüber der Szene und dem sozialen Bild von Drogen und Sucht, wie es in der Medienöffentlichkeit produziert wird. Zwischen diesen unterschiedlichen Systemen der Öffentlichkeit und des gesellschaftlichen Lebens besteht eine spezifische Ordnung von Beziehungen. Es handelt sich dabei um eine komplexe strategische Situation, welche konkrete Bedingungen der Ausübung von Macht hervorbringt, die Michel Foucault (1978) als »Dispositive der Macht« beschrieben hat. Diese produzieren durch Ausschließung, Invalidation und Disqualifikation, bezogen auf den Untersuchungsgegenstand dieser Arbeit, einen Diskurs über die Wahrheit der Drogenszene und das »wahre Leben« in der bürgerlichen Gesellschaft. Der

Drogendiskurs übt dabei konkrete Macht insofern aus, als er die praktische Anwendung von herrschenden Normen, Werten und Rechtsformen in den Insititutionen der sozialen Konkrolle bestimmt. Die Macht liegt dabei nicht nur

> in den Händen einiger weniger, sie wird niemals wie ein Gut oder wie Reichtum angeeignet. Die Macht funktioniert und wird ausgeübt über eine netzförmige Organisation. Und die Individuen zirkulieren nicht nur in ihren Maschen, sondern sind auch stets in einer Position, in der sie diese Macht zugleich erfahren und ausüben; sie sind niemals die unbewegliche und bewußte Zielscheibe dieser Macht, sie sind stets ihre Verbindungselemente. Mit anderen Worten: die Macht wird nicht auf die Individuen angewandt, sie geht durch sie hindurch (S. 82).

Diese machttheoretische Perspektive soll im folgenden Kapitel eingenommen werden. Die Frage, die in diesem Kontext interessiert, lautet: wie können im herrschenden Drogendiskurs jene Strategien der Macht entschlüsselt werden, welche die Drogenszene als »andere Kultur« hervorbringen und sie zugleich der »Wahrheit« der herrschenden Normen und Werte unterwerfen.

Die folgenden Kapitel betrachten zunächst, wie diese Strategie der Unterwerfung im institutionalisierten polizeilichen und medizinischen Diskurs wirksam wird. In Anlehnung an Michel Foucault kann gezeigt werden (Kap.3.1), wie durch ihre praktische Anwendung in den Institutionen der sozialen Kontrolle das Soziale als Oppositionspaar von Normalität und Pathologie definiert wird und wie sich dahinter die Strategie der Macht verbirgt, alle sozialen und kulturellen Gegensätze auf diese Opposition zu reduzieren. Eine ausschließlich machttheoretische Perspektive auf die Subkultur würde jedoch zu kurz greifen, weil in ihr die Produktion von Widerstand gegen die Strategien der Macht in der relativ autonomen Kulturwirklichkeit der Szene und deren – wenn auch beschränkter – Einfluß auf die Produktion und Reproduktion von Machtstrategien unberücksichtigt bleiben würden. Es muß deshalb von einer grundlegenden, der Strategie der Macht vorausgehenden (hegemonialen) konflikthaften Beziehung zwischen der herrschenden Kultur und der Subkultur der

Heroinszene ausgegangen und ihre Wechselbeziehungen untersucht werden (Kap.3.2). Der »Verteufelung« und der Stigmatisierung der Szene als »Sündenbock« (Kap.3.3) kommt bei der gesellchaftlichen Verdrängung dieses Konfliktes eine massenpsychologische Funktion zu. Gleichwohl verlängert sich der Widerspruch von eigener und fremder Kultur in die Subjekte hinein und prägt die konkreten Praxisformen und Erfahrungen sowohl der Funktionsträger der Macht in den Institutionen als auch die der Fixer in der kolonialisierten Welt der Heroinszene (Kap.3.4). Dieser Zusammenhang schließlich bildet den Hintergrund für die Entfaltung von Subjektivitätsformen auf der Szene.

3.1 Der institutionalisierte Diskurs der Macht: Normalität und soziale Kontrolle

Der institutionelle Diskurs ist Ausdruck einer spezifischen gesellschaftlichen Machtausübung; im polizeilichen, medizinisch-psychologischen und sozialpädagogischen Diskurs kommen unterschiedliche Weisen der sozialen Auseinandersetzung mit der Heroinszene zur Sprache. Trotz der Unterschiede zwischen den Diskursen ist in allen ein psychologisch-medizinisches Erklärungsmuster der Szene gemeinsam. Dieses ist Teil eines sich in der institutionellen Praxis durchsetzenden Machtanspruchs der Gesellschaft und eines Modells von sozialer Kontrolle, das naturwissenschaftlich, und vor allem im medizinischen Diskurs begründet wird. Dieser Begründungszusammenhang stellt sich über den herrschenden Begriff von Krankheit her, der stets das Soziale als Normalität und Pathologie gleichermaßen definiert.

Für die Analyse der in den Institutionsdiskursen sich artikulierenden Praxis der Durchsetzung des sozialen Machtanspruches sind der polizeiliche und der medizinische Diskurs zentral, weshalb ich mich in der folgenden Darstellung auf diese beiden beschränken werde. Die als Zitate gekennzeichneten Textstellen sind Interviews mit Polizisten beziehungsweise Ärzten entnommen.

Der polizeiliche Diskurs

Im polizeilichen Diskurs nehmen Kontrolle und Disziplinierung der Subjekte eine spezifische Form an. Wie der medizinische und der sozialpädagogische Diskurs ist er Ausdruck einer institutionell aufgegliederten und nach Feldern der sozial eingreifenden Praxis arbeitsteilig bestimmten gesellschaftlichen Gesamtstrategie. Der polizeiliche Diskurs gibt das Selbstverständnis der Polizei als Kontroll- und Korrekturinstanz im Sinne eines verlängerten Arms von sozialer Erziehung wieder. Die Festnahme zum Beispiel wird von Polizisten auch als »Ursprung der Therapie« verstanden, weil diese in einer Zwangstherapie mündet: »Im späteren Stadium sind die Fixer nicht mehr in der Lage zu denken, daher Zwangstherapie« Die Funktion der Polizei als Besserungsinstitution, wird zunächst mit allgemein Problemen begründet, die »oft aus niederen Schichten« kommende Personen haben »Schwierigkeiten« mit den Eltern oder in der Schule, und sie haben nicht gelernt, diese Probleme zu bewältigen. Diese »Problemsüchtigen«, denen von vornherein eine gewisse »Labilität« unterstellt wird, gelten als Prototyp des Suchtanfälligen. Der Fixer ist aus dieser Sicht nicht mehr als »mündiger Bürger« zu betrachten, weil er »keine Interessen wie ein normal denkender Mensch« hat, was Kleider, Wohnung und Essen betrifft, und »nicht mehr Herr seiner eigenen Entschlüsse ist« Sucht zwingt so den Fixer zwangsläufig in die Kriminalität, denn »wer fixt, der dealt«.

Das »per se kriminologische« – und kriminelle – Feld der Heroinszene wird im polizeilichen Diskurs in den Kontext von Sucht-Kriminalität-Krankheit gestellt. Die »Ansteckungsgefahr«, die von der Szene ausgeht, begründet wiederum die Ausgrenzung aus Sozietät und Normalität. Kriminologische Studien fassen diesen Hintergrund des polizeilichen Diskurses zusammen:

> Heroinsucht (ist) eine ansteckende Krankheit und der Erreger ist der Abhängige selbst. Es besteht keine Chance, dieser Epidemie beizukommen, wenn der Infektionsherd – der Fixer, der andere zum Drogengenuß verleitet und den Drogenmißbrauch verherrlicht – in der Öffentlichkeit und kaum gestört agieren darf ... Jugendliche werden Fixer, und das Elend und die Hoffnungslosigkeit sind schwer einzudämmen, wenn Abhängige in Freiheit belassen werden und dort neue Abhängige produzieren. (Thomas u.a. 1982 S. 53).

Neben den Aufgaben der Polizei kommen im polizeilichen Diskurs auch subjektive Dimensionen zur Sprache, die auf eine Anerkennung jener Subkultur als zwar fremde und gleichwohl eigener Kultur verweisen. Ein der Szene eigener, wenn auch für die Gesellschaft gefährlicher Lebenszusammenhang und eine Szene-Identität werden zugestanden. Einzelne Mitarbeiter (speziell Polizisten, die direkt auf der Szene eingesetzt werden) können aufgrund ihrer Alltagspraxis mit den Abhängigen Verständnis aufbringen. Bedingt durch den institutionellen Apparat und die Funktion der Polizei als staatliche Kontrollinstanz wird jedoch im polizeilichen Diskurs diese Anerkennung als Distanz zur Subkultur ausgedrückt.

> Ja, das ist also nach meinen Erfahrungen ein ganz erheblicher Faktor, für den Griff zum Heroin, daß die Leute einfach unzufrieden sind, sie sind mit dem, was ihre Umwelt ihnen bietet nicht zufrieden, sie sind mit sich selbst nicht zufrieden, sie glauben, daß die Möglichkeiten, die man ihnen bietet, daß die sie nicht zum Zuge kommen lassen, daß sie das, von dem sie glauben, sie könnnen es, einfach nicht tun können. Sie werden eben von der Umwelt in einen Rahmen gezwungen, der ihnen nicht passt, sie sind auch mit ihren Mitmenschen unzufrieden, sie fühlen sich mißverstanden ...

Von der Gesamtstrategie abweichende Vorstellungen und Praxisformen sind jedoch nicht möglich. Im polizeilichen Diskurs sprechen die Beamten stets als Vollzugsbeamte, als Vertreter der Exekutive.

Der Blick der Polizei auf die Szene ist wesentlich durch deren

Definition als Ort sozialer Fäulnis und Ansteckungsgefahren gekennzeichnet. Hier findet soziale Infektion statt: die Heroinszene repräsentiert einen vorsichgehenden Kulturzerfall. Dieser Ansteckungsherd erheischt Methoden des Desinfektion: Strategien zur Herstellung von Normalität und/oder zur Ausgrenzung der zugestandenen »Normalität« der Szene als relativ autonomer Lebenszusammenhang Jugendlicher. Die Szene impliziert dabei kulturelle Destruktion und Konflikt mit dem Bösen. Die Gefahr für die Gesellschaft, welche die Szene im Blick der Polizei darstellt, besteht in der Überflutung der öffentlichen Räume durch die Promiskuität der Szene (so sprechen Norbert Thomas u.a. von der »Flut der Sucht«). Für die polizeiliche Wahrnehmung der Szene heißt dies: »Man muß alle Fixer von der Straße wegbekommen.« Die Fixer, die sich in den Einkaufszentren und öffentlichen Parks aufhalten und sich diesen Raum aneignen, stören die konsumorientierte Normalität. Deshalb sollen die Fixer von den Stadtzentren an die Peripherie gedrängt werden.

Das Bild vom toten Fixer in einer öffentlichen Toilette bildet hierzu das symbolische Gegenstück. In der Untersuchung von Thomas u.a. (1982) wird dieses Bild gar zum Gegenstand des Forschungsinteresses: aus polizeilicher Sicht wird die Toilette als »bedeutsamer« Sterbeort ausgewiesen (wobei in dieser Statistik »Bett-Leichen« am häufigsten vorkommen, »Fixer-Kommunen« und »Dirnen-Absteigen« hingegen als nicht bedeutsam ausgewiesen werden). Durch die statistische Aufgliederung in »eigenes WC«, »fremdes WC«, »öffentliches WC« und »Gaststätten-WC« wird dabei zugleich eine quasiobjektive Realität des Szenenalltags konstruiert. Letztlich dient diese Differenzierung dem ideologischen Nachweis der von Drogenabhängigen »häufig frequentierten und zum Suchtmißbrauch genutzten Örtlichkeiten der kriminellen Subkultur« (S. 17): Fixer halten sich an jenem Ort von Urin und Kot auf, der in der Entwicklung der bürgerlichen Gesellschaft zunehmend individualisiert und zum Ort der Privatheit wurde. Als Exposition von gesellschaftlichem Unrat, von Laster wie Zerfallsankündigungen der bürgerlichen Familie (»Fixer-Kommunen«, »Dirnen-Absteigen«) bedrohen die Fixer die verbürgte Sittlichkeit der Gesellschaft. Die Vorstellung von Beseitigung gesellschaftlichen Unrats bestimmt den Umgang der Polizei mit den Fixern.[17]

Ziel der polizeilichen Praxis ist die Isolierung der Szene von der Gesellschaft. Sie bedient sich hierzu ihrer wichtigsten kriminologischen These: »Jeder Fixer schafft Fixer« (Drogendezernat Frankfurt). Hinzu kommt, daß es vor allem »Ausländer« sind, welche den die Szene stabilisierenden Markt beherrschen und den Drogenhandel betreiben. Fixer wie Ausländer stören ein kulturelles Idealbild (»es ist kein schöner Anblick«), welches verschleiert, daß Formen sozialer Pathologie in den eigenen sozialen und institutionalisierten Verhaltensweisen verborgen liegen. Die Fixer übernehmen somit eine massenpsychologisch entlastende Rolle, die wir unter dem Begriff der Sündenbockfunktion an einer späteren Stelle (Kap.3.3) noch näher betrachten werden.

Der medizinische Diskurs

Im Gegensatz zum polizeilichen Diskurs bringt der medizinische Diskurs die gesellschaftlichen Konflikte und Antagonismen offen zum Ausdruck. So wird allgemein anerkannt, daß die Heroinabhängigen ungelöste gesellschaftliche Probleme und Konflikte nach innen lenken, die zu einem krankhaften Zustand der Individuen führen. Die Droge wie auch das Leben auf der Szene werden als »Scheinlösung« gesellschaftlicher Probleme akzeptiert.

Bei der Beurteilung der Ursachen und der medizinisch-therapeutischen Eingriffe in das »kranke« Individuum scheiden sich die Geister. Sieht der kleinere psychoanalytisch orientierte Teil der Ärzteschaft den gesellschaftlichen Umgang mit den Fixern als Suche nach einem Prügelknaben – wie bei »Gewalttätern«, »Vergewaltigern«, »Terroristen«, »Kinderquälern« – so bewertet die Mehrheit der Ärzte das Verhalten der Fixer als »sozialfeindliches«. Fixer werden zwar von diesen Ärzten grundsätzlich als Kranke behandelt, doch sind – dies belegen die einschlägigen Handbücher zur Suchtproblematik –

Süchtige, Gefährdete und psychopathologisch ähnlich strukturierte

> Personen ... nicht normal. Ihre Persönlichkeitsrechte haben sie mißbraucht bzw. sich in signifikanter Weise als unfähig erwiesen, den rechten Gebrauch davon zu machen. Sie sollen mit staatlicher Hilfe zu einer verantwortlichen Lebensführung in der Gemeinschaft und damit erst zur freien Verfügung über ihre Persönlichkeitsrechte geleitet werden. Der Weg dahin führt nun einmal in vielen Fällen und nach jahrzehntelanger Erfahrung nur über eine klare Einschränkung der Persönlichkeitsrechte des abnormen oder kranken Menschen. (Ehrhard 1967 S. 36).

Entsprechend werden die Fixer als pathogene Persönlichkeiten beschrieben, welche die »sozialen und moralischen Normen abgeworfen haben«, in einem »Dämmerzustand« leben und nur »in einer Bude dahinvegetieren«. Andere Ärzte beschreiben das Leben der Fixer als etwas »Gespenstisches«, denn sie »können kaum mehr aufstehen und fallen dann wieder in einen Halbschlaf« in irgendeinem Gemäuer. Ihr »haltloses« Leben setzt soziale Verhaltensnormen außer Kraft; sie stehen spät auf, sind kriminell und haben einen gestörten Tag-Nachtrhythmus. Wegen ihrer

> Verlogenheit, Unaufrichtigkeit, Überempfindlichkeit und Reizbarkeit ... ihrer mürrischen Verstimmung und des – nach jeder Injektion erfolgenden – Stimmungswechsels, ihrer Unberechenbarkeit und der sozialen Auswirkungen dieser charakterlichen Veränderungen (Kielholz/Ladewig 1972a)

stellen demzufolge Morphinabhängige wie Fixer eine schwere Belastung für Familie und Gesellschaft dar.

Auf den Zusammenhang zwischen sozialer Kontrolle und Bekämpfung der »Suchtflut« durch die Polizei und psychohygienische medizinische Eingriffe zur Beseitigung des sozialen »Sumpfes« Heroinsucht (Zutt 1975) als Teil gesellschaftlicher Machtstrategien wurde bereits hingewiesen. Für unsere Fragestellung aber, durch welche gesellschaftlichen Werte »Normalität« gesetzt wird, damit ein Teil der Gesellschaftsmitglieder als »normal«, ein anderer als »unnormal« erscheint, ist die im medizinischen Diskurs festgehaltene Rückverlängerung eines allgemein anerkannten gesellschaftlichen Konflikts in

Individualgeschichte und Persönlichkeitsstruktur von Bedeutung: »Die Persönlichkeitsstruktur gefährdeter Personen ist als Ursache der Sucht anzusehen« (Knaak 1983 S. 40). Der medizinische Blick richtet sich auf die »meist schon primärcharakterlich abnormen oder gestörten Persönlichkeiten« (Ehrhard 1967 S. 20), welche »einer auf Leistung und Verantwortung hin ausgerichtete gesellschaftliche Struktur im Wege« sind. (Täschner 1981 S. 41).

Daß Sucht ein »menschliches Problem« darstellt, dem der Arzt durch medizinische Hilfe für das leidende Individuum entgegenwirkt, gehört zum Praxisverständnis der Ärzte. So wird allerdings das gesellschaftliche Problem Heroinabhängigkeit, wie es sich als Szene innerhalb einer Subkultur darstellt, auf einen individuellen Krankheitsbegriff reduziert. Auch hinter dieser Reduktion verbirgt sich eine gesellschaftliche Strategie zur Ausklammerung von gesellschaftlich Nichtidentischem. Thema des medizinischen Drogen-Diskurses ist deshalb die Abhängigkeit als

> Wechselwirkung zwischen Droge und Individuum einerseits und zwischen dem dadurch in seiner Verhaltensweise veränderten Individuum und der personellen und materiellen Umwelt andererseits (Halbach 1975).

Diese Zuordnung Droge-Individuum-Milieu hat ihren Ursprung in der klassischen Epidemienlehre, deren Konzept die Trias Erreger-Wirt-Umgebung zugrunde liegt. Damit erhält die polizeilich-juristische Infektionstheorie ihre naturwissenschaftlich-medizinische Begründung aus der klassischen Seuchenlehre. Träger dieser Seuche ist das Individuum mit seinen krankhaften Persönlichkeitsstrukturen. Der gesellschaftliche Konflikt aber zwischen individuellem Wunsch und gesellschaftlicher Disziplinierung desselben, zwischen familialer Geborgenheit und einem über den Köpfen der Individuen ablaufenden Prozeß zur Fügung in soziale Beziehungen bleibt ausgespart.

Der herrschende medizinisch-psychologische Diskurs liefert so durch sein spezifisches Erkenntnisinteresse den Begründungsrahmen zur Stigmatisierung des Fixers.[18] Ähnlich der Wassermann-Reaktion, die nach der allgemeinen Säftemischungslehre den »uralten sozialen Wunsch« nach dem Nachweis des »verdorbenen« Blutes des Syphilitikers erfüllte, indem sie die »Lustseuche« in Zusammenhang mit dem schädlichen coitus brachte (Burian 1980), wird heute die Sucht als eine spezifische Form der Verhaltensabweichung behandelt, deren »politische Sünde« der »Wunsch nach Unabhängigkeit« (Szasz 1978a)ist. Der herrschende Begriff der Suchtkrankheit ist gebunden an den Primat sozialer Normalität. Er unterliegt dem medizinischen Diskurs und weist ihn als Teil der gesellschaftlichen Strategie zur Reproduktion dieser Normalität aus.

3.2 Die diskursiven Beziehungen[19] von Heroinszene und Drogeninstitutionen.

Der Alltag der Szene wird durch zwei Seiten der gesellschaftlichen Existenzform Heroinabhängigkeit konstituiert: zum einen durch die verschiedenen Formen konkreter Machtausübung in den Institutionen, mit denen die Szene konfrontiert wird und die ihre spezifische materielle Kultur mitformen, zum anderen durch die Formen der Verweigerung und die relativ autonome Praxis der Fixerszene. Die konflikthafte Beziehung der beiden Kulturen bringt unterschiedliche Formen und Inhalte des Denkens über das soziale Problem Sucht hervor, die im folgenden anhand von Fremd- und Selbstdefinitionen in den Begriffen Ursache, gesellschaftliche und individuelle Schwierigkeiten, Subkultur, Kolonisation beschrieben werden. Die Darstellung beschränkt sich dabei auf die Beschreibung zentraler Beziehungsmuster.

Die diskursiven Beziehungen zwischen Szene und Gesellschaft, die das Feld abstecken, in dem sich die institutionellen und subkulturellen Praxen organisieren und strukturieren, artikulieren unterschiedliche Denk- und Praxisformen. Faßt man die Diskurse nach ihren Organisations- und Strukturierungsprinzipien zusammen, ergeben sich drei Felder, auf denen sich die diskursiven Beziehungen artikulieren:

- Die Darstellungsebene des individuellen und gesellschaftlichen Entstehungszusammenhangs (Ursachen der Heroinabhängigkeit; individuelle und gesellschaftliche Schwierigkeiten)
- Der politisch-wissenschaftliche Begründungszusammenhang von Heroinsucht (Sucht- und Krankheitsmuster; Subkultur)
- Die Legitimation von Macht und die medizinisch- juristischen Eingriffsmechanismen (Kolonisation; Reintegration).

An diesen drei Schnittstellen der Diskurse zeigt sich deutlich die fast unversöhnliche Konfrontation von Szene und gesellschaftlichen Institutionen. Auf diese Konfrontation ist auch zurückzuführen, daß die Diskurse in Innen und Außen, Normalität und Pathologie, eigene und fremde Kultur auseinanderfallen. Dabei sind die institutionellen Diskurse gebunden an die Reintegration der Fixer in die bestehenden Verhältnisse und damit an deren Positivität als Normalität.

Die Fixer hingegen halten am sozialen Setting der Szene und der Subkultur fest, trotz des damit zusammenfallenden kaputten Alltags. Sie wollen aussteigen aus den normalen Verhältnissen und die selbst geschaffene »andere« Realität zugleich als »andere« Normalität anerkannt wissen. Diese Diskrepanz artikuliert sich als Konfrontation zwischen Szene und gesellschaftlichen Institutionen.

Im Drogendiskurs der Institutionen wird die 'Ursache der Heroinabhängigkeit' vor allem auf zerrüttete soziale Verhältnisse zurückgeführt, in denen Kinder nicht die nötige Wärme finden (polizeilicher Diskurs). Diesen sozialen Dispositionen fügen die Ärzte die persönliche Veranlagung hinzu. Die Sozialpädagogen wiederum sehen die Ursachen weniger in der individuellen Karriere der Abhängigen begründet, sondern betrachten die Abhängigen als Opfer gesellschaftlicher Mißstände. Heroinabhängigkeit ist für sie das Resultat von Sozialisationsschäden und fehlenden Lebensperspektiven in der Gesellschaft.

Ganz anders spricht die Szene in ihrer Selbstdarstellung von den Ursachen der Heroinabhängigkeit. Im Fixerdiskurs wird die subjektive Neugier, Aussteigen-Wollen und das Bedürfnis nach einem »anderen Leben« herausgestellt, die zum Einstieg in die Szene führte und zunächst beim ersten Schuß als orgiastisches Gefühl den Übergang kenntlich machte. Betont also der Diskurs der Drogeninstitutionen die Ursachen, die in der sozialen und individuellen Deformation der Subjekte liegen, so werden im Fixerdiskurs die Suche nach einer neuen Identität und die Möglichkeit der Veränderbarkeit der eigenen sozialen Situation sowie der Subjektivität herausgestellt.

Diese Diskrepanz zwischen der Selbstdarstellung der Szene und den Drogeninstitutionen setzt sich in der diskursiven Darstellung der 'gesellschaftlichen und individuellen Schwierigkeiten' von Heroinabhängigen fort. Im polizeilichen Diskurs werden Individuen »Problemsüchtige«, die individuell nicht mit dem Leben und den gesellschaftlichen Anforderungen zurechtgekommen sind. Ähnlich argumentieren die Ärzte, für welche die Abhängigen Patienten sind, die es nicht gelernt haben, mit Frustration umzugehen. Die Sozialpädagogen sehen die Probleme erwachsen aus der individuellen und sozialen Ausweglosigkeit, mit der die Fixer konfrontiert werden.

Auch im Fixerdiskurs werden Schwierigkeiten mit der Familie, mit enttäuschter Freundschaft oder mit beruflicher Perspektivlosigkeit benannt. Aber diese Probleme werden nicht als Ursachen für den ersten Schuß oder den Einstieg in die Szene genannt. Vielmehr betonen die Fixer, daß sie von den bestehenden sozialen Verhältnissen und den ihnen gebotenen Möglichkeiten der Individuation frustriert wurden und auf der Suche nach einem anderen Leben waren. Die konkreten sozialen Ereignisse, die den ersten Schuß und damit den Einstieg in die Szene bewirkten, waren – so stellt es sich in der Diskursanalyse und in der Analyse des Interviews dar – lediglich der äußere Anlaß. Unterstellt der Drogendiskurs, daß Fixer aufgrund ihrer Unfähigkeit, soziale Beziehungen bewältigen zu können, in die Abhängigkeit geschlittert sind, so steht im Fixerdiskurs die bewußte Entscheidung um Vordergrund.

Für die Begründung spezifischer medizinisch-juridischer Eingriffsmechanismen ist das 'Sucht- und Krankheitsmuster' im Drogendiskurs zentral. So wird die Notwendigkeit der sozialen Kontrolle im polizeilichen Diskurs durch die Reduktion der Fixer auf unzurechnungsfähige kriminelle Objekte begründet, bei denen sich »alles nur noch um Heroin dreht«. Fixer sind nicht normal, sondern krank; und sie müssen deshalb aus der normalen Soziabilität ausgegrenzt werden. Ähnlich argumentiert die Begründung des Sucht- und Krankheitsmusters im ärztlichen Diskurs. Dieser geht davon aus, daß die kranken Fixer von der Sucht beherrscht werden und die Kontrolle über ihr Verhalten verlieren. Damit ist das Kriterium der freien Willensentscheidung bei den Fixern nicht mehr gegeben; sie sind krank.

Die Fixer selbst schätzen sich zunächst ebenfalls als »Kranke« ein. Dies ist auf die Tatsache zurückzuführen, daß sie nur als »Kranke« von den Sozialämtern etc. anerkannt werden und Unterstützung erhalten. Im Gegensatz zum institutionellen Diskurs bedeutet jedoch die Übernahme des herrschenden Krankheitsbegriffs im Fixerdiskurs auch die Rückverlängerung der Szene in die Normalität. Die Fixer wollen »krank« sein, weil die ihnen angeheftete Krankheitsform Aussteigen aus der Gesellschaft bedeutet. Zugleich setzen sie Krankheit, d.h. die von ihnen auf der Szene gelebte Realität, mit Norm gleich. Damit wird die im institutionellen Diskurs existierende Trennung von Normalität und Pathologie, welche zugleich die Praxen sozialer Kontrolle begründet, in Frage gestellt.

Der wissenschaftliche Begründungszusammenhang, der über das Sucht- und Krankheitsmuster hergestellt wird, leitet direkt über zu politischen Aussagen über die 'Subkultur'. Als Einheit von Kriminalität und »anderem Leben« ist im polizeilichen Diskurs die Szene Ausdruck von Aussteigen und Gegenkultur. Zugleich gilt die Suche nach dem Anderen als sozialfeindliches Verhalten. Die Szene ist der Ansteckungsherd für ein solches Verhalten. Im ärztlichen Diskurs werden das Krankheitsbild und das Leid der Fixer auf die Lebensumstände in der Szene zurückgeführt. Einige Ärzte sehen die Buhmannfunktion dieser Auffassung, andere heben die pathogene Identifikation der Individuen mit der Subkultur hervor. Zentral in der Argumentation jedoch bleibt die medizinische Begründung des therapeutischen Eingriffes in das kranke Individuum und in die kriminelle Subkultur. Stimmte der sozialpädagogische Diskurs noch mit dem Krankheits- und Suchtmuster von Polizei und Ärzten überein, so gestehen die Sozialpädagogen der Subkultur eine eigene Ökonomie und Kultur zu. Sie gehen davon aus, daß Fixer aussteigen wollen, denn »die Szene gibt den Menschen etwas, was sie in der Gesellschaft nicht finden«.

Auch im Fixerdiskurs wird die Subkultur von der normalen Welt abgetrennt. Das Anderssein auf der Szene ist die Negation des Normalen. Im Gegensatz zum Drogendiskurs wird aber dieses Anderssein nicht als Pathologie ausgewiesen. Vielmehr ist die Szene der Ort, an dem Individuationsprozesse möglich sind. Sie vermittelt Identität, Selbständigkeit, Kommunikationsformen, eine eigene Ökonomie, einen selbstproduzierten Sinnzusammenhang und Macht gegenüber den staatlichen Kontrollinstanzen. Dabei wird im Fixerdiskurs der miserable Alltag auf der Szene in keiner Weise verklärt, sondern auch als Beschränkung der eigenen Subjektivität begriffen.

Im polizeilichen Diskurs nimmt die Art und Weise, wie der Gegensatz von eigener und fremder Kultur gedacht wird, die Form der 'Kolonisierung' an. Die Szene ist für die Polizei eine klar abgegrenzte Welt, die sich den Normen widersetzt. Sie bestätigt damit das Selbstverständnis der eigenen Kultur, das zugleich die Legitimationsbasis für die Eingriffe in das Fremde bildet. Aufgabe der Polizei ist das Herausziehen und Isolieren von Aussteigern aus der Subkultur, um sie der Normalität zuzuführen. Im Gegensatz dazu wird im ärztlichen Diskurs die Subkultur prinzipiell als eigenständige Kultur anerkannt, was zur kritischen Auseinandersetzung mit den eigenen Werten befähigt. Zugleich wird aber der Fixer als der »gute Wilde« begriffen, den es aufklärerisch-medizinisch zu verändern gilt. Trotz dieser Betrachtungsweise der Szene bleibt die Reintegration stets eine Zwangs- und Gewaltkur. Ziel der medizinischen Praxis ist die Auflösung der Szeneidentität und die Verhaltensänderung der Fixer. Im sozialpädagogischen Diskurs ist dieser Anspruch am wenigsten entwickelt. Die Sozialpädagogen gehen davon aus, daß man Szene und Fixer verstehen und mit ihnen leben muß. Dies ist freilich nur dann möglich, wenn mit den Abhängigen Alternativen zum schlechten Szeneleben und zum normalen Leben erarbeitet werden können. In den gegebenen Verhältnissen sehen nur wenige hierzu eine Chance. So bleibt auch den Sozialpädagogen nur die Therapeutisierung der Fixer und ihre (Wieder)Eingliederung in den normalen Arbeitsalltag.

Das Hauptaugenmerk des institutionellen Diskurses liegt auf der Aussonderung von Ausgestiegenen und ihrer mehr oder weniger zwangsweisen Zurückführung zur Normalität. Die Fixer fühlen sich in dieser Situation als Ausgegrenzte, Kriminalisierte und Verfolgte – als Kolonisierte. Durch staatliche Gewalt und Übergriffe sehen sie sich in eine Buhmannfunktion gedrängt, in der sie von der Gesellschaft angefeindet werden. Der Fixer sieht sich als Paria der Gesellschaft, der mit Gewalt wieder eingegliedert werden soll. Indem er sich selber ausgrenzt, will er die Macht des Staates angreifen. Die Szene bietet ihm dabei trotz der täglichen Probleme einen Überlebensort. Therapie lehnt er ab, denn die Erfahrungen auf der Szene sind für ihn als Individuierungsprozeß bedeutsam. Die Therapie erfährt er als Zerstörungsstrategie. Sie ist eine Bedrohung seiner Geschichte. Wenn der Fixer aus der Szene aussteigt, dann freiwillig.

Fassen wir die Diskurse der Drogeninstitutionen und der Szene zusammen, dann können wir festhalten, daß die Spannung von eigener und fremder Kultur in den Institutionsdiskursen vorrangig unter dem Aspekt der sozialen Disziplinierung, Normalisierung und Kontrolle der Subkultur erfaßt wird, während im Fixerdiskurs subjektive und soziale Handlungsmotivationen im Vordergrund stehen, welche mit Begriffen wie »Neugier«, »Aussteigen«, »Neue-Erfahrungen-Sammeln« u.a.m. beschrieben werden[20]:

> ... ich meine, kannst Du Dich vielleicht daran erinnern, wo Du siebzehn Jahre alt warst. Es gab da sicher irgendwelche Dinge, die Du selbst erforschen wolltest. Weiß ich, vielleicht irgendwelche Reisen selber machen, oder so. Du wolltest vielleicht mal allein nach London verreisen und wolltest da halt Deine Erfahrungen sammeln. Das ist mal ein total komischer Vergleich, aber so ungefähr. Die Leute wollen selber feststellen, wie eine Sucht ist, wie eine Abhängigkeit verläuft. Die wol-

len das selber erarbeiten, das Problem. (Fixerin, in Noller/Reinicke 1987 S. 115).

3.3 Die Sündenbockfunktion: die Aufteilung der Welt in Gut und Böse

Verfolgt man den herrschenden Diskurs über den Konsum illegaler Drogen, dann scheint der Fortbestand gesellschaftlicher Grundwerte und des Normengerüstes weitgehend von seiner Bekämpfung abhängig: von der Kapitulation des Staates vor dem organisierten Verbrechen und der Nichterfüllung des Verfassungsauftrages, die Gesundheit des Bürgers zu schützen (Heinrich Boge, Präsident des BKA) ist die Rede; vom Schutz der Jugend vor der AIDS verbreitenden Drogenseuche und dem kriminellen Untergrund. Offensichtlich wird durch die Rechtfertigung staatlicher Repressionspolitik dem Kampf gegen die illegalen Drogen ein ähnlicher staatstragender Stellenwert eingeräumt wie dem Kampf gegen den Terrorismus. Zugleich sind Alkohol, Nikotin und Psychopharmaka in unsere Gesellschaft weit verbreitete und kulturell akzeptierte Drogen. Ihr Mißbrauch wird kaum gesellschaftlichen und sozialen Sanktionen unterworfen (jedenfalls solange die Menschen dabei arbeits- und lebensfähig bleiben). Mit einem Kater ins Büro zu kommen, weil man über den Durst getrunken oder zu viel geraucht hat, ist »normal« – jeder versteht das. Anders reagiert man auf den Gebrauch von Heroin, der negativ besetzt ist, noch bevor ein Heroingebraucher sozial auffällig wird. Dabei können rein statistische Zahlen zur Begründung der Sozialschädlichkeit der Heroinabhängigkeit sowie der harten Reaktion durch Politik und Justiz keinesfalls als hinreichender Begründungszusammenhang gelten. Mit der Nüchternheit statistischer Fakten läßt sich nämlich unschwer feststellen, daß Alkohol- Nikotin- und Tablettenkranke und die aus dem Konsum legaler Drogen erwachsenen Krankheits- und Sterberaten beziehungsweise Frührentner die sozialen Kosten bei weitem übertreffen[21]. Warum also, so ist zu fragen, verläuft die öffentliche Reaktion auf den illegalen Drogenkonsum, speziell den Heroinkonsum fast immer extrem? Warum artikuliert sich in ihr entweder Aggression, die in Härte und – wie häufig in den Therapien – in Sadismus umschlägt oder warum reagieren Menschen umgekehrt mit der Für-Sorge einer »overprotective mother«, verbunden mit einem tiefen Schuldbewußtsein? Warum wird der Umgang mit dem sozialen Problem Heroinabhängigkeit von einem gesellschaftlichen »Für-Sorge-Komplex« (Pohlen 1988 S. 170 f.) beherrscht, der die gewalttätige Liebe und institutionalisierte gesellschaftliche Kontrolle in sich vereint? Warum also wird in den Ritualen der Drogenpolitik die gesellschaftliche Anerkennung der Abweichung ausgeschlossen?

In der Literatur wurden diese Fragen unter anderem unter dem Aspekt der gesellschaftlichen Sündenbockfunktion der Heroinabhängigen und der Heroinszene diskutiert (Szasz 1978a.; Quensel 1984; Böllinger 1983; Butzko 1986). Die damit einhergehende Sichtweise auf das Problem Heroinabhängigkeit fußt auf der Annahme, daß wir es mit einem Phänomen zu tun haben, das mit kollektiven Psychosen wie zum Beispiel der mittelalterlichen Hexenverfolgung oder der überzogenen Furcht vor Terroristen und ihren Sympatisanten in den 80er Jahren (gegenwärtig vor HIV-Infizierten) verglichen werden kann. Anthropologen (Evans-Pritchard 1978) und Sozialhistoriker (Levi 1986), die dieses Phänomen in vorkapitalistischen und nicht zivilisierten Völkern analysiert haben, beschreiben den Sündenbockmechanismus als Suche nach Ursachen und Erklärungen eines Übels. Dieser Suche liegt eine Theorie der Verursacher zugrunde, auf die alle Verantwortlichkeit für das Übel übertragen werden kann. Zugleich bringt der damit verbundene Zuschreibungsmechanismus automatisch kausale Erklärungen hervor, die den Zusammenhang von Krankheiten und Schuldgefühlen, von Körperlichem und Seelischem überlagern. Mit anderen Worten: wir haben es mit einem Prozess kollektiver Verdrängung zu tun, deren Funktion die Herstellung und Aufrechterhaltung eines gesellschaftlichen Zustandes ist, der innerhalb eines historischen Lebenszusammenhangs als »normal« zu gelten hat.

Michel Foucault ist solchen Phänomenen nachgegangen. In seiner Theorie der Macht versucht er zu zeigen, wie Elemente der Verdrängung und der Ausgrenzung auch in der Moderne einer spezifischen Strategie der Macht unterliegen, und welche kontrollierende Funktion ihnen im sozialen Diskurs zukommt. In diesem Kontext muß der Frage nachgegangen werden, warum die »Szene« und die »Fixer« im herrschenden Diskurs über die soziale Existenzform Heroinabhängigkeit mehr oder weniger als Nachfolger von Teufeln und Hexen erscheinen. Bezeichnet »Szene« in diesem Diskurs nicht jene Orte, an denen sich das Böse und Barbarische im Individuum in eingenistet hat, das es auszutreiben gilt (»Krieg dem Rauschgift«)? Zur Beantwortung dieser Fragen muß gezeigt werden, wie die Funktion des Inquisitors im herrschenden Drogendiskurs erscheint – in den Anwendungsformen und -praktiken der Institutionen der sozialen Kontrolle sowie in den Umgangsweisen und Strategien der Alltagssubjekte in der Auseinandersetzung mit dem sozialen Phänomen Heroinabhängigkeit. Es wird sich zeigen, daß die Strategie der Macht sich hinter der Art und Weise verbirgt, mit der die Drogenabhängigen juristisch und öffentlich beschuldigt werden, von der Norm abzuweichen. Die konkreten Praktiken der Bewahrung, Beurteilung und Klassifizierung des »Anderen« spielen dabei eine entscheidende Rolle: aus ihnen geht ein Diskurs hervor, der innerhalb des Systems der sozialen Kontrolle die strategische, »natürliche« Regeln definiert, denen sich die Menschen unterwerfen, sodaß ihnen eine bestimmte – die eigene bürgerliche – Lebensweise als normal erscheint.

Stephan Quensel (1984) hat Mechanismen aufgezeigt, die diese »natürlichen« Regeln kennzeichnen und den »normalen« alltäglichen Umgang der Menschen mit dem Problem Heroinabhängigkeit strukturieren. Er hat sie zu vier Punkten zusammengefaßt:

1. Offenbar gelingt es den Menschen leichter, sich selbst als normal zu definieren, wenn sie andere, abweichend handelnde,

deutlich umrissen vor Augen haben. Wer aber zum Beispiel in der wissenschaftlichen Kritik behauptet, die Abweichenden unterschieden sich im Grunde genommen nicht von der Normalen, der kratzt an der Sicherheit, die diese Abgrenzung bietet und wird wie die Abweichenden selbst bekämpft.

2. Die Tatsache, daß es »dort draußen« in der Subkultur, d.h., außerhalb der eigenen »normalen« Lebensweise Probleme gibt, die man (mehr oder weniger) bekämpfen kann, verschafft den Alltagssubjekten die Gewißheit, in einer Welt zu leben, die zwar Anstrengung fordert, die aber doch insgesamt bewältigbar ist.
3. Dabei beruhigt es die Menschen ungemein, daß es übergeordnete Instanzen (juristische und medizinische Drogeninstitutionen) gibt, die diese Probleme lösen und denen die Menschen vertrauen können; und umgekehrt: die Instanzen rechtfertigen das Vertrauen in sie durch ihre Behauptung, sie trügen zur Problemlösung. So versuchen sich die Individuen der Verantwortung zu entziehen.
4. Indem sie das Übel ins Außermenschliche verlegen, d.h., in die Substanz der Droge, die Ideologie, den Dämon, von dem zwar jeder befallen, aber doch durch rechte Lebensweise verschont werden kann, verlagern sie das Problem auf Instanzen, die demokratisch gewählt, mit Steuern bezahlt, von Experten für besondere Aufgaben eingesetzt werden und deshalb als besonders befähigt erscheinen. Also: indem die Menschen sich den »natürlichen« Regeln des Drogendiskurses unterwerfen, kann den in der Subkultur Lebenden die Schuld für die Leiden dieser Welt zugewiesen werden; die gesellschaftlichen Ursachen des eigenen Leidens sowie des Leids der Fixer werden vergessen gemacht (S. 49).

Die aufgeführten Strukturierungsmerkmale des »normalen« Umgangs mit der sozialen Existenzform Heroinabhängigkeit sind von einem negativen und ausgrenzenden Blick auf Szene und Fixer geprägt. Inhalt und Geltung dieser Ausgrenzung von der herrschenden Anwendung von Rechtsregeln abhängig sind und von der Art und Weise, wie sie von den Menschen als »Wahrheit« akzeptiert und gleichzeitig zur Rechtfertigung des eigenen Umgangs mit dem Problem Heroinabhängigkeit herangezogen werden. So begründen die institutionalisierten Rechtsformen innerhalb des herrschenden Rechssystems das Funktionieren der Normalisierungsstrategie, der »Mikrophysik der Macht« (Foucault 1976 S. 75 f.) In der Bundesrepublik verstärkt die Drogenpolitik der Bundesregierung durch ihre Orientierung an »abweichenden Verhaltensweisen« die Institutionalisierung diese Ideologie in juristischen, medizinischen und sozialpädagogischen Praktiken oder hat sie gar erst erzeugt (Quensel 1984 S. 49). Als »Politik des helfenden Zwangs« (S. Scheerer) findet diese Orientierung ihren konkreten Ausdruck. So werden zum Beispiel zwischen 80 und 90 Prozent der Klienten in Langzeiteinrichtungen aufgrund des bestehenden Drogenrechts mit einer gerichtlichen Therapieauflage aufgenommen. Therapieeinrichtungen erhalten den Charakter eines »Ersatzknastes« (Dammann/Scheerer 1986), und das Primärverhältnis von Abhängigem und Strafjustiz, das vom Verhältnis Patient-Therapeut oder Patient-Sozialarbeiter überformt wird, nimmt unter Vorspiegelung des therapeutischen Grundprinzips der Freiwilligkeit (man tut so, als schlössen zwei autonome Personen einen Behandlungsvertrag ab), »gewisse Züge einer Nötigung« (Dammann/Scheerer 1986) an. Abhängige, die den Zwang der Therapie dem Zwang des Gefängnisses vorziehen, unterliegen fundamentalen Grundrechseinschränkungen (ebda):

- Entzug des Verfügungsrechts über Eigentum
- Einschränkung der freien Wahl der Ausbildung
- Arbeitsverpflichtung
- Kontaktsperre, Zensur von Post
- Einschränkung der Hörfunk- und Fernsehbenutzung
- Einschränkung der persönlichen Bewegungsfreiheit

- Beschneidung des Rechts auf freie Selbstbestimmung (Reglementierung von Kleidern etc.)

Die Einschränkungen von Grundrechten macht deutlich, daß Therapien im Grunde auf die Wiederherstellung von Normalität durch Überwachen und Strafen zielen: und bist du nicht willig, so brauch ich Gewalt. Die juristischen Unterwerfungstechniken strukturieren dabei nicht nur den strafrechtlichen und therapeutischen Umgang mit den Fixern und der Heroinszene, sondern sie beeinflussen die gesellschaftlichen Umgangsweisen mit dem Problem insgesamt. Die Anwendungsformen des Rechts und die »natürlichen« Regeln des »normalen« gesellschaftliche Umgangs mit dem Drogenproblem amalgamieren so zu einem ganz gewöhnlichen und den Alltag beherrschenden Verhalten gegenüber der Heroinabhängigkeit, das durch Mechanismen der Kontrolle und Ausgrenzung gekennzeichnet ist.

Bleibt die Frage, welche Wahrheit eigentlich durch diese Unterwerfungsstrategie verschleiert werden soll. Warum dient der herrschende Drogendiskurs, indem er sich eindeutig vom »Anderen« der Subkultur abgrenzt, seine Probleme nach außen verlagert beziehungsweise den dafür zuständigen Institutionen überträgt oder das Schlechte, Dämonische ins Außermenschliche verdrängt, dem »normalen« Bürger dazu, sich als solcher zu definieren? Um die dahinter liegende, von der Strategie der Macht verschwiegene Wahrheit enthüllen zu können, müssen wir von dem grundlegenden gesellschaftlichen Strukturkonflikt ausgehen, der im Diskurs über das soziale Problem Heroinabhängigkeit aufscheint: die gesellschaftliche Abwehr und Verdrängung eines anderen, nicht auf das Arbeitsvermögen, sondern auf Trieb- und Bedürfnisbefriedigung ausgerichteten Lebensentwurfs, den die Drogenszene allemal repräsentiert. Demzufolge haben wir es mit der Konfrontation zweier Kulturen – der normalen und der subkulturellen – zu tun, die zugleich auf den Zusammenhang von psychischer und kultureller Entwicklung in der bürgerlichen Gesellschaft verweist.

Der »verdeckten« Wahrheit von psychischer und kultureller Entwicklung ist Freud in seinen Kulturanalysen nachgegangen. Dort hat er zu zeigen versucht, daß der vom Kulturfortgang dem Individuum aufgedrängte Verzicht, die Aggressionen gegen das Ich-Fremde auszuleben[22], nicht nur der Selbsterhaltung und Selbstbehauptung der menschlichen Gemeinschaft und der Kultur dient, sondern auch Quelle von kultureller Destruktion ist. Wir finden diese Destruktionskraft sowohl in den Selbstverstümmelungs- und Selbstzerstörungspraktiken der Fixer, als auch in den Ausgrenzungspraktiken der Gesellschaft wieder. Dabei erscheint die Art und Weise, wie die Fixer und die Heroinszene der Gesellschaft die Zerstörung von Individuen vor Augen führen, bedrohlich. Aber nicht nur Abwehr und Angst werden hier angesprochen, sondern auch die unbewußten Wünsche nach Zerstörung und Aggression, die – zur Aufrechterhaltung der herrschenden Kultur – beständig abgewehrt werden müssen (Pohlen 1988 S. 132 f.). In einer Gesellschaft aber, in der die Möglichkeit, sich spontan, impulsiv und affektiv ohne Ausübung körperlicher Gewalt aggressiv zu verhalten, in den Oppositionspaaren »Normalität« und »Pathologie«, »Vernunft« und »Wahnsinn« aufgehoben und damit praktisch vernichtet ist, »kommt es zu einem ständigen Aufladen des Aggressionspotentials« (S. 157). Hier wird die Freisetzung von Agressionslust schnell gefährlich, weil sie sich stets gegen die sozial Schwachen und Ausgegrenzten wendet. Das Strafbedürfnis der bestehenden Drogenpolitik gegenüber der »abweichenden« Kultur der Heroinszene, das aus einem »Gemisch aus Bevormundung und Einkerkerung« besteht und der »Verteidigung der Ordnung gegen die Abweichung« (Bossong u.a. 1983 S. 8) dient, kann durchaus als institutionalisiertes Ventil für die Befriedigung dieser Aggressionslust interpretiert werden. Und weiter: da diese in der Kultur wirksamen Destruktionskräfte das Ergebnis der herrschenden Macht- und Herrschaftsverhältnisse sind, werden sie – zu ihrer Aufrechterhaltung – in gesellschaftlich produzierten Formen von Unbewußtheit (Erdheim 1985) eingelagert. Unbewußt gemacht werden muß im gesellschaftlichen und kulturellen Umgang mit der sozialen Existenzform Heroinabhängigkeit einerseits die Möglichkeit eines »anderen Lebens«, welche implizit und explizit in der Faszination und der Neugier zum Ausdruck kommt, die illegale Drogen und Subkultur hauptsächlich auf Jugendliche bei der Suche nach Lebenssinn in einer verwalteten Welt ausüben; andererseits aber auch der Wunsch nach Destruktion, der dem durch zwanghafte Selbstkontrolle zugerichteten »Normalbürger« ebenso zueigen ist wie den Fixern. Die Verdrängung sowohl der einen wie der anderen Seite führt dazu, daß Tod und Elend auf der Szene nur mehr als Problem einer »pathologischen«, einer »abweichenden« Kultur erscheinen – die Anteile der »normalen« Kultur an der Destruktion sowie die in der anderen Kultur enhaltenen Möglichkeiten eines »anderen Lebens« bleiben den Subjekten unzugänglich. Abweichung kann dann auch nicht mehr als gesellschaftlich anerkannte Opposition begriffen werden, sondern wird als das »Nicht-Normale«, das »Krankhafte«, das es zu bekämpfen und zu heilen gilt, stigmatisiert.

Dieser kulturelle Verdrängungsprozeß zielt auf die Vereinfachung sozialer Widersprüche in einem Mythos, demzufolge der Normalbürger unter den bestehenden Verhältnissen als freies Individuum die Seite des Guten repräsentiert, während abweichendes Verhalten oder Abhängigkeit von einer fremden (Drogen-)Substanz die Menschen unfrei mache und die Seite des Schlechten repräsentiert. Abgesehen davon, daß sich dahinter natürlich auch die »Angst vor dem Chaos« (J. Schumacher), d.h. die Angst vor Veränderungen und geschichtlichem und sozialem Wandel verbirgt, die ja ebenfalls auf eine kollektive Verdrängungsleistung verweist, dient das öffentliche Negativbild der Drogenszene und der kriminellen oder kranken Abhängigen der Aufrechterhaltung des zentralen Mythos vom freien Individuum; eines Mythos, der durch den Skandal der Freudschen Entdeckung wissenschaftlich, aber eben nicht im alltagspraktischen Bewußtsein zerstört wurde. Wie der Heroinabhängige ist nämlich auch der Normalbürger nicht Herr im eigenen Haus; das aber gilt es um jeden Preis zu verschleiern.

3.4 Kolonisator und Kolonisierter: Über die Erfahrung des Widerspruchs von eigener und fremder Kultur.

Die gesellschaftliche Existenzform Heroinabhängigkeit kann nicht losgelöst von den spezifischen Strategien und Praxisformen konkreter Machtausübung in den Drogeninstitutionen betrachtet werden. Die Auseinandersetzung mit der gesellschaftlichen Disziplinierung der Szene durch polizeiliche, medizinisch-therapeutische und sozialpädagogische Einrichtungen ist vielmehr wesentlicher Bestandteil der Erfahrungen auf der Szene und bestimmend für die Formen der Verweigerung und des Widerstandes im Szenealltag. Die konkreten Praxisformen werden jedoch sowohl von den Mitarbeitern in den Institutionan als auch von den Mitgliedern der Heroinszene als widersprüchliche erfahren: wenn Macht nicht nur von den Individuen angewandt wird, sondern auch durch sie hindurch geht (Foucault), dann geht auch der Konflikt von eigener und fremder Kultur, der aus dem hegemonialen Anspruch der herrschenden Macht resultiert, durch sie hindurch. Wie sich diese Erfahrungen als Widerspruch im Subjekt einerseits bei den Funktionsträgern institutionalisierter Macht, andererseits im kolonialisierten Lebenszusammenhang artikulieren, wollen wir im folgenden thematisieren.

Vom Standpunkt der Funktionsträger gesellschaftlicher Macht

Die Dispositive institutioneller Macht gehen aus von einem psychologisch-medizinischen Modell vom »kranken« und »kaputten« Fixer, welches das gesellschaftliche Problem Heroinabhängigkeit auf ein Symptom individueller Pathologie reduziert und in Zusammenarbeit mit der Rechtsprechung den normierenden und kontrollierenden Eingriff in das Individuum begründet. Ziel dieser Disziplinierung ist die Herstellung eines verbindlichen Tagesablaufs, »realitätsgetreues« Leben, Arbeitsdisziplin etc. Dabei geht es der gewaltsamen staatlichen und polizeilichen Intervention in die Heroinszene darum,

> »die Funktionsfähigkeit der Gesellschaft nicht gefährden zu lassen (und) ... das Leitbild einer aktiven leistungsorientierten Gesellschaft (zu verwirklichen)« (Regierungsvorlage zur Änderung des Opiatgesetzes).

Hinter diesem medizinisch-psychologischen Begründungszusammenhang des »krankhaften Verhaltens« und der »gestörten Persönlichkeit« steckt ein moralisch normierender Begriff von Menschsein, der seinen Ursprung in den Zwangsverhältnissen kapitalistischer Verhältnisse hat. Mensch ist in diesem Konzept, wer seine Arbeitskraft verkaufen kann und damit Mehrwert produziert. Die Existenzweise der Fixer unterscheidet sich von diesem tauschwertbestimmten »Menschsein«, weil die auf der Szene vorherrschende Ökonomie eine »Ökonomie der Verschwendung« (G. Bataille) ist und nichts darüber hinaus produziert. Und der Gewinn aus dieser Ökonomie?

> Ein Blutopfer. Ich opfere den gesamten Gewinn aus den heutigen Spiel. Ich löse das hellbraune Pulver auf, das bis jetzt nur tote Materie war; nur eine sehr teure Ware und ein verbotener und mit Strafe bedrohter Stoff. Ich löse es auf und verwandle es in Gefühl. In Gefühl und neuen Lebensmut; in Energie, Lust, Mut, Überlegenheit, Ruhe, coolness. In Leben. (Aus dem Brief eines Fixers).

Bei den Mitarbeitern der Institutionen herrscht die Meinung vor, daß der Fixer nicht »normal« sei, weil er nicht »normal« arbeitet, sich nicht um seinen arbeitsfähigen Körper sorgt, nicht an die Altersversorgung denkt, in den Tag hinein lebt, lange schläft. Als freier Anbieter seiner Arbeitskraft ist der Fixer für die Gesellschaft wertlos, er kostet sie nur Geld. Diese tauschwertbestimmte Form des Denkens im Drogendiskurs findet soziale und historische Parallelen im Rassismus und im kolonialen Denken (Schmitt-Egner 1975). In dieser ausgrenzenden Ideologie wird den Fixern als Menschen, die nicht »ordentlich arbeiten«, der Status von Untermenschen zugewiesen. Gleichzeitig besteht Konsens darüber, daß – ähnlich der Zivilisierung der »Wilden« – die Erziehung der Fixer zur Arbeit (d.h. zm »normalen Menschen«) beim Kinde beginnen oder mit Gewalt durchgesetzt werden muß. Die staatlichen Institutionen übernehmen dabei die Nachsozialisation anstelle der Familie, und die Therapie die Gewöhnung an die Lohnarbeit.

Autoren wie Frantz Fanon (1981) und Albert Memmi (1980) haben vergleichbare Denk- und Praxisformen in Ideologie und Praxis von Kolonialherren beschrieben. Ähnlich der kolonialen Praxis, die sich zur »Selbstentfremdung des Unterdrückers« (Sartre) verkehrt, produziert die Durchsetzung einer gesellschaftlich zugeordneten Rolle für die Mitarbeiter der Institutionen ein Widerspruch zwischen der normierenden und disziplinieden Rolle, die die Subjekte übernehmen, und ihren subjektiven Bedürfnissen.

Zielt der moralisch normierende und tauschwertbestimmte Begriff des »Menschseins« innerhalb der institutionellen Praxis darauf ab, die Fixer als unnormale Wesen aus der Normalität auszugrenzen, so müssen die Träger dieser Ausgrenzungsstrategien doch den Fixern soweit vertrauen, daß sie (wie die in einer anderen Kultur lebenden »guten Wilden«) es möglicherweise aus sich selbst heraus schaffen, ein neues, »normales« Leben anzufangen. Schließlich kann niemand – wie es Sartre einmal ausdrückte – einen Menschen »wie einen Hund behandeln«, wenn er ihn nicht zuvor als Menschen anerkannt hat. Aber diese Geste der Anerkennung führt dazu, daß die Mitarbeiter der Institutionen sich institutionalisierten Distanzierungs- und Legitimationsstrategien unterwerfen, welche das subjektive Empfinden und Denken vom Handeln als Funktionsträger der Macht trennen.

Als Funktionsträger gesellschaftlicher Machtstrategien betreiben die Mitarbeiter die Entmenschlichung einer Randgruppe zum Zwecke der Aufrechterhaltung herrschender Normen und Werte. Gleichzeitig erkennen sie in subjektiven Erzählungen die Fixer als Subjekte und die Szene als relativ autonome Kultur an. Der grundlegende Konflikt, der in den Diskursanalysen zum Ausdruck kommt und sich in der Aufspaltung von »eigener« und »fremder« Kultur artikuliert, ist Moment der Erfahrungswelt sowohl der Institutionenmitarbeiter wie auch der Fixer. Damit geht er als Anerkennung und Distanzierung vom Unnormalen und Abweichenden der Szene, als Moment der anderen Kultur in die Mentalität und Alltagspraxis der

Institutionenmitarbeiter ein. Erst durch Abgrenzung und gleichzeitige Anerkennung des »Anderen« kann ihnen in dem oben beschriebenen Sinne die eigene Arbeit in der herrschenden Kultur als »normal« erscheinen.

Auf welche Mechanismen im Individuum und auf welche gesellschaftlichen Ursachen sind derartige Ambivalenzen zurückzuführen? Ein Erklärungsmodell liefert Paul Parin (1983), der den »Widerspruch im Subjekt« als Prozeß der Anpassung des Ich an die Außenwelt beschrieben hat. Dabei wird dieser Widerspruch als Ausdruck der

> gesellschaftlichen Strukturen selbst gefaßt, die sich in Ideologien übermitteln und im Ich, zur psychischen Struktur geworden, (zeitweise) unser Fühlen, Denken und Handeln bestimmen. Unser Ich handelt als Agent der Gesellschaft, deren Einrichtungen eine neue Qualität, die psychische, angenommen haben. (Parin u. Parin-Matthey 1978 S. 117/118).

In diesem Kontext funktioniert die Anpassung des Ich an die Außenwelt, indem sich die Subjekte mit der von der Gesellschaft zugewiesenen Rolle identifizieren, was zugleich subjektive Beschränkungen von Subjektivität zur Folge hat. Parin geht davon aus, daß dieser Autonomieverlust von den gesellschaftlichen Subjekten dadurch wettgemacht werden kann, indem sie sich auf eine neue Art der subjektiven Bedürfnisbefriedigung konzentrieren (z.B. Anerkennung durch berufliche Karriere). Voraussetzung hierfür ist, daß durch den »identifikatorischen Anpassungsmechanismus« die auf Allmachts- und Größenphantasien basierenden Bedürfnisse aufgesplittet werden, um das Ich wie die Abwehrmechanismen von Eingriffen der Umwelt zu entlasten. Die Anpassung an eine von der Gesellschaft zugewiesene Rolle bedeutet damit für die in Drogeninstitutionen arbeitenden Individuen Sicherung von Befriedigung, aber auch zunehmenden Verlust von Autonomie und Durchsetzung eigener Bedürfnisse. Da gleichzeitig die »Identifikation mit der Rolle« die Realitätskontrolle der Subjekte bestimmt, nehmen diese vorerst nur das wahr, was aus der Rolle heraus wahrgenommen werden darf.

Offensichtlich müssen innerhalb dieser Anpassungsstruktur, der sich die Subjekte unterwerfen, Störungen auftauchen, wenn Phänomene auftreten, deren Wahrnehmung nicht rollenkonform ist. Dann

> besteht die Tendenz, sie, sei es durch Rationalisierung wegzuinterpretieren, sei es durch Rituale ungeschehen zu machen oder durch Ich-Einschränkungen zu verleugnen. (Erdheim 1984 S. 320).

Das äußert sich darin, daß die Arbeit für die Subjekte unbefriedigend bleibt.

Meine ethnographischen Erfahrungen in Drogeninstitutionen und Interviewauswertungen lassen mir den Typ des rationalisierenden oder mit seiner Arbeit unzufriedenen Mitarbeiters in der Drogenszene besonders ausgeprägt erscheinen. Frustration über die (trotz größter Anstrengung und persönlichen Engagements), erfolglose Arbeit mit Fixern, die Verleugnung der eigenen Meinung, der Verweis auf die Zuständigkeit anderer Institutionen oder der zynische Umgang mit dem Problem (»es würde mir in meinem Job besser gehen, wenn es keine Fixer gäbe«) ist dabei nicht nur Ausdruck von Hilflosigkeit gegenüber dem Problem. Vielmehr bringt die Konfrontation mit dem Fremden, der »anderen« Kultur, die Teil der eigenen Kultur und damit auch im Subjekt verankert ist, einen gesellschaftlichen Habitus hervor, welcher auf Strategien zur Reproduktion gesetzter Werte und Normen insistiert. Die Anpassung an den institutionellen und sozialen Druck, der Karriere ermöglicht, macht unfähig zur Selbstbeobachtung; sie produziert die Unbewußtheit der gesellschaftlichen Verhältnisse, die der institutionellen Praxis zugrunde liegen. Nur so kann die Erschütterung der gesellschaftlichen Rolle, die dem Subjekt durch seine »Normalisierungsarbeit« zugewiesen wurde und an die es seine Bedürfnisse angepaßt hat, vermieden werden. Die Enttäuschung über die Arbeit, die ja zugleich die Einschränkung der Verwirklichung von eigenen Allmachts- und Größenphantasien und damit von subjektiver Befriedigung über Arbeit bedeutet, wird dabei entweder als notwendige Reduktion hingenommen (»Ich kann da sowieso nichts machen«) oder in der Karriere als Drogenexperte sublimiert.

Wer den Standpunkt eines Kolonisators der Szene einnimmt[23], dem bietet das Netz der Drogeninstitutionen umfangreiche Karrieremöglichkeiten und damit die von den bürgerlichen Verhältnissen vorgegebene Chance, die auf Größen- und Allmachtsphantasien basierende Subjektivität – wenn auch als Zwangscharakter – auszuleben. Den Kolonisierten aber bleibt als »willenlosen Wesen« und »realitätsunfähigen Süchtigen« nur die Möglichkeit, Subjektivität als das Andere zu leben, d.h., gegen den herrschenden Zwang zu leben. Dies schließt aber immer schon die Demonstration der Unmöglichkeit ein, Subjektivität, Identität und Autonomie unter den gegebenen Verhältnissen zu leben, wo Fixer wie die Pest behandelt werden.

Vom Standpunkt der kolonialisierten Alltagswelt[24] der Heroinszene

Wie der Diskurs der Drogeninstitutionen ist auch der Diskurs der Szene von Ambivalenzen und Bornierungen durchzogen, die nicht auf individuelles oder gruppenspezifisches Unvermögen zurückzuführen sind – wie der herrschende Drogendiskurs unterstellt – sondern aus einer konflikthaften Auseinandersetzung mit den herrschenden Verhältnissen resultieren. Als Ergebnis dieses Konflikt bleibt die Heroinszene eine ambivalente Lebenswelt. Die Auseinandersetzung erhält zwar für den Einzelnen mit dem Einstieg in die Szene eine andere und neue soziale Qualität; aber diese bleibt für den Fixer meist im sozialen Setting der Szene unerkannt. Die destruktiven Wirkungen und aggressiven Tendenzen des Szenealltags richten sich zwar gegen die herrschenden Verhältnisse, zugleich aber gegen die Beherrschten selbst.

Daß die negative Seite die Oberhand gewinnt, resultiert aus der Notwendigkeit des »Vergessens« gesellschaftlicher Destruktivkräfte beim Überleben auf der Szene. Dieses Phänomen hat eindrucksvoll Frantz Fanon (1981) beschrieben. Fixer verhalten sich – so läßt sich im Kontext »eigene und fremde Kultur« zusammenfassen – wie Kolonisierte unter der Kolonialherrschaft. Ein derartiges Unterdrükkungsverhältnis bestimmt die Sichtweise der Fixer auf die »normale«

Gesellschaft und auf die eigene soziale Lage. Als Kolonisierte sind sie – und sehen sie sich selbst als – »Neger im eigenen Lande«, in Ghettos eingepfercht und kontrolliert. Zwar ist ihnen die Notwendigkeit der Veränderung ihrer Lage bewußt, doch sehen sie sich zugleich einer übermächtigen Macht gegenüber gestellt. Dieses Entgegengesetzte gräbt sich in ihr Bewußtsein ein: als der »normale und arbeitende Mensch«.

Die Welt der Fixer ist eine zweigeteilte. Die Trennungslinie wird für sie scharf und unübersehbar von Polizei, Gefängnissen, Drogeninstitutionen und öffentlichem Drogendiskurs markiert. Diese schaffen Form und Inhalt des Respekts vor der etablierten Ordnung: einen geregelten Arbeitstag, Abstinenz und Anpassung. Für die in der Szene lebenden Fixer aber bedeutet diese Perspektive absolute Unterwerfung. Der eigentliche Skandal dabei liegt für die Fixer darin, daß die Herrschaft des normalen Menschen über den Fixer durch die Gewalt der Instanzen hergestellt wird: der Normalbürger verliert nichts, wenn er sich nicht um das Problem kümmert, aber er gewinnt an gesellschaftlichem Ansehen, wenn er die »Pathologie des Suchtkranken« anprangert und bekämpft.

Die Zeitungen schreiben – so sehen es die Fixer – auch deshalb von der »kaputten Fixerszene«, weil der »Normalbürger« gerne von der Gewalt der Zerstörung und der Verelendung der Fixer liest. Er glaubt im Vergleich mit dem »Minderwertigen« seine eigene Größe, Omnipotenz und Macht zu entdecken – wie dies auf der anderen Seite die Fixer tun. Deshalb strapaziert die Forderung nach der Beseitigung der elenden Lebensumstände der Fixer (nicht die Abschaffung der Drogenabhängigkeit) immer auch die Moralität der Gesellschaft. Das Angebot der eingreifenden und helfenden Gesellschaft ist andererseits für den Fixer keine Alternative: ihr Preis ist die Aufgabe der vermeintlichen Autonomie, die er sich noch in den schlimmsten Verhältnissen der Szene vorspiegelt.

Für die Fixer wird die Szene – und damit das »andere Leben« überhaupt – psychisch vor allem durch Therapeutisierung und physisch durch polizeiliche Kontrolle eingeschränkt. Andererseits begrenzt die Szene die Welt der herrschenden Normalität; die Fixerszene stellt ihr die Negation von Werten und Moral gegenüber – bis hin zu jenem Extrem, daß der Fixer diese Negation in der eigenen Szene fortsetzt. Sie ist ein zersetzendes Element, das die »heile« Welt bei der geringsten Berührung mit Krankheit infiziert und zerstört. Indem die Fixer an der Szene als Lebenszusammenhang – trotz ihrer zerstörerischen Verkehrsweisen – festhalten, präsentieren sie sich als Opfer und demonstrieren darüber hinaus die Ohnmacht der Gesellschaft gegenüber dem »Stoff« als sozialer Droge. Hierauf beruht die »Identität« der Szene sowie die »Identität« der Fixer – zugleich die Doppelschlächtigkeit von Selbstzerstörung und »anderem« Leben.

Die Beschreibung des »anderen Lebens« durch die Fixer selber bleibt der Negativität des Szenealltags verhaftet. Eine Welt nach eigenem Reglement, eigener Ökonomie und Kontrolle entsteht zwar, diese Szeneökonomie aber erweist sich gerade nicht als das andere Leben; sie setzt vielmehr – und das gehört zur Doppelschlächtigkeit dieses Prozesses – Reglements und Praktiken des abgelehnten Lebens in extrem negativen Formen fort. In dieser Negativität – nicht nur zur »anderen« Kultur, sondern auch zur eigenen – richten sich die Fixer ein. Die übrigbleibenden Träume gaukeln eine Welt vor, die sich von den Klischeevorstellungen der abgelehnten Gesellschaft nicht mehr unterscheiden.

Die Unhinterfragbarkeit, die den herrschenden Begriff von Sucht kennzeichnet, die Aggressivität, welche die Konfrontation mit der Sucht und den Denk- und Lebensweisen der Abhängigen färbt, führt durch eine Umkehr der Werte beim Fixer dazu, daß er lieber weiterdrückt, wenn man ihm die Möglichkeit der Anpassung an die »normale Welt«, z.B. durch Therapie, als erstrebenswert vorhält. Für den Fixer liegt die soziale Wahrheit und damit auch die Möglichkeit eines besseren Leben in den Extremen, die er als Szenemitglied selbst verkörpert.

Solange für die Fixer kein Ausweg in Sicht ist, richten sie ihre durch Beschaffungsdruck und Ausgegrenztheit hervorgerufene Aggressivität zunächst gegen sich selber und ihresgleichen. Die »normale Welt«, die eine feindliche Welt ist, stößt sie zurück und erregt zugleich ihren Neid. Der herrschende Drogendiskurs macht die Fixer zu Schuldigen an ihrer Situation auf der Szene. Hiergegen wiederum reagieren sie mit Aggressivität, vor allem gegen therapeutische Vereinnahmungsversuche. Die Fixer haben sich unterworfen: sie sind erniedrigt, aber nicht von ihrer Niedrigkeit überzeugt. Ihr Habitus ist »cool« und »tough« gegenüber den Anforderungen der Gesellschaft und den Institutionen. Gewalt und ökonomischer Druck fließen in den Lebenszusammenhang und die Verhaltensweisen der Szene ein als Ausdruck der Distanzierung vom »normalen Leben«.

Während die Drogeninstitutionen Tag für Tag versuchen, den Fixer in die Gesellschaft zu reintegrieren, bleibt er aggressiv und abwehrend. Seine letzte Chance, die Würde zu wahren, besteht unter »kolonialen« Verhältnissen darin, sie gegenüber Gleichen zu verteidigen. Die Tendenz zur Selbstzerstörung (»Lieber mach ich mich selber kaputt, als daß ich mich kaputt machen lasse«) basiert auf einer Praxis des Widerstandes gegen Erniedrigung und Unterdrückung in der Szene: die psychische und physische Anpassung an die schlechte Realität der Szene, notwendig, um überleben zu können, entlädt sich in Selbstaggression.

Die Selbstverstümmelung durch den Schuß wiederum bestätigt den Institutionen, daß die Fixer nicht vernünftig handeln können. Durch Anpassung und Fatalismus können die Fixer in dieser Zwangssituation sich immerhin soweit entlasten, daß sie überleben können. Hierin liegt das Geheimnis des »Drückens« als Teil einer kollektiven Szenehandlung: die praktizierte Gewalt auf der Szene dient der Einübung von Gewalt zur Befreiung aus der Gewalt.

Die Dispositive der Macht bringen diese Strategie der »kolonialisierten« Unterwerfung und Zerstörung hervor, ohne die zugrundeliegenden Widersprüche aufheben zu können. Was aber machen die Fixer aus dem, was aus ihnen gemacht worden ist und wie versuchen sie zu überschreiten, was man ihnen unter den gegebenen Bedingungen aufzuzwingen versucht? Dieser Frage gehen wir am Beispiel dreier Lebensgeschichten nach.

4.

Lebensgeschichten: Versuche von Fixern, etwas aus dem zu machen, was aus ihnen gemacht worden ist

Die folgenden drei Lebensgeschichten wurden in Berlin aufgezeichnet. Die erste davon erzählt Vera, die kurz zuvor aus der Haftanstalt entlassen wurde. Michael und Ulla hingegen, von denen die beiden darauf folgenden Lebensgeschichten stammen, leben auf der Heroinszene.[25] Die unterschiedlichen Erfahrungshintergründe sollen zeigen, wie die je aktuelle Lage die Rekonstruktion der eigenen Vergangenheit, das Sich-Erinnern der Erzählungen mitgestaltet. Nur so können die erinnerten lebensgeschichtlichen Erfahrungen als Teile eines Ganzen begriffen werden, wie sie die Erzählenden selbst empfinden[26]. Der erste Schritt der Analyse der Lebensgeschichten geht deshalb der Selbstverortung der Subjekte in der Szene nach (a.). Von diesem Standpunkt aus blicken wir in einem zweiten Schritt zurück auf die Konstitution der Subjekte, wie sie die Struktur der Familie (b.) vorgibt. Schließlich wenden wir uns von der regressiven Analyse wieder der progressiven zu, um zu sehen, wie die Erzählenden im Verlauf ihrer Personalisation (c.) das überschritten und aufbewahrt haben, was die Gesellschaft aus ihnen gemacht hat und immer noch macht.

Die Rekonstruktion der Lebensgeschichten folgt der Wunschproduktion der Erzählenden. Sie versucht, die Form der Bedürfnisbefriedigung nachzuzeichnen, die aus der Empfindung des sozialen Mangels entspringt und als Ausgleich für diesen vollzogen wird. Die Beschreibung begibt sich dabei auf jenes Territorium der Szene, das von den Fixern libidinös besetzt wird und auf dem die Produktivkräfte des Wunsches und eine reale politische und soziale Form annehmen:

die materielle Kultur der Heroinszene als Ausdruck des Widerstreits von Revolte und Knechtschaft, individueller Selbstbehauptung und sozialer Kontrolle. Hier und nicht in der Kindheit nimmt die folgende Analyse ihren Ausgangspunkt, Widersprüche und der Formwandlungen zu beschreiben, die die erzählenden Fixer bei ihrer Personwerdung vollziehen und erfahren haben.

Ziel der Darstellung ist es nicht, über die Erzählenden zu sprechen und ihr Handeln und Denken einem vorgegebenem Theoriemodell zuzuordnen, sondern, die erzählten Lebensgeschichten in »dichter Beschreibung« (C. Geertz 1983) nachzugestalten sowie die darin enthaltenen Alltagstheorien, mit denen die Subjekte ihre eigene aktuelle die soziale Lage interpretieren, in die spezifische soziale Komplexität einzubetten, die hervorgeht aus der Konfrontation zwischen der herrschenden und der Subkultur, den Formen der Durchsetzung des subjektiven Willens von Fixern und den objektiven Herrschaftsinteressen.[27]

4.1 Nach der Haftentlassung: Auf der Suche nach dem Leben zwischen »Normalität« und »Anmache« der Szene

Kennenlernen auf der Szene

Berlin, Kurfürstendamm, auf der Heroinszene. Ich war mit dem Fixerpärchen Ulla und Michael verabredet. Beide waren auf »Turkey«, auf Entzug also und in großer Hektik: das erste Vermittlungsgeschäft seit Tagen bahnte sich an. Als der »Deal« dann klappte, hatten die beiden keine Zeit für ein Interview. Sie wollten sich erst Heroin besorgen und spritzen, dann hätten sie Ruhe für ein Gespräch.

Bei dieser Gelegenheit stellten sie mir Vera vor, die die ganze Zeit in der Nähe stand und ab und zu mit Ulla und Michael sprach. Auf ihre Bitte fuhr ich die drei an einen anderen Ort. Ulla und Michael stiegen aus, Vera blieb im Auto, fragte mich nach dem Ziel der Interviews und äußerte dabei den Wunsch auch interviewt zu werden. Als ich einwilligte, begann Vera zu erzählen. Sie war fünf Wochen zuvor aus dem Gefängnis entlassen worden. Heute war sie auf der Szene, weil sie Ulla bitten wollte, ihr »einen Strich Heroin« abzugeben. Ich schaltete das Tonband ein und zeichnete die folgende Sequenz auf:

U.: Ich habe versucht, Ulla ein Pfund zu geben, weil ich nicht will, daß sie anschaffen geht.

I.: Ein Pfund?

V.: Ja, 20 Mark. Ich bin da vollkommen dagegen, ich hab es auch nicht gemacht, das heißt am Anfang habe ich es gemacht. (Lange Pause) Na ja, dann kam endlich mal so'n bekloppter Kanacke an, den haben wir dann abgezogen. Ha, auf 'ne ganz elegante Tour. (Pause) Ich will mal sehen, was für Bräute hier stehen, und ob ich noch 'ne Rechnung mit denen zu begleichen habe. (Pause) Ich wiege 85 Kilo, seit ich nicht mehr drücke (Ulla und Michael kommen zurück und Vera empfängt sie mit den Worten:) Ich darf auch ein Interview machen.

In dieser im Auto aufgezeichneten Gesprächssequenz, können einige der Motive entschlüsselt werden, die Vera zu ihrem Wunsch nach einem Interview bewegt haben. Vera betont ihre Solidarität mit Ulla, der sie Geld geben wollte, damit diese nicht Anschaffen gehen muß. Obwohl Vera dies am Anfang ihrer Drogenkarriere auch gemacht hat, ist sie dagegen.

Vera thematisiert also das zentrale Problem der Fixer auf der Szene: die tägliche Geldbeschaffung. Auch der Zwang und das Elend auf der Szene werden angesprochen: man muß sich verkaufen, um Geld für die Droge zu erhalten. Auf diese ersten Sätze folgt eine lange Pause. Vera denkt nach. Sie hat eine bestimmte Geschichte im Kopf, die sie mit Ulla erlebt hat und die sie mit ihr verbindet. Versucht man, die Geschichte zu rekonstruieren, könnte der Übergang zum nächsten Satz lauten: als ich noch auf der Szene lebte, haben Ulla und ich uns öfter gegenseitig ausgeholfen, wenn wir kein Geld für einen Druck hatten:

> Na ja, dann kam mal endlich so 'n beschissener, bekloppter Kanacke an, den haben wir dann abgezogen. Ha, auf 'ne ganz elegante Tour ...

Vera will sagen: beide haben auch früher schon auf der Szene zusammengehalten. Sie haben sich solidarisch Geld besorgt, indem sie ausländische Dealer oder Fixer austricksten. Ihre Solidarität richtet sich gegen die Kanacken, wie die Türken abwertend genannt werden. Mit einem affektiven: »Ha, auf eine ganz elegante Tour ...«, demonstriert Vera Überlegenheit gegenüber den Konkurrenten. Vera will in dieser kurzen Sequenz dem Interviewer demonstrieren, daß sie die Ökonomie und das Leben auf der Szene genau kennt; kurz: Vera stellt sich als Ex-Junkie vor.

Der nächste Abschnitt beginnt wieder mit einer längeren Pause. Jetzt kommt die Konkurrenz zu anderen Fixerinnen zur Sprache. Vera hält Ausschau nach »Bräuten«, mit denen sie eine Rechnung zu begleichen hat. Sie ist also nicht mit allen Fixern solidarisch. Wer sie vielmehr – so könnte man vermuten – vor ihrer Verhaftung betrogen oder verraten hat, wird von ihr jetzt zur Rechenschaft gezogen. Mit Vera, das geht aus dieser Sequenz hervor, hat die Szene also immer noch zu rechnen. Damit demonstriert sie zugleich dem Interviewer, daß sie auch noch nach ihrer Haftentlassung über jenen subkulturellen Habitus verfügt, mit dem sie sich die notwendige Anerkennung auf der Szene verschaffen kann. Sie präsentiert sich als Teil der Szene und als eine Person, die wichtig genug ist, um über die Szene berichten zu können.

Nach einer erneuten längeren Pause sagt sie dann im letzten Abschnitt der Gesprächsequenz: »Ich wiege 85 Kilo, seit ich nicht mehr drücke.« Vera ist im Gefängnis dick geworden. Während ihrer Haftzeit war Essen für sie, wie sie an einer anderen Stelle sagt, eine Ersatzdroge. Jetzt sitzt sie in einem Auto und schaut sich die Szene aus der Distanz an. Dabei ist ihrem ganzen Verhalten und Sprechen zu entnehmen, daß sie sich in dieser Situation nicht besonders wohl fühlt. Im Gegensatz zu den eher mit Nachdruck gesprochenen Sätzen zu Beginn sackt Veras Sprechen nach der letzten Pause ab, sie wirkt nachdenklich.

In diesem Zusammenhang kann die Erwähnung des Körpergewichts als Problematisierung der Beziehung zur Szene interpretiert werden. Fixer auf der Szene magern durch die Droge, die mangelnde Verpflegung und den Streß der Geldbeschaffung stark ab. Aus Veras Nachdenklichkeit geht allerdings nicht hervor, ob die in Sichtweite befindliche Szene sie bedroht, oder ob sie über die gefängnisbedingte Distanzierung von der Szene und ihr Vorhaben, diese für einen »Strich Heroin« aufzugeben, nachdenkt.

Ulla und Michael kehren zum Auto zurück. Vera empfängt sie freudig mit den Worten: »Ich darf auch ein Interview machen«. Sie wirkt froh, jemanden gefunden zu haben, mit dem sie – wie sie an einer anderen Stelle sagt – ohne therapeutischen Zwang über ihre gegenwärtige Lage reden kann. Der Kontakt zu mir bedeutet für Vera, auf den gesuchten Schuß Heroin vorläufig zu verzichten und damit die Rückkehr auf die Szene zu verschieben.

In der geschilderten Szene kommt Veras ambivalente Motivationslage zum Ausdruck. Sie zeigt im ersten Teil der Gesprächsequenz, daß sie sich noch immer von der Szene angezogen fühlt, sogar, daß sie sich mit dieser in einer gewissen Weise zu identifizieren vermag. Sie verfügt noch immer über die Szeneerfahrungen und über einen Habitus, die sie als Expertin für ein Interview über die Szene auszuweisen. Diese Affinität zur Szene ist auch dann nicht zu übersehen, wenn man unterstellt, daß Vera mit ihrer Selbstdarstellung als Expertin einer von ihr unterstellten Erwartungshaltung des Interviewers nachkommt. Vera problematisiert schließlich selber ihre Nähe zur Szene. Die Entscheidung darüber freilich, wie sie, ausgehend von ihrer aktuellen Situation, ihr weiteres Leben gestalten kann, bleibt offen; dies war die Ausgangslage für weitere Gespräche.

Veras Erzählungen wurden über einen Zeitraum von ungefähr vier Wochen nach unserem ersten Gespräch aufgezeichnet. In dieser Zeit war ich fast täglich mit Vera zusammen. Ich unterstützte sie bei der Suche nach einer Wohnung, war mit ihr auf verschiedenen Sozialämtern oder einfach nur Zuhörer. Obwohl es eine unausgesprochene Abmachung zwischen uns gab, daß ich – wie sie es selber ausdrückte – »nichts von ihr erwartete«, anders als ihre Mutter oder die Institutionen der sozialen Kontrolle, konnte ich es im Laufe unserer Bekanntschaft nicht vermeiden, ihr Ratschläge für das weitere Leben zu geben. Zwischen uns entwickelte sich eine Freundschaft, die mein Forschungsinteresse zu einem Problem werden ließen. Ich vermute, daß Vera aus diesem Grund unseren Kontakt nach vier Wochen abrupt abbrach. Ich habe nie erfahren, für welchen Weg sie sich entschieden hat und was aus ihr geworden ist.

a.) Präsentation und Entwurf: »Ein neues altes Leben«

Die Analyse der Kennenlernphase hat bereits erste Hinweise auf Veras ambivalente Handlungsorientierung gegeben, die von einer Affinität zur Szene sowie von der Wahrnehmung der Distanz zur Szene gekennzeichnet ist. Weitere Einsicht darüber wird uns die Art und Weise geben, wie Vera in ihrer Erzählung ihre Vorgeschichte sowie ihren Einstieg in die Heroinszene präsentiert, d.h., wie sie in der Erzählung ihre Lebensgeschichte aus ihrem aktuellen Erfahrungszusammenhang heraus rekonstruiert und in einen Entwurf der Zukunft verlängert.

Vera ist 25 Jahre alt. Sie hat eine sechsjährige Tochter, die bei ihrer Mutter lebt, der vom Jugendgericht das Pflegerecht zugesprochen wurde. Vera ist froh über diese Regelung, denn während ihrer Heroinabhängigkeit stellten die Forderungen des Kindes nach Liebe und Zuwendung eine Belastung für sie dar.

Seit ihrer Entlassung aus dem Gefängnis wohnt Vera im Haus ihrer Mutter und ihres Stiefvaters. Ihr Mann, den sie mit 18 Jahren heiratete und der seit fünf Jahren eine Haftstrafe wegen versuchten Totschlags verbüßt, hat sich vor einem Jahr von ihr scheiden lassen, als er erfuhr, daß Vera Heroin drückt und gelegentlich anschaffen geht. Erst nach seiner Verhaftung hat Vera angefangen, Heroin zu nehmen, denn »sie war unheimlich abhängig von ihm«, »seelisch und körperlich«.

Vera erzählt, wie sie in dieser Situation das erste Mal Heroin nahm:

> Ich war nervlich total am Arsch, und ich hatte mir schon einen angesoffen gehabt vorher, da sagte sie (eine Freundin, P.N.), ob ich nicht auch mal probieren wolle. Na ja, dann habe ich mich überreden lassen.

Zwar hat sich Vera, wie sie im gleichen Atemzug sagt, beim ersten Schuß »zuerst total beschissen« gefühlt, aber dann hat ihr »das Feeling auch gefallen«.

Vera erzählt dann, daß sie mit 18 Jahren geheiratet habe, weil sie zuhause ausziehen wollte und ihren Mann »abgöttisch geliebt« habe. Als ihr Mann ins Gefängnis kam und sie alleine zurechtkommen mußte, brach eine Welt für sie zusammen:

> Ja, dann kam er in den Knast, und dann war für mich die Welt kaputt, am Arsch. Obwohl die Kleine schon da war. Das hat mir einfach keinen Halt mehr gegeben, wa. Ja und dann habe ich die Selbstmordversuche gemacht, weil ich mit dem Leben nicht mehr klar gekommen bin, und dann habe ich eben 'ne andere Möglichkeit gefunden, das zu unterdrücken, indem ich gedrückt habe. Ich habe mich vor mir selbst gedrückt, indem ich gedrückt habe. Vor meiner eigenen Verantwortung mir selbst gegenüber.

Mit der Trennung von ihrem Mann, der ähnlich wie ihre Mutter Vera als »irgendwie eine starke Hand« durchs Leben führte, verlor sie den Boden unter den Füßen. Sie wurde »depressiv« und »blickte überhaupt nicht mehr durch«. In dieser Phase der Resignation und Identitätsauflösung half ihr das Heroin, ihre Selbstmordgedanken »wegzudrücken«. Aber diese ersten Erfahrungen mit Heroin gehen bereits über die Erfahrungen des reinen Identitätsmanagements hinaus: Vera hat nämlich auch am Heroin »Gefallen gefunden«. Aber offensichtlich kann Vera diese lustvolle Seite des Heroinkonsums nicht aussprechen, ohne sich zugleich von der »rosaroten Welt« zu distanzieren, die sie sich zunächst mit Heroin aufgebaut hatte:

> das war jetzt nicht so mit Hochflügen oder Höhenflügen, sondern ich habe so alles von mir weggeschoben, ich habe so meine Verantwortung weggeschoben. Realitätsflucht habe ich gemacht und habe mich sogar dabei noch wohlgefühlt die erste Zeit. Ja, und dann kam ich dann so langsam drauf, daß ich also überhaupt nichts Gutes für mich mache, sondern mich an Arsch mache, wa. Nicht nur mich, sondern auch meine Umwelt.

Wie ist diese Demonstration selbstkritischer Distanzierung von Vera zu ihrem ersten Versuch mit Heroin zu verstehen, deren Duktus ganz den Charakter eines Schuldbekenntnisses annimmt? Gesteht Vera damit mehr oder weniger ein, in dieser Situation labil und nicht realitätstüchtig gehandelt zu haben? Warum betont sie dann aber fast im gleichen Atemzug, daß sie wegen der Trennung von ihrem Mann in den ersten Heroinkonsum hineingeschlittert beziehungsweise von einer Freundin dazu verführt worden sei - was doch mit anderen Worten heißt, von äußeren Umständen dazu gezwungen worden zu sein?

Versucht man Veras Verhalten nicht nur mit dem Blick auf ihre problematische Persönlichkeit zu verstehen, sondern unter der Frage, ob diesem Verhalten nicht auch ein Wille oder eine Absicht zugrunde liegt, dann entdecken wir in Umrissen, was als Entschuldigungsverhalten bezeichnet werden kann. Zunächst ist festzuhalten, daß Veras Schuldbekenntnis durchaus dem immer noch gängigen »Exorzismusmodell« (H.-G. Behr 1981) und den damit verbundenen Erwartungen therapeutischer Einrichtungen entsprich, die die Einsicht der Fixer, daß sie in ihrer Fixerkarriere individuell und sozial unverantwortlich gehandelt haben, zur Voraussetzung für die therapeutische Behandlung machen. Vera, die diese Erwartungshaltungen aus Erfahrungen mit Institutionen und Thepapieeinrichtungen kennt, läßt sich darauf ein, indem sie dem Interviewer demonstriert, daß sie sich ernsthaft darum bemüht, ein »anderes Leben aufzubauen«. Die Übernahme der Rolle des einsichtigen Opfers ist freilich nicht nur als Anpassung an bestimmte Erwartungen zu sehen, sondern geht durchaus mit dem Wunsch Veras einher, die eigene Lage wirklich zu verändern. Das kompliziert die Sache, denn aus Veras Perspektive spitzt sich ihr Problem dahingehend zu, daß sie nach ihrer Haftentlassung noch keine ihren eigenen Motiven entsprechende Orientierungen innerhalb der Gesellschaft finden oder entwickeln konnte. Diesen Bruch, der zwischen den eigenen, von der Szenensubkultur geprägten Interessen und Motiven und den verfügbaren Orientierungs- und Handlungsalternativen besteht, versucht Vera zunächst einmal zu kitten, indem sie sich auf das einläßt, was von ihr erwartet wird: sie gesteht die Schuld über ihr Versagen ein und bekundet zugleich den Willen, sich zu ändern. Vor diesem realen und empirischen Hintergrund ist Veras Entschuldigungsverhalten nicht nur Ausdruck ihrer Orientierungsdiffusion und Labilität, sondern Ausdruck eines reflexiven Verhaltens gegenüber der Angst um die eigene Zukunft – sie versucht, sich damit zu beruhigen, sich Sicherheit zu geben und eine Brücke zwischen Vergangenheit, Gegenwart und Zukunft zu bauen.[28]

In ihrer Bedrängnis sucht Vera Hilfe bei ihrem geschiedenen Mann. Bereits im Gefängnis hat sie Kontakt mit ihm aufgenommen und ihm regelmäßig geschrieben. Seit ihrer Entlassung fährt sie regelmäßig zu ihm, um ihn zu besuchen. Sie hofft, daß sie zusammen mit ihm ein neues Leben beginnen wird: »Also, ich bin wirklich dabei, mir wieder was aufzubauen.« Wenn ihr Mann in einem Jahr vorzeitig entlassen würde, will Vera wieder mit ihm zusammenziehen. Sie wünscht sich ein zweites Kind, um »bewußter« Verantwortung zu übernehmen. »Ich bete echt, daß mein Mann früher rauskommt«. Das wäre der »Anfang zu 'nem neuen Leben. Das heißt zum alten neuen Leben«, einem »normalen Leben ohne Drogen«.

Vera sehnt sich zurück nach den alten Verhältnissen. Sie will noch einmal von vorne anfangen. Dabei hat sie sich vorgenommen, sich und anderen gegenüber mehr Verantwortung zu zeigen als früher. Diese Hoffnungen und Wünsche werden allerdings dadurch getrübt, daß Vera sich nicht sicher ist, was in dem Jahr aus ihr wird, bis ihr Mann aus dem Gefängnis entlassen wird:

Ich bin mir noch nicht mal sicher, daß ich total, also was heißt total, clean bin ich ja eh nicht, aber daß ich es schaffe, nicht wieder drauf zu kommen, bis mein Mann rauskommt. Ich glaube nicht daran, jetzt nicht mehr. Dazu bin ich zu wankelmütig geworden mit dem Drücken, dazu überleg ich mir zu oft, ob ich drücken tu. Irgendwo weiß ich, daß das Scheiße ist, aber ... Ich hab einfach noch keinen Bock auf die Realität, die nervt mich, die geht mir auf den Keks.

Die Realität, wie sie sich Vera darstellt, macht ihr »unwahrscheinliche Lebensangst«, denn,

»was soll ich machen, wenn ich wieder rückfällig werde oder wenn ich kurz vor einem Rückfall stehe, weil ich das vorhin zu dir gesagt habe, mir jippert das unheimlich, mit jippert das, ooch, aber wie (d.h. sie hat Lust zu drücken, P.N.)! Weil ich möcht gerne das alles wegschieben, weißte, was so auf mich zukommt, das ist mir alles zu unbequem, zu ..., zu ..., das streßt eben alles, das nervt mich alles. Also ich möchte mich am liebsten irgendwo in 'ne Grube legen und mich zuschütten lassen, bis mein Mann rauskommt. Und im Grunde genommen hat mir das gar nicht gepaßt, daß ich schon draußen bin. Also ich wär ganz gerne noch drin geblieben.«

Worauf ist dieser Streß zurückzuführen, der Vera handlungsunfähig macht und den Wunsch nach Rückkehr ins Gefängnis erzeugt, das ihr Sicherheit und Schutz vor der »Realität« bietet? Veras Handlungsweise bestimmen zwei unterschiedliche Interessenlagen, die sie nicht zusammen in ihr alltagspraktisches Handeln integrieren kann. Vera hat auf der einen Seite »keinen Bock« auf eine bestimmte Realität und Lust und den Wunsch zu drücken. Auf der anderen Seite bereiten ihr diese Gefühle »Lebensangst«, weil absehbar ist, daß damit das »alte neue Leben« nicht verwirklicht werden kann, das sie sich auch wünscht.

Veras Streß ist also ein Ergebnis dieses Interessenkonflikts, wobei sie freilich die Motivation, die diesen Konflikt hervorbringt, nicht artikulieren kann. In dieser Konfliktsituation gibt die Vorstellung, mit ihrem Ex-Mann ein »altes neues Leben« anzufangen, Vera eine Orientierung für die Zukunft. Aber diese erscheint ihr, wie wir gesehen haben, gleichzeitig als äußerst unsicher, denn weder sie selber weiß, ob sie bis zu seiner Entlassung durchhält, noch ist sich ihr Mann sicher, ob Vera in der Zwischenzeit rückfällig werden wird oder fremdgeht. Auch er hat »Angst« – sagt Vera – daß sie ihn enttäuschen könnte. Und sie betont, daß sie diese Befürchtung gut verstehen kann. Aber nicht nur ihr Mann, auch Vera selber stellt ihre Zukunftspläne immer wieder infrage:

> Ich kann noch nicht sagen, ob ich zurecht komme, wenn mein Mann draußen ist, ich weiß es nicht. Kiek mal, ich bin heute bei ihm gewesen und bin zur Szene gefahren. Irgendwie ist das doch paradox, also blödsinnig. Ich weiß eben alles, aber kein Mensch kann in die Zukunft kieken. Und, ja, Wünsche für die Zukunft habe ich mir eigentlich abgeschminkt.

Trotz aller Bedenken und Einwände, die Vera selber anführt, hält sie in der Erzählung daran fest, daß sie von ihrem Mann wie früher anerkannt würde, sich bei ihm »ausquatschen« kann. Er kann ihr »Sicherheit geben, also seelisch wie körperlich«.

Die Probleme, die Vera während ihrer Ehe mit ihm hatte, spielt sie jetzt herunter, denn manchmal hat sie auch »Keile von ihm gekriegt, reichlich sogar«. Meistens – versucht sie zu relativieren – aber »nur im Suff« und ihrer Mitschuld: »ich kann ja meine Schnauze nicht halten, ich stichel dann so lange, bis ihm die Hand ausrutscht«. Sie findet, daß es »irgendwie ein gutes Feeling ist, wenn du sagen kannst, ja, ist mein Mann ... Das hört sich gut an. Für die anderen Weiber auch«.

Obwohl Veras Handlungen und Motive darauf hinzuwirken scheinen, daß sie wieder mit ihrem Ex-Mann zusammenfindet, fällt es ihr doch zu schwer, sich in ihrer mißlichen Lage das »alte neue Leben« auszumalen, als daß ihr diese Phantasien die Angst vor der Gegenwart und der näheren Zukunft nehmen könnten. Und dies, obwohl sie nach jedem Gefängnisbesuch und nach einer Haftverschonung ihres Mannes sehr ausgeglichen auf mich wirkt und erzählt, daß sie sich gut mit ihrem Mann verstanden habe.

Trotzdem fährt sie des öfteren gleich nach den Besuchen auf die Szene, um sich einen Druck Heroin zu besorgen. Ihr Motiv kann nicht sein, die »Lebensangst« wegzudrücken, denn in diesem Zusammenhang spricht sie relativ euphorisch von der Wirkung des »affengeilen Dope« und empfindet die Situation, in der sie sich einen Druck setzt, als »echt scharf«.[29]

Erst jeweils einige Tage später machen sich Katzenjammer und Schuldgefühle bemerkbar. Sie hat Angst, wieder abhängig zu werden. Auch weiß sie genau, daß ihr Ex-Mann sie dann sofort wieder verlassen würde, weil für ihn als ehemaliger Rocker Fixer »das Letzte« sind.

Der verbotene aber lustvolle Wunsch nach dem Schuß Heroin, der durch den Besuch bei ihrem Ex-Mann angeregt wird, weist m.E. darauf hin, daß Vera nicht die Anforderungen vergessen machen will, die die Realität an sie stellt. Vielmehr scheint sie mit dem sofortigen Gang zur Szene auch ein Zeichen setzen, sich als Person bestätigen zu wollen, indem sie ihre andere, vom Leben mit ihrem Mann unabhängige Szene-Identität aktualisiert. Alles weist darauf hin, daß Veras eigentümlichem Verhalten eine mehr oder weniger bewußte Abgrenzung vom »alten neuen Leben« mit ihrem Ex-Mann unterliegt. Wenn wir diese Handlungsstrategie auf der Grundlage des Erzählten und des beobachteten Verhaltens unterstellen, dürfen wir nicht aus dem Auge verlieren, daß Veras Verhaltensweise auch auf ihren labilen Persönlichkeitscharakter zurückzuführen ist. Sie sieht sich nicht in der Lage und verfügt auch nicht über die psychische Stabilität, um sich in ihrer gegenwärtigen Situation in der Normalität zu bewähren und als Person zu behaupten. Der »Druck« Heroin dient Vera deshalb auch als Mittel, die eigene, aus der Affinität zur Szene hervorgehende Identität zu stabilisieren, um bis zur Entlassung ihres Ex-Manns durchzuhalten. Aber diese Art des Identitätsmanagements bringt ihr nur punktuelle Sicherheit. Sie verstärkt zugleich die Angst, entweder wieder abhängig zu werden oder aber die eigene Identität zu verlieren, die sie noch nicht mit dem Leben in der Normalität vermitteln kann.

Daß die Angst vor dem Verlust der Identität die ambivalente Motivationslage Veras mitbestimmt, geht aus einigen Überlegungen hervor, die sie über die Beziehung zu ihrem Ex-Mann anstellt. Für Vera stellt sich nämlich als Problem dar, daß sie sich in ihrer Ehe von ihrem

Mann abhängig fühlte, und zwar – wie sie hervorghebt – »physisch und psychisch«. So bedeutet die Rückkehr in die alten Verhältnisse zwar einerseits Sicherheit und Geborgenheit; andererseits weiß Vera aber auch, daß sie in dieser Beziehung keine Selbständigkeit entfalten, oder, wie sie sich ausdrückt, »keine Verantwortung mir selbst gegenüber« entwickeln konnte.

»Frei sein« bedeutet für Vera »nicht abhängig sein, auch nicht von einem Menschen«. Die Möglichkeit, wieder in eine Abhängigkeit von ihrem Mann zu geraten, ist ihr bewußt. Um weiterleben zu können, hat sie sich trotzdem – wenigstens vorläufig – für ihren Ex-Mann entschieden. Eine Therapie, die ihr vielleicht eine ganz andere Möglichkeit zu leben aufzeigen könnte, steht für Vera außer Frage. Sie befürchtet, dabei »umgekrempelt« zu werden. Als Preis für diese Entscheidung bezahlt sie, daß das »alte neue Leben« nicht ist, was sie sich wünscht, sondern ihr lediglich das Überleben in der Normalität möglich macht. Das weiß Vera und hat sich deshalb in diesem Lebensentwurf auch die »Zukunft abgeschminkt«.

Vera ist auf der Suche nach einem neuen Leben. Der Balanceakt, den sie dabei zu vollziehen hat, ist bedingt durch die Ambivalenz zwischen der noch vorhandenen Affinität zur Szene und dem Wunsch nach einem »normalen« Leben außerhalb der Szene. Diesen Wunsch bringt sie zwar in ihrer Erzählung immer wieder deutlich zum Ausdruck, aber Zweifel, ob er mit Veras eigenen Motiven übereinstimmt, sind nach dem bisher Gesagten angebracht. Die Art und Weise, wie Vera ihren Wunsch in der Erzählung Nachdruck verleiht, wirkt erzwungen und an andere Erwartungen angepaßt. Man spürt den Streß, dem sie sich ausgesetzt fühlt. Diese Ambivalenz ist m.E. darauf zurückzuführen, daß Veras Versuch der »normalen« Realitätsbewältigung – die sie sich nur zusammen mit ihrem Mann vorstellen kann – eben nur einer Seite ihrer Handlungsmotivation entspricht, aber der anderen, die aus ihrer Affinität zur Szene herzuleiten ist, widerspricht. In diesem Zusammenhang sind Veras Labilität und Handlungsdiffusion nicht als individuelle Unfähigkeit zu verstehen, sondern als Ausdruck widerstreitender Kulturen und individueller Wünsche, auf die Vera zu verzichten sich gezwungen sieht, will sie sich als Person und Individuum innerhalb der gesellschaftlichen Allgemeinheit behaupten: Vera versucht, unter dem herrschenden Zwang, sich anzupassen, sich der Normalität zu unterwerfen, aber dies erzeugt ihr nur Unbehagen. Sie sabotiert ihre Unterwerfung, indem sie den Wunsch nach Heroin Wirklichkeit werden läßt. In dem Konflikt, der sich hier zwischen Individuum und Gesellschaft anmeldet, kommt damit auch eine Form strategischer Interaktion unter Subjekten zum Ausdruck, die auf wechselseitiger Unterwerfung und Instrumentalisierung beruht.

Es sei hier daran erinnert, daß sich das Individuum (in all seiner Ambivalenz) durch seine Handlungen – die immer auch eine Enscheidung implizieren – stets als einzelnes Allgemeines (J.P. Sartre) hervorbringt. In Veras Fall ist aber Subjektivierung nur unter der Bedingung eines realen Antagonismus möglich: entweder entscheidet sie sich für die Szene (wo sie sich relativ mit sich identisch fühlt) oder für die »Normalität« mit ihrem Mann; beide Seiten scheinen – jedenfalls unter den gegebenen Verhältnissen – nicht miteinander vereinbar zu sein. Da aber für jedes Individuum die Voraussetzung eigener Handlungsstrategien ein individueller und sozialer Entwurf ist, der nur durch den Rückbezug auf die eigenen Erfahrungen und die vergangene Erlebniswelt erfolgen kann, eröffnet sich für Vera bei der Entwicklung ihrer aktuellen Handlungsstrategien ein Dilemma: die Erinnerungen an die Erlebnisse auf der Szene, die gesellschaftlich ausgeschlossen sind, kann sie im Entwurf eines zukünftigen Lebens in der Normalität nicht unterbringen – und doch muß sie daran festhalten, will sie nicht ihre eigene Identität und Geschichte verlieren.

Veras geradezu schizoider Handlungsentwurf und die Verzerrungen ihrer Selbstinterpretation sind im Rahmen des Konflikts zwischen individueller Selbstbehauptung und den Normalisierungsstrategien der Dispositive der Macht (vgl. Kap. 3) zu interpretieren; sie sind Ausdruck einer historischen Pathologie von Interaktionsbeziehungen (von Sartre unter dem Begriff der objektiven Neurose gefaßt), der die Ausgrenzung der Szene und ihre Stigmatisierung als das Böse, Asoziale und Barbarische zugrunde liegen. Die Verlängerung von

Erfahrungen der Identität, der Selbständigkeit sowie individueller Lernprozesse auf der Szene in einen normalen Lebensentwurf wird Fixern in dieser Konstellation nahezu unmöglich gemacht. Stattdessen wird von dem Drogenabhängigen erwartet, daß er, will er sich sozial integrieren, die Ausgrenzung der anderen Kultur, der Subkultur, akzeptiert. Dies impliziert die Ausschaltung ganzer Sozialisierungsgeschichten aus der Erinnerung und kann deshalb von den Betroffenen auch nur als Zwang und Bedrohung der eigenen Identität empfunden werden. Wie sollte Vera unter diesen Bedingungen einen Lebensentwurf hervorbringen, der ihr ein Leben außerhalb der Szene aufzeigt und zugleich Selbstbestimmung beinhaltet? Hierzu wären soziale Bedingungen und gesellschaftliche Umgangsweisen mit der Heroinszene und den Abhängigen notwendig, die den Fixern die Synthetisierung vergangener Erfahrungen und Lernprozesse in einem Entwurf erlauben, der dann auch in intentionales und zielgerichtetes Handeln münden könnte. Die prinzipielle Anerkennung des Abweichenden, Anderen und die Aufhebung der gesellschaftlichen Ausgrenzung von Subkulturen und Randgruppen wären eine wesentliche Voraussetzung – in der politischen Realität sind wir von solchen Zuständen freilich noch weit entfernt.

Bleibt zu fragen, an welchen Erfahrungen Vera anknüpfen sollte, um den Entwurf eines normalen Lebens hervorbringen zu können. Ihre Erfahrungen aus Szene und Gefängnis sind als relevante Lebenserfahrungen gesellschaftlich sanktioniert, ihnen haftet ein Stigma an. Mehr noch: in Veras aktueller Situation (sie wurde mit Bewährungsauflagen freigelassen, die bei einem Rückfall das Absitzen der Reststrafe zur Folge haben) muß die Erinnerung an die Szene für sie sogar eine erhebliche Bedrohung – und wie sie selber sagt, für die Gesellschaft – darstellen, die sie abwehren muß. Diese Abwehr ist nicht im psychoanalytischen Sinne als unbewußter Vorgang zu verstehen, sondern als mehr oder weniger bewußte Handlungsstrategie, die durch Anpassung an die Normalität einen Ausweg aus ihrer Diffusion und einer verzwickten Lage sucht.

Unter dem Zwang der Normalisierung entwickelt Vera so den widerspruchsvollen und ambivalenten Entwurf des »alten neuen

Lebens«. Dieser knüpft – vermittelt über die mögliche Wiedervereinigung mit dem Ex-Mann – zumindest teilweise an alten Erfahrungen an. Aber das auf der Szene Erlebte, das im Laufe der Lebensgeschichte ständig an Umfang gewinnt und die affektiven und begrifflichen Voraussetzungen für die zielgerichteten Handlungsstrategien und Entscheidungen des Individuums beinhaltet, bleibt aus Veras Entwurf als das Unassimilierbare ausgeschlossen. Ihr Entwurf für ein normales Leben basiert vielmehr auf dem wenig überzeugenden Eingeständnis, als Szenemitglied verantwortungslos gehandelt zu haben. Ein Eingeständnis, das innerhalb ihrer Reflexionen über ein mögliches neues Leben den Charakter einer Abwehrgeste annimmt und eben nicht Ausdruck der eigenen Überzeugung und Motivationslage ist. Um sich der Normalität anzunähern, versucht Vera, ihre Erinnerungen an die Szene aus ihrem Gedächtnis zu löschen und das bisherige Leben auf der Szene als Versagen darzustellen. Dies läßt Spuren der Unsicherheit und Diffusion zurück. Veras auf Anpassung an die Normalität basierender neuer Lebensentwurf bleibt ein problematischer Torso, weil ihm Selbstverleugnung zugrunde liegt.

Zwischen den Normalisierungsstrategien und dem Kampf um Anerkennung besteht ein Konflikt, der zwangsläufig auch die Interaktionsbeziehung zwischen Vera und den Mitarbeitern der Institutionen scheitern läßt. In der folgenden Szene werden die unterschiedlichen Interessen artikuliert; deutlich wird (schon in der Eingangssequenz) auch, wie auf Vera Druck ausgeübt und zu welchen Unterwerfungen sie gezwungen wird. Die Szene wurde bei Veras Bewährungshelfer aufgezeichnet:

BWH: » ... Ich meine, sie können mir ja sonst was erzählen, ja, nur ich meine, es ist immer besser, wenn wir ganz offen, ich meine, ich kann nicht ganz offen, andererseits ist es schwer, wir sind immerhin hier Dienststelle, Bewährungshelfer, Beihilfe, das ist alles schon so, viele werden da schon abgestoßen ...«

V: Ne also, ... die Kleine, die hängt wahnsinnig an mir ... dann gibt es wahnsinnige Probleme mit meiner Mutter.

BWH: Wie alt ist denn Ihre Mutter?

BWH: V.: Fünfzig.

BWH: BHW: Na, das ist ja noch kein Alter.

BWH: V.: Na ja, aber die ist tyrannisch, für mich ist die tyrannisch.

BWH: BHW: Ja, was will sie denn, oder was ärgert sie?

BWH: V.: Ich muß alles machen, was sie will und wenn ich mal Freizeit so selber machen will, d.h. ins Kino oder so, wa, oder jetzt z.B. fahren wir immer rüber zu meiner Oma, die ist da verreist, und ich soll da immer mit. Ich geh zur Arbeit, ich komme so schneller zur Arbeit. So muß ich um vier halb fünf aufstehen. Und überhaupt, wenn ich etwas alleine unternehmen will, dann fängt sie gleich an, ja ich weiß nicht, wo du dich rumtreibst.

BHW: Was bei Ihnen vielleicht zu Haus ist, daß Ihre Mutter Angst hat, nicht ... daß sie fürchterliche Angst hat und sie verstecken will.

V.: Ja, wenn ich länger bei meiner Mutter bleibe, das ist n Streß für mich und für sie.

BWH: Ist sie denn vielleicht ...

V.: Ich hab 'n Stiefvater, ich habe in der Schule schon Ärger gehabt, weil ich unehelich bin, dann hat mein Vater viel getrunken. Und meine Großeltern, die haben unheimlich viel Geld.

BHW: Ja, haben Sie Schwierigkeiten gehabt?

V.: Ja, aber da kann ich doch nichts dafür!?

BWH: Sie haben ein Kind, das ist dieselbe Situation, das ist vorprogrammiert ... ich kenne das aus vielen Akten, da könnte man fast sagen, das ist erblich, die Leute kommen nicht raus aus diesem Dilemma. Und jetzt ist zu überlegen, wie komme ich raus aus diesem Dilemma, ja ... man könnte sagen, das ist Schicksal ... man müßte versuchen, sich die Mutter zum Partner zu machen.

V.: Ich will nicht!

BWH: Warum nicht?

V.: Ich habs versucht.

BWH: Es kommt darauf an, wie mans versucht.

V.: Meine Mutter ist unheimlich egoistisch, also was sie sagt, das muß gemacht werden, die akzeptiert überhaupt nicht meine Meinung, von anderen Leuten.

BWH: Das ist schlimm, weil sie dann ein bedauernswerter Mensch, weil sie sehr eng ist.

V.: Aber ich kann sie doch nicht bemitleiden, ich muß doch an mich selber denken, ich kann nicht immer andere bemitleiden.

BWH: Um erst einmal herauszufinden, warum das eigentlich so ist, und da habe ich immer Schwierigkeiten, man muß sich fragen, warum ist das Leben so, warum ist es so schwierig ... man muß das selber in die Hand nehmen, aktiv zu werden, ja, man schimpft auf alles, aber man tut nichts ... bei Ihnen ist ja schon was passiert ... wenn ich auf jemanden angewiesen bin, dann nehme ich von meinen Bedürfnissen etwas zurück, auf diese Person gewisse Rücksicht, daß sie stufenweise sich entwickeln können.

V.: Das fängt auch schon bei meiner Kleinen an, weil sie ne ganz andere Meinung über Kindererziehung hat als ich.

BWH: Vielleicht können sie beide gar nicht Kinder erziehen.

V.: (trotzig) Ich halte mich schon zurück ...

BWH: Meine Eltern haben Fehler gemacht, ich habe bei meinen Kindern Fehler gemacht, die Frage ist nun, wieviel kann ein gesundes Kind verkraften, Fehler sind immer gemacht worden ...

Das Gespräch geht so weiter. Der Bewährungshelfer empfiehlt Vera, die Mutter zur Freundin zu machen, weil es sich um eine Zwangsgemeinschaft handle. Vera wehrt dies immer wieder ab, aber sie wird vom Bewährungshelfer wie ein trotziges Kind behandelt, das die notwendige Umkehr und die Liebe der Mutter verweigert.

Veras Entwurf eines »alten neuen Lebens«, der keine Zukunft, sondern einfach nur Weiterleben beinhaltet, ist vor dem Hintergrund der herschenden Normalisierungsstrategien zu betrachten, die ihr als Ex-Fixerin nicht die Chance bieten, an Erfahrungen aus einer anderen Kultur anzuknüpfen, die für sie Wünsche, Bedürfnisse und Interessen transportieren. Obwohl sich Vera gegen die auferlegten Beschränkungen wehrt – wie aus der Szene mit dem Bewährungshelfer zu entnehmen ist – und sich nach Gefängnisbesuchen einen Schuß Heroin setzt, versucht sie, sich den Anforderungen der Normalität anzupassen. Das bedeutet, daß sie die allgemeine gesellschaftliche Abwehr gegen die Szeneerfahrungen und das Szeneleben in ihren eigenen Lebensentwurf integrieren, einen Teil ihrer selbst und ihrer Vorgeschichte leugnen muß. Ihr Entwurf nimmt so notgedrungen auch regressive Züge an: Vera würde sich »am liebsten zuschütten lassen und warten, bis ihr Mann zurückkommt«. Auch in ihrem Sprachhabitus kommt diese Regression zur Geltung. In den entsprechenden Erzählsequenzen wirkt Vera deprimiert und unsicher. Betont zurückhaltend nimmt sie den Gestus der bekehrten und endgültig von ihrer Sucht geheilten Fixerin an.

Veras aktuelles Handlungsdefizit resultiert so in wesentlichen Teilen aus der Unmöglichkeit, sich als Einzelne in der »normalen« sozialen Allgemeinheit definieren zu können, weil ihr aktueller Handlungsentwurf auf dem erzwungenen Zurückdrängen wesentlicher lebensgeschichtlicher Erfahrungen basiert. Vera paßt sich an und hat sich für das »alte neue Leben« entschieden, aber sie ist dabei nicht mit sich identisch. Ihre Diffusion, ihre Labilität und Orientierungslosigkeit sind Ausdruck eines sozialen wie psychischen Streßes, der auf einen spezifischen sozialen Anpassungsdruck beruht. Gleichzeitig setzt dieser Streß aber einen Persönlichkeitscharakter voraus, der die Anpassung als Zwang erfährt. Die Konstitution hierzu ist in der Struktur der Familie angelegt.

b.) Die Familie: »Ich habe gelernt, zu hassen und mich mit Gewalt durchzusetzen«.

Die bisherige Analyse hat bestimmte Ambivalenzen und Orientierungsdiffusionen in Veras aktuellen Handlungsstrategien erbracht. Wie sind diese für Vera grundlegenden Handlungsweisen entstanden, und welche frühen Einflüsse machen sich bemerkbar?

Sicher erhalten Veras Ambivalenzen ihre spezifische Form durch den aktuellen Zwang, ihren Lebensentwurf an Normalität anzupassen; gleichzeitig kann Vera diese Ambivalenzen nur deshalb selber annehmen, weil sie bereits in ihrer Grundstruktur in der frühen Kindheit angelegt und in der sozialen Institution Familie geformt wurden.

Innerhalb einer Analyse der materiellen Kultur von Erfahrungszusammenhängen sind dabei nicht die primären Beziehungen der Individuen zur Welt zu erfassen, die den spezifischen Gegenstand der Psychoanalyse ausmachen, sondern grundlegende Verhaltensweisen, die sich zwar auf innere Widersprüche beziehen, aber als abgewandelte Form jener primären Beziehungen den Bezug der Individuen zur Welt herstellen. Um diese aufzuzeigen, setzen wir an bei der kondensierten Fülle von Veras Erinnerungen an die Vergangenheit, die uns Auskunft geben, wie sie ihr bisheriges Leben empfindet. Da die Rekonstruktion aus den Erfahrungen der Subjekte selber hervorgeht, müssen wir uns auf die Informationen beschränken, die uns die Erzählung zur Verfügung stellt – d.h. auf die Selektion der Erfahrungszusammenhänge durch die Subjekte vom aktuellen Standpunkt aus.

Die Mutter. Vera kann sich erinnern, daß sie ihre Mutter als Kind »abgöttisch geliebt hat« Die Beziehung wurde nachhaltig gestört, als die Mutter ihren jetzigen Mann kennenlernte: »er hat mir einfach die Liebe von meiner Mutter weggenommen«. Vera war damals acht Jahre alt.

Der leibliche Vater . Veras Vater war amerikanischer Soldat. Sie ist, wie sie sagt, ein »Besatzungskind« und kann sich nicht an den Vater erinnern, der, als Vera ein Jahr alt war, zurückging in die USA.

Die »Schuld« für sein Weggehen sieht Vera nicht bei ihm, sondern bei seinen Eltern, die, weil »sein Vater ein hohes Tier war«, nicht wollten, daß er mit einer Deutschen lebte. In Veras Augen hat ihr Vater sich »von seinen Eltern dermaßen unterbuttern lassen, also die haben ihn total erpreßt«.

Vera hat versucht, ihren Vater in den USA zu finden und mit ihm Kontakt aufzunehmen. Nach einem Krach mit ihrer Mutter hatte sie beim Herumkramen die Adresse gefunden, aber ihre »leibliche Großmutter« – so nennt sie die Mutter ihres Vaters – schrieb ihr zurück, daß der Vater und sie »in Ruhe gelassen werden möchten«. An ihrem »leiblichen Vater« ärgert sie weniger, daß er keinen Kontakt mehr mit ihr will, sondern daß

> die Sau ja auch nicht einen Pfennig für mich bezahlt (hat), der Schweinehund. Wenn ich mal rauskriegen würde, wo er jetzt ist, ei, ich würde den total verklagen. Stell dir mal vor, der könnte 21 Jahre nachzahlen und das nach den alten amerikanischen Dollars, die waren ja damals viel mehr wert wie heut. Ich würde reich sein, ich könnte mir ein Haus kaufen. Doll!

Das »Besatzungskind« Vera knüpft an ihren Vater in Amerika Phantasien vom großen Geld. Zugleich fordert sie auch von ihm, der sie alleine gelassen hat und sich nicht um seine Tochter in Deutschland kümmert, Geld als Ausgleich für die Liebe und Zuneigung, um die er sie betrogen hat. Zudem ist er nicht nur ein »Schweinehund«, sondern auch das Opfer seiner Eltern, speziell seiner Mutter: »Seine Mutter hat verhindert, daß meine El ..., also mein Erzeuger und meine Mutter nicht zusammengekommen sind.«

Die Schuld, daß Vera nie mit ihren Eltern zusammenleben konnte, liegt in ihren Augen bei der »leiblichen Großmutter«. Gleichzeitig verbindet sie mit dem leiblichen Vater lediglich noch die biologische Tatsache, daß dieser ihr »Erzeuger« ist. Vera stockt, als sie in diesem Zusammenhang das Wort Eltern aussprechen will, und korrigiert diesen »Versprecher«. Diese Sprachverwirrung ist Ausdruck von Veras problematischer Beziehung zu den Personen, die sie als ihre Eltern bezeichnet: Mutter, leiblicher Vater und Stiefvater.

Der Stiefvater. Er hat oft getrunken und die Mutter verprügelt:

> Da bin ich dazwischen gegangen. Und da hat er nur einmal gewagt, mir vorzuhalten und gesagt, du Amibastard, da stand ich mit so 'm Messer vor ihm. Ich hätte zugestochen, echt. Da hab ich ihm gesagt, ei, du Sau du, wenn du meine Mutter noch einmal anfaßt und du mir noch mal so was sagst, das vergißte echt nicht, dann stech ich dich ab.

Vera haßt ihren Stiefvater, der ihr die Liebe der Mutter genommen hat und sie Amibastard nennt. Gegen diesen Mann wehrt sie sich, und sie schützt ihre Mutter vor seiner Gewalt. Dabei demonstriert sie in ihren Erzählungen sprachlich Stärke und Durchsetzungsvermögen; auch, daß sie sich notfalls mit körperlicher Gewalt durchsetzen kann. In ihrem Sprachverhalten markiert Vera »den starken Mann« – ein Ausdruck, mit dem sie an einer anderen Stelle ihr Verhalten auf der Szene beschreibt. Dieses Starken-Mann-Markieren kennzeichnet Veras Rede, wenn sie über ihren Stiefvater im Besonderen und über die Familie im Allgemeinen spricht. Veras Darstellung der Beziehung zu den unterschiedlichen Elternteilen ist im Wesentlichen durch den Versuch geprägt, sich von diesen in einer Weise zu distanzieren, die ihr Selbstbehauptung und Selbstdarstellung möglich macht.

Diese Haltung verstärkt sich, wenn sie darüber spricht, wie ihr Stiefvater in ihr Leben eintrat. Als ihre Mutter ihn kennenlernte, war sie zunächst noch begeistert,

> »weil ich dachte an die Kinder und so, und dann konnt ich auch sagen, ätsch, ich hab auch 'n Papa. Ja, aber Scheiße war das. Das ist genau andersherum gelaufen, wie ich gedacht habe. Das Verhältnis zu meiner Mutter hat sich geändert. Die wurde von Tag zu Tag nervöser und von Jahr zu Jahr hysterischer«.

Deshalb, so Vera, sei die Schuld an ihrer Drogenabhängigkeit auch bei ihrer Mutter zu suchen. Vera will von ihr »mehr als Mensch, nicht nur als Kind behandelt werden, dann wär ich bestimmt nicht so kaputt. Und das akzeptiert sie nicht.« So sieht Vera denn auch die »größte Gefahr« für ihr neues Leben in der Beziehung zur Mutter, wie sie bereits aus der Szene mit dem Bewährungshelfer hervorging:

> Sobald meine Mutter und ich getrennt sind, verstehen wir uns astrein. Ich fahr zu ihr hin oder so oder sie kommt zu mir, aber sobald wir uns auf der Pelle hocken, ist Sense, ist zappenduster. Dann fängt sie wieder an zu spinnen ... dann knallt es wieder, ja, und dann ist mein Rückfall wieder da.

Ihre Wut und ihren Haß begründet Vera damit, daß sie der Mutter nie den Vorwurf verziehen habe, sie, Vera, sei wie ihr Vater: »dickköpfig«, »jähzornig« und »eine Spielernatur«: »Das habe ich ihr eigentlich nie verziehen, weil so ein Schwein bin ich nicht.«

Trotzdem bleiben ihre Gefühle der Mutter gegenüber ambivalent, denn diese ist zwar »tyrannisch«, aber zwischen ihr und Vera besteht dennoch »eine unwahrscheinlich dolle Bindung«. Eine nicht unproblematische Bindung: »Ich habe mich also, wie ich jetzt langsam anfange, ich habe mich also nie richtig von meiner Mutter gelöst.«

Vera hat Schwierigkeiten, ihre Beziehung zur Mutter darzustellen. Ihre Erzählung zeugt deutlich von der Intention, sich von der Mutter zu trennen. Diese Trennungsintention wie auch die Gefühle, mit denen Vera von der Beziehung zur Mutter und den anderen Familienmitgliedern erzählt, ist in ihrer spezifischen Form und Nachhaltigkeit zunächst der Ausdruck ihrer aktuellen Lage und des Versuchs, aus dieser heraus praktische Handlungsstrategien, ein neues Leben zu entwickeln. Vera lebt seit ihrer Haftentlassung wieder bei ihrer Mutter, von der sie sich bevormundet und wie ein Kind behandelt fühlt. Zwar sucht sie eifrig eine eigene Wohnung, aber es fehlt ihr an Geld; das bißchen, was sie bei dem selbst gefundenen Job verdient, reicht nicht aus. Hinzu kommt, daß der Wohnberechtigungsschein vom Sozialamt die Vermieter nicht gerade ermuntert, zu vermieten. Vera fühlt sich zudem eingeengt, weil sie immer wieder Dinge für die Mutter oder den Bewährungshelfer tun muß, denen sie sich nicht entziehen kann, weil sonst Gefahr besteht, daß ihre Haftverschonung aufgehoben wird. Vera leidet sichtlich unter dieser »Unterordnung«, und vor allem leidet sie darunter, daß sie in ihrer gegenwärtigen Situation wieder in den Schoß der Mutter zurückgeworfen wird.

In Veras Reflexion über die Familie brechen Widersprüche und Ambivalenzen aus problematischen lebensgeschichtlichen Erfahrungen hervor, die konstitutiv für ihren Persönlichkeitscharakters sind. Obwohl sie ambivalente Gefühle gegenüber der Mutter artikuliert, scheint der Haß stärker zu sein als die Liebe. Die Frage ist, was in der frühen Kindheit diese Beziehung hervorgebracht und was diese grundlegende Verhaltensweise abgewandelt und in die aktuelle Form gebracht hat. Um diesem Wandlungsprozess nachzuspüren, müssen wir von den Erfahrungen ausgehen, denen innerhalb von Veras aktuellem Entwurf die Funktion zukommt, das Vergangene in der Gegenwart zu erhalten oder zu vernichten. Wir müssen versuchen, diese Wahrheit, die Vera erzählt, zu rekonstruieren.

Alles in Veras Erzählung über ihre Familie deutet darauf hin, daß für sie in der Familie niemals wirklich Platz war. Diese Realität hat sie verinnerlicht: sie ist ein »Besatzerkind«, ein »Amibastard«, »unehelich« und wie ihr Vater »dickköpfig«, »jähzornig« und eine »Spielernatur«. Es ist dieses Urteil der Anderen, in dem Vera ihren Unterschied zu den Familienmitgliedern entdeckt. Die auf diese Weise erzeugt Distanz prägt Veras Selbstdefinition als Person und ist in ihrer Erzählung vor allem dann gegenwärtig, wenn sie über ihre Mutter spricht. In Veras Empfindungen wurde ihr von der Mutter die Schuld auferlegt am Scheitern ihrer Liebe zu einem amerikanischen Soldaten und andere Schwierigkeiten, die sie als alleinstehende Mutter zu überwinden hatte. Auch wenn die Mutter dies niemals aussprach, spürte Vera dies als Kind, und jede Vernachlässigung durch ihre Mutter prägte sich ihr in diesem Zusammenhang ein. War die »abgöttische Liebe«, die Vera ihrer Mutter als Kind entgegenbrachte, nicht der Versuch, die Liebe der Mutter einzufordern: ich kann doch nichts dafür und ich liebe dich wirklich?

Wenn sich, wie Sarte sagt, die erlittenen Einschränkungen der Vorgeschichte des Subjektes in den Erinnerungen wie in einer Spirale wiederholen, nur unter anderen Vorzeichen und an einem anderen geschichtlichen Punkt der Bewegung, dann ist diese regressive Synthese durchaus nachvollziehbar anhand von Veras Einwand gegen den Vorschlag des Bewährungshelfers,sich die Mutter zur

Freundin zu machen. Was kann ich dafür, daß ich Schwierigkeiten hatte, weil ich in dieser Familie aufgewachsen bin? fragt Vera, und darin klingt mit: es hat mir ja nichts genutzt, meine Mutter zu lieben, die Schwierigkeiten sind bis heute geblieben.

Tatsächlich wurden für Vera im Alter von acht Jahren die Liebe zur Mutter und die spezifische Beziehung, die sich daraus entwickelt hatte, nachhaltig gestört, als die Mutter den Stiefvater kennenlernte. Die Mutter hatte von nun an nur noch wenig Zeit für Vera. Als Ersatz gab sie Vera Geld. Für Vera bedeutet das Auftauchen ihres späteren Stiefvaters eine schwere Krise. Das Kind wurde nicht nur wenig geliebt, es wurde jetzt auch noch als überflüssiges Anhängsel mit Geld abgespeist. Dies muß tiefe Wunden hinterlassen haben. Aber wie reagierte sie auf diese Kränkung, wie hat Vera versucht, sich die Welt trotz der inneren Widersprüche erträglich zu machen? Sie übernahm die Initiative und machte sich die Situation zunutze: »Wenn ich gemerkt habe, ja, die haben keine Zeit, ja, oh, dann gib mir Geld.«

Auch hier wird eine Wiederholung augenfällig: Vera fordert als Jugendliche Geld von der Mutter als Äquivalent für verweigerte Liebe und Zuwendung, und sie fordert heute Geld von ihrem leiblichen Vater, der sie zurückgelassen hat. Veras Entschluß, von der Mutter Geld zu verlangen, wenn diese keine Zeit hatte, war ein wichtiger Schritt, um durch diese Initiative die Beziehung zur Mutter und zur Welt neu zu definieren und sich als Person wahrzunehmen – so jedenfalls scheint es Vera von ihrem jetzigen Standpunkt aus zu sehen.

Ein weiteres prägendes Erlebnis in dieser Richtung schildert Vera aus ihrer Schulzeit. Schon als Kind litt sie darunter, keinen leiblichen Vater zu haben. Die Nachbarn verboten ihren Kindern, mit einer »Unehelichen« zu spielen, und auch die Lehrer in der Schule stichelten gegen sie:

> Und dann wurde ich also ziemlich fertig gemacht mit den Nerven. Guck mal, ich hab das erste Mal versucht, mir das Leben zu nehmen, da war ich neun Jahre alt ... da hab ich also andauernd geschwänzt, weil ich nicht mehr zur Schule gehen wollte ... Ich konnte mich ja als kleiner

Pimpf nicht wehren. Was sollte ich denn machen? Ich meine, ich habe zwar mit Schlüsseln geschmissen und mit Linealen gehauen und getreten, aber was sollte ich denn machen? Mensch, ich war ein kleiner Pimmel gewesen. Was sollt ich machen? Echt, ich konnt mich nicht wehren ... Ich bin früher oft eingeladen worden, nach Hause zum Kinderfest. War nicht mehr. Das ist alles weggeblieben. In der Schule, da saß ich dann alleine auf der Bank und als *kleiner Bub* hab ich dann gefragt, ja warum spielt ihr denn nicht mehr mit mir, was hab ich euch denn getan, wa? Da hab ich dann zu hören gekriegt, meine Mutti hat mir verboten mit dir zu spielen, du hast keinen Papa. Ja, und das war dann das große Ding für mich. Ja, das werde ich nie vergessen. Ich weiß nicht warum, aber den Satz, ei, der hat sich so eingefressen in mir, das gibt es gar nicht. Ah ja, der hat mich dann auch so fähig gemacht, zu hassen, also das ist schon mörderisch. Wenn ich jemanden hasse, dann is das mörderisch. Weil ein Stau is 'ne Weile, und wenn das dann hochkommt, dann ist alles zu spät. Wenn dann nicht zwei, drei da sind, die mich festhalten, dann is derjenige tot. Davor hab ich ja auch Angst, weil ich so jähzornig bin, daß da mal was passiert. Ich meine, ich bin zwar jetzt ruhiger, aber ...

Vera erzählt weiter, wie sie diesen Haß in der Schule nach außen lenkte:

Ich wurde so viel angemacht, bis ich dann mal angefangen habe zu sagen, also, wenn jetzt mal nicht Ruhe ist, da war ich so neun bis zehn Jahre, dann klopp ich euch n paar in die Schnauze. Fing ich dann an. Ja und das erste Mal hab ich zugehauen ei, da war ich zehn Jahre alt, wa, da hab ich also 'n Typen bei mir in der Klasse total verdroschen, und zwar so lange verdroschen, bis er auf die Erde ging und sich nicht mehr gerührt hat. Dann wollt ich noch 'n Stuhl nehmen und wollt ihm den auf 'm Schädel zerkloppen. Zum Glück war also noch 'n Lehrer da und so, und der hat das also verhindert. Ei, sonst hätt ich schon mit zehn Jahren 'n Mord begangen. Und, na ja, dann ist das immer so weiter gegangen. Und wenn ich mich, jedesmal, wenn ich mich ungerecht behandelt gefühlt habe und so, dann hab ich zugeschlagen. Das hat mir also schon ziemlich früh Ärger eingebracht, im Jugendamt, ei, ich hab mit vierzehn zum ersten Mal vor dem Richter gestanden wegen Körperverletzung, wa, weil ich da mit 'm Messer zugestochen habe.

In diesem Abschnitt beschreibt Vera auf beeindruckende Weise, wie sie gelernt hat, zu hassen und sich mit Gewalt durchzusetzen. Irgendwann faßte sie, mehr oder weniger spontan, den Entschluß, sich mit Gewalt zur Wehr zu setzen. Als »kleiner Pimmel« wurde sie dazu von den anderen Schülern den Eltern und den Lehrern, die sie ins Abseits drängten, gezwungen – so empfindet sie jedenfalls heute die damalige Situation. Vera wollte die Ungerechtigkeit nicht länger passiv ertragen und übernahm sie die Initiative, indem sie drohte: »Wenn jetzt nicht Ruhe ist, dann hau ich euch ein paar in die Schnauze.«

Mit der Aneignung von Gewalt zur Selbstbehauptung ändert sich auch Veras Selbstbild. Von nun an mußte sie sich nicht länger fragen, was sie als Uneheliche und von den Eltern nicht Geliebte hier sollte und wer sie überhaupt war, sondern sie konnte sagen, ICH, Vera bin die nicht Geliebte, die gelernt hat zu hassen und sich mit Gewalt durchzusetzen. Dieses Selbstbewußtsein prägt die weitere Erzählung.

Vera übernahm als gewalttätige Jugendliche die Rolle, die ihr von der Familie und in der Schule zugewiesen wurde: sie bestätigte, daß sie ein Kind war, das nicht geliebt werden kann und für das zu Recht nirgendwo Platz war. Zugleich aber überschritt sie mit der Übernahme dieser Rolle auch ihre Isolation und das, was aus ihr gemacht worden war – mit ihrer Gewalttätigkeit mobilisierte sie die soziale Realität, die sie ausstieß; zwang sie die Außenwelt durch ihre Aktivität, sie in ihrer Besonderheit anzuerkennen: Vera war nicht länger der »kleine Pimmel«, der sich nicht wehren konnte, sondern die uneheliche Jugendliche, deren Haß »mörderisch« sein konnte, wenn man sie »anmachte«: In dem »Ich«, das »zuschlug«, wenn es »ungerecht behandelt wurde« und das von den anderen anerkannt wurde, fand Vera sich selbst. Gewalt wurde für Vera zur Vergewisserung des Selbst und zum Protest gegen eine nur scheinbar gewaltfreie Welt, die ihr Gewalt antat und noch immer antut.

An den hier wiedergegebenen Erzählsequenzen fällt auf, daß Veras Versuch, sich aus ihrer isolierten Lage gewaltsam zu befreien, einhergeht mit der Übernahme männlicher Symbole. In ihre Rede nimmt sie Begriffe wie »kleiner Pimmel« und »kleiner Bub« –Besonders in jenen Abschnitten, in denen sie die eigene Durchsetzungsfähigkeit als Moment ihrer Selbstbehauptung reflektiert. Diese Übernahme deutet auf einen Zusammenhang hin zwischen Veras frühem Versuch, etwas aus dem zu machen, was aus ihr gemacht worden ist, und der Herausbildung des Starken-Mann-Markierens, was ja bereits bei Veras Suche nach einem neuen alten Leben eine Rolle spielte. Wir werden diesen Sachverhalt weiter im Gedächtnis behalten müssen. Zunächst kehren wir zurück zu Veras Lebensgeschichte. Als Folge ihres gewaltsamen Verhaltens wird Vera dem Jugendrichter vorgeführt und bestraft. Mit dieser Verurteilung weitet sich ihre Existenzbestimmung als Gewalttätige in die Öffentlichkeit aus. Wiederum wird durch das Urteil anderer – in diesem Fall durch eine rechtliche Institution – definiert, was sie ist: aus dem in der Familie nicht anerkannten »Amibastard« und dem ungeliebten Kind, das in der Schule von den anderen gemieden und ausgeschlossen wurde, entwickelt sich in einem ganz allgemeinen gesellschaftlichen Zusammenhang eine kriminelle Jugendliche. Damit haben an Veras Stelle Familie, Schule und Gesellschaft definiert, was sie ist, und sie selber erkennt in den Definitionen der Anderen, was aus ihr endgültig gemacht worden ist: ein »Drop-out«.

Das also ist Vera: ein »Drop-out«. Die Bedingungen hierzu liegen bereits in den Strukturen der Familie verborgen. Im folgenden werden wir Veras spezifische Praktiken und Verhaltensweisen als Elemente jener Leitideen ausweisen, durch die sich die Eltern lenken ließen und die auf Vera zurückwirkten.

Erste Hinweise haben wir von Vera bereits erhalten, durch die Art und Weise nämlich, wie sie den unmöglichen Versuch schildert, sich die Welt trotz des ihr angetanen Leids erträglich zu machen: indem sie Geld verlangt, wenn die Mutter keine Zeit für sie hat. Auch Veras Hinweis, daß sie von ihrem leiblichen Vater Geld einklagen möchte, zielt in diese Richtung. Veras Stiefvater und der leibliche Vater kommen aus »Geldfamilie(n), wo nur das Geld regiert«, und die Frage ist, wie Vera die Verhaltensregeln und -weisen der »Geldfamilien« als problematische verinnerlicht hat. Vera erzählt, wie sie als 14jährige im Haus ihres Großvaters die »Hausfrauenpflichten« ihrer Großmutter übernehmen und »feine Pinkel« bewirten mußte:

> Ich meine, ich könnte jetzt in Schweizer Hof gehen, und ich könnte mich benehmen wie die Farah Diba, ja aber will ich gar nicht. Weil das 'ne Maske ist. Und ich habs einfach nicht mehr drauf, 'ne Maske zu tragen.

Dieses Urteil prägt Veras Selbstdarstellung sowie ihre Deutung der Beziehungen zu anderen Menschen. Sie sind geprägt von den maskenhaften, abstrakten und falschen Beziehungen in der eigenen Familie, in der nur das »Geld regiert« – was sich für Vera in Benimmregeln, der Zugehörigkeit zu einer bestimmten Klasse und in den gesellschaftlichen und ökonomischen Erfolgen der Familie artikuliert. Diese Beziehungsstrukturen erfährt Vera als Mangel. Sie hatte keinen »Papa« und keine Eltern, weil die »Geldfamilie« des Vaters dies verhinderte; nach der Einheirat der Mutter in eine andere »Geldfamilie« vermißt Vera Emotionen, Liebe, Zuneigung und Geborgenheit.

Diese Erfahrungen mit »Geldfamilien« und die Erfahrung des Mangels sind für Vera zwei Seiten ein und derselben Medaille. Für sie tragen die Familienmitglieder Masken, weil das Geld die Beziehungen untereinander bestimmt. Wer sich den Regeln dieser Verhältnisse nicht anpassen kann oder nicht dazugehört, wird wie Vera behandelt. Auf einem Ball des Taubenvereins hat sie die Regeln dieser gesellschaftlichen Beziehungen verletzt und wurde dafür bestraft:

> Da hatten wir 'n Taubenball, also 'n Ball mit hochgesteckten Haaren und 'm Abendkleid und mein Vater völlig besoffen und tanzt mit mir und tritt mir dauernd auf die Beine, da hab ich ihn stehen lassen, auf der Tanzfläche. Jetzt wußte ich nicht, also wenn man seinen Partner stehen läßt, daß man die nächsten drei Tänze nicht tanzen darf. Kommt so 'n komischer People an und fordert mich zum Tanzen auf, ich gehe auch mit auf die Tanzfläche ... Mein Vater sieht das, wa, kommt auf die Tanzfläche gestürmt, wa und gibt mir eine ein. Ich bin gleich 5 Meter weit geflogen. Inzwischen hat sich meine Mutter angezogen, dann sind wir gegangen, nach Hause. Meine Mutter macht die Tür auf, und ich hatte so lange Haare, also bis fast zum Hintern, nur hochgesteckt, da nimmt der mich an den Haaren, zieht mich durch den ganzen Flur ins Wohnzimmer, knallt die Wohnzimmertür zu, schließt ab und fängt an, mich

> zu verprügeln. Der hat alles genommen, was ihm in den Weg kam. Der hat sogar ne Stehlampe auf meinem Rücken verdroschen. Mein Vater hat (unverständlich) gehabt, damit habe ich gekriegt. Ich habe noch heute den ganzen Rücken voller Narben. Ei das ist also, und dann hat meine Mutter die Tür eingetreten, wie sie das gemacht hat, weiß ich auch nicht, die Tür muß wohl sehr dünn gewesen sein, meine Mutter is nämlich auch nur 'n kleiner Hänfling und hat sich dazwischengestellt, und dann hat sie gekriegt, und dann hab ich aus dem Fenster dann die Bullen gerufen. Ja und den Tag werd ich nie vergessen und seitdem, ei, haß ich meinen Vater. Und ich meine, ich hab nicht nur einmal mit dem Messer vor ihm gestanden.

Vera hat beim Tanzen die Konventionen der »Geldfamilie« verletzt und dafür von ihrem Stiefvater Prügel bekommen. In dieser Szene wiederholt sich für Vera, was auch schon ihrer Mutter mit Veras Vater zugestoßen ist: man zeigt ihr, daß sie nicht in diese Geldfamilie paßt, wie es damals auch ihrer Mutter von der amerikanischen Geldfamilie gezeigt wurde.

Mit dem Messer versucht sie die Mutter zu beschützen, die auch nur »'n kleiner Hänfling« ist. Die Gewalt des Stiefvaters vereint so wieder Mutter und Tochter. Trotzdem bleibt Veras Verhältnis zu ihrer Mutter auch in dieser Sequenz ambivalent, denn ihr Stiefvater – so fügt sie hinzu – hätte bestimmt nicht angefangen zu trinken, wenn ihn ihre Mutter nicht so herumkommandiert hätte. Veras Haß auf ihre Mutter ist so groß, daß selbst der gehaßte Stiefvater schließlich noch als Opfer der Mutter erscheint.

Welche grundlegenden Verhaltensweisen konnten wir aufgrund der bisherigen Analyse von Veras Empfindungen und Haltungen gegenüber der Familie rekonstruieren und welcher innere Widerspruch liegt diesen zugrunde?

Wir haben gesehen, daß Vera sich von ihren Eltern ausgegrenzt und ungeliebt fühlte und daß sie dies in einen objektiven Zusammenhang stellt mit den persönlichen Beziehungen, die in einer »Geldfamilie« vorherrschen. Beide Seiten sind für Vera nicht auseinanderzuhalten. Dabei korrespondieren ihre Empfindungen und Haltungen gegenüber der Familie stets mit Lernerfahrungen, die es ihr ermöglichen, sich als Person durchzusetzen und ihr Selbst zu finden: indem sie lernte, zu hassen und mit Gewalt durchzusetzen. Veras Erinnerungen an das in der Familie Erlebte halten des weiteren daran fest, daß sie an einem für den weiteren Verlauf ihrer Lebensgeschichte wesentlichen Punkt dazu überging, den aufgestauten Haß nicht mehr regressiv gegen sich, sondern aggressiv gegen Andere zu wenden. Damit hat Vera die ihr von Familie und Schule zugewiesene Rolle des ungeliebten Kindes in einer spezifischen Weise übernommen und verinnerlicht, die sie fortan als »Drop-Out« ausweisen wird. Die Beschädigungen freilich und Narben, die diese gewaltsame Selbstfindung zurückgelassen hat, und die Konflikte, die dabei unbewältigt blieben, haben in Vera Spuren hinterlassen. Die »mörderische« und ungerichtete Aggression, die sie sich zu ihrer Selbstbehauptung angeeignet hat, gibt Vera nicht nur Selbstbewußtsein, sondern macht ihr auch Angst, denn sie birgt auch die Gefahr der Selbstvernichtung. Dieser Widerspruch konstituiert in abgewandelter Form Veras Streß, ihre Zerrissenheit und die »Lebensangst« beim Versuch, gegenwärtig ein »neues altes Leben« zu entwerfen. Diese Konstitution Veras, die sie auf der einen Seite daran hindert, den von der Normalität gestellten Anforderungen nachzukommen, auf der anderen Seite aber hilft, sich mit Nachdruck als Person zu behaupten, ist das Resultat verinnerlichter grundlegender Widersprüche, die auf der Struktur der Familie und der in ihr gelebten Beziehung fußt. Veras Selbstkonzeption als Drop-Out sowie ihre labilen alltäglichen Handlungsorientierungen sind damit zugleich Ausdruck einer aus lebensgeschichtlichen Erfahrungen geformten Persönlichkeitsstruktur, die sowohl Mechanismen und Funktionsweisen eines »schwachen« wie eines »starken« Ich aufweist. Dem wollen wir weiter nachgehen.

Wir haben festgestellt, daß Veras schwankendem und ambivalentem Verhalten Handlungsprobleme zugrunde liegen, die sie mit den ihr zur Verfügung stehenden individuellen Handlungs- und Verarbeitungsstrategien offensichtlich nicht bewältigen kann. Darauf deutet Veras Tendenz hin, problematische Anforderungen, die die normale soziale Realität an sie stellt, einfach wegzuschieben. Vera hat

»Lebensangst« – am liebsten möchte sie sich in eine Grube legen und warten, bis ihr Ex-Mann aus dem Gefängnis entlassen wird.

Psychoanalytisch formuliert heißt dies, daß Veras Ich-Abwehrorganisation der Intensität der Über-Ich-Forderungen wie auch den Ansprüchen, die der Bewährungshelfer, die Arbeits- und Wohnsituation und die Erwartungen der Mutter an sie herantragen, nicht standhält. In diesem Zusammenhang kommt Veras gelegentlichem Heroingenuß psychisch die Funktion zu, den aktuellen Angstdruck zu verringern, das Durchhalten zu ermöglichen, bis das »neue alte Leben« mit ihrem Ex-Mann beginnt. Diese von Vera angewandte Technik der Identitätssicherung und der Konfliktbearbeitung deutet auf eine Persönlichkeitsstruktur mit instabilen Ich-Strukturen hin, die als »Kulminationspunkt lebensgeschichtlicher Dauerkrisen« (Siegert 1979) zu begreifen und aus der nicht gelungenen produktiven Bearbeitung unbearbeiteter Konflikte der Primärsozialisation in der Adoleszenz (Erdheim 1986/Siegert 1979) zu erklären ist.[30]

Veras defizitäre Ich-Funktionen produzieren aber nicht nur ihre »eingeschränkte Realitätstüchtigkeit«. Auffallend ist vielmehr immer wieder Veras Stärke und Durchhaltevermögen, womit sie sich trotz dieser schwachen Ich-Funktionen als »Drop-Out« durchzusetzen vermag und als Person behauptet. Die Frage ist also nicht, wie die psychischen Mechanismen der Entfremdung im Inneren von Vera funktionieren, sondern wie sie sich dem Zwang der Verhältnisse zu entwinden versucht. Betrachten wir deshalb die Mechanismen des Ich nicht isoliert im Individuum, sondern im Kontext der herrschenden Macht- und Herrschaftsmechanismen, dann finden wir bei Vera auch Strukturen eines »starken Ich«, wie sie Mario Erdheim als »ausgebrannte Adoleszenz«[31] analysiert hat und wie sie in unterschiedlicher Ausprägung bei allen von mir analysierten Fixern zu finden sind. Ich möchte deshalb noch etwas bei diesem Thema verweilen.

Redl/Winemann (1951) bezeichnen derart defizitäre Ich-Formen als »delinquentes Ich«. Sie verstehen darunter ein soziokulturelles Verhalten, das dem herrschenden Wertesystem zuwiderläuft. Kennzeichnendes Merkmal dieses delinquenten Ich ist sein Streben, die Triebbefriedigung um jeden Preis zu verteidigen:

> Anstatt seine Aufgaben zu erfüllen und nach einer Synthese zwischen Wünschen, Forderungen der Realität und dem Einfluß sozialer Wertvorstellungen zu suchen, ist das Ich in diesen Augenblicken vollständig auf der Seite der Triebhaftigkeit ... Weit davon entfernt, hilflos zu sein, ist das Ich dieser Kinder ... plötzlich ein recht scharfsinniger Beurteiler jenes Teils der Realität, der ihre triebhaften Beutezüge gefährden könnte, und wird sowohl zu einem geschickten Manipulator der Umwelt als auch zum energischen Beschützer der delinquenten Freuden gegen die Stimme des eigenen Gewissens. (S. 147/148).

Als Resultat einer »ausgebrannten Adoleszenz« versucht das delinquente Ich mit seiner ganzen Kraft, Triebbefriedigung sowohl gegen die Außenwelt wie auch gegen das eigene Schuldbewußtsein durchzusetzen. Auf die Funktionen des Ich übertragen bedeutet dies, daß diese ganz im Dienste der Triebverteidigung stehen. Deshalb muß vom Individuum einerseits alles abgewehrt werden, was gegen die Es-Strebungen soziale Bindungen und Verpflichtungen durchzusetzen versucht (Schuldgefühle). Andererseits aber können – wie Erdheim zeigt – die ungelösten inneren Konflikte des Individuums auch zum Stützpunkt von Herrschaft werden. Das starke, delinquente Ich ist Ausdruck einer von Macht und Herrschaft bestimmten sozialen Realität, die von Individuen wie Vera zu ihrer individuellen Selbstbehauptung so erinnert werden, daß sie Gefahr laufen, sich selber zu zerstören.

Die folgenden Beispiele von Ausdrucksformen des »deliquenten Ich« aus den lebensgeschichtlichen Erzählungen Veras stehen exemplarisch auch für Fixer:

Sehnsucht nach Verlockung:

> Ich bring mich selber in Gefahr, indem ich versuche, anderen zu helfen. D.h., kiek mal, ich bin auf die Szene gefahren und eigentlich wollte ich doch ins Kino gehen, hab ich dir doch schon erzählt. Ja, dann hab ich U. gesehen, ja und dann kam halt wieder, daß sie mir leid getan hat, daß sie da rumgehangen hat. Dann hab ich bis abends da mit auf der Szene rumgehangen ... zwei Tage später ... da bin ich auf die Szene gefahren, eigentlich nur um U. zu sehen und um zu quatschen und um sie viel-

leicht noch dazu zu überreden mal aufzuhören. Was hab ich gemacht, ich hab selber geballert. Sobald ich alleine zur Szene fahre und auf der Szene stehe, da ist für mich zappenduster, ist echt aus.

Rebell für die Sache eines anderen:

Bin regelmäßig Pleite gegangen, wenn ich jemand geholfen habe oder mit durchgezogen habe ... aber ich habe trotzdem, zum Beispiel U., die habe ich durchgezogen, obwohl sie echt das gar nicht nötig hatte ... die hat mir leid getan, weil sie drauf war und nichts hatte. Na was hab ich gemacht, ich hab ihr Geld gegeben und ich hab ihr Dope gegeben. Das hab ich immer wieder praktiziert, solange bis ich eingefahren bin. Ich bin ja so bescheuert gewesen. Bin jedesmal Pleite gegangen. Ich hätte jetzt was weiß ich was wieviel Tausende im Hinterhalt haben können, aber nee.

Affinität zur Subkultur:

Ja, ich habs immer mit den kaputten Typen, ey. Ich such mir immer kaputte Typen, ich weiß auch nicht warum. Wahrscheinlich, weil ich mich mit denen am besten verstehe.

Herausforderung einer unausweichlichen Situation:

1. Beispiel

Und zur Zeit bin ich der Meinung, daß ich mir schon was vormache, weißte. So den starken Mann markieren tu. So um den anderen zu zeigen, ihr kommt raus, ihr drückt wieder und ich bin draußen und drück immer noch nicht. Ich bin auch zu feige, zu meinem Rückfall zu stehen ... Ja, dann wollt ich auch mehr oder weniger zeigen, wie stark ich bin nachdem ich mich also den ganzen Tag auf der Szene aufgehalten habe ohne zu drücken und auch am nächsten Tag, wa. Das ist son unheimlich mörderisches Selbstquälen. Du willst deine eigene Stärke ausprobieren und eines Tages klappt es halt nicht mehr. Und das ist mir passiert. Ich habe versucht, wie stark ich bin oder wie stark ich sein kann und bin dabei umgefallen. Und irgendwo probier ich das jetzt immer noch aus.

2. Beispiel

... weil mich juckt es, mal wieder einen einzuziehen also, ich hätt mal wieder Lust auf 'n Druck. Wa. Das heißt eigentlich schußgeil (lange

Pause), daß du dich manchmal selber linkst und dir überlegst, ach du willst ja nur ins Kino fahren und du willst ja nur mal die Leute betrachten. Du fährst hierher, weil du es versprochen hast oder so. Du prüfst dich auf eine Art selber, wie lange du dich hier rumtreiben kannst und du dich selber quälen kannst, indem du nicht drückst. Und so lange, bis du eines Tages wieder voll auf der Nadel bist. Irgendwo weiß ich das, aber ... es ist komisch, aber man kann auch gar nichts dagegen tun. Weißte. Oder sagen wir mal, man will gar nichts dagegen tun. Man will sehen wie stark man ist und weiß genau, daß man eines Tages umfällt. Trotzdem probiert mans aus.

Aufhebung der Differenz:

Im Grunde genommen ist jeder Mensch irgendwie abhängig, egal, und wenn es nur das Rauchen oder der Kaffee ist. Ja, wenn die Leute nicht wieder rückfällig werden, sind sie entweder auf Tabletten, oder auf Alk, oder auf irgendwas sind sie meistens drauf.

Das »delinquente Ich« zeigt Funktionsweisen, durch die es die Triebbefriedigung um jeden Preis verteidigen will und Schuldbewußtsein abwehrt. Wir haben die Konstruktion dieses wie auch des schwachen Ich auf die Struktur der Familienbezeichnungen zurückgeführt. Es wurde deutlich, wie dieser innere Widerspruch in der Konfrontation mit Familie, Schule oder Jugendrichter eine reale Existenzform annimmst, deren Spur Vera in ihrer Erinnerung nachzeichnet. Es sind Erinnerungsspuren, mit denen Vera einen allgemeinen Bezug zur Welt herstellt: um etwas aus dem zu machen, was aus ihr gemacht worden ist. Weitere Stationen ihrer Personwerdung, welche die ursprünglich durch die Familie strukturierten inneren Widersprüche abwandeln waren in Veras Fall die Mitgliedschaft in der Subkultur der Rocker, der Heroinszene sowie das Leben im Gefängnis.

c.) *Die Personalisation.*

Bei den Rockern: »Das ist eine Gesellschaftsform für sich, und ich fühlte mich unheimlich geborgen und aufgenommen, anerkannt.«

Unter Personalisation verstehe ich – in Anlehnung an Jean-Paul Sartre – die Praxis des Individuums, mit der es überschreitet und aufbewahrt, was aus ihm gemacht worden ist. Die ersten Spuren dieser Bewegung haben wir in Veras Rückerinnerung an das in der Kindheit und Jugendzeit Erlebte gefunden. Bei den Rockern fand Vera zum ersten Mal ein soziales Feld, in dem sie sich als »Drop-Out« außerhalb des familialen Kontextes leben konnte. Auch hier wollen wir Veras Art und Weise folgen, wie sie ihr bisheriges Leben in der Subkultur empfindet.

Als Vera auf die Rocker traf, war sie 12 Jahre alt. In diesem Alter hatte sie »schon reichlich gesoffen«. sie war das »Nesthäkchen« in der Gruppe, von der sie ihren ersten Minirock bekam. Von den Rockern wurde sie verwöhnt; sie fuhr mit ihnen auf den »Maschinen« herum und wenn es Ärger gab, erzählte sie stolz, »bin ich nicht gerannt, und das haben die gut gefunden«. Vera hat mit den Rockern Feten gemacht und im Freien gepennt, und dem fügt sie hinzu »alle haben auf mich aufgepaßt«.

Den ersten Kontakt zu »Mephisto Mob«, wie sich die Rocker nannten, hatte Vera in einer Discothek. Damals hatte sie sich mit einer »drei bis vier Jahre älteren Braut« angelegt, die sie beim Tanzen anrempelte. Vera schildert ihr Outfit:

> »Ich meine, ich war schon ziemlich proper und so hab ich mich also stark gefühlt und Lederriemen umgehabt, Jeansjacke mit Nieten bestückt und was weiß ich was alles ... ja, und dann hatte ich immer Ketten bei mir ... und hier 'n Totschläger und 'n Messer im Stiefel.«

Als sich Vera dann auch noch mit dem Boss der Rocker »kloppen« will erzählt sie »hat er mir den Arsch versohlt, am nächsten Tag hat er mich zum Bier eingeladen und seitdem war ich mit den Leuten zusammen.« Vera ist ständig mit dem »Mob« herumgezogen, weil ihre Eltern keine Zeit für sie hatten, »Verpflichtungen, gesellschaftliche und so.« Im Gegensatz zu den Eltern waren die Rocker für Vera eine »Gemeinschaft für sich«, »irgendwie 'ne Gesellschaftsform für sich« und mit »eigenen Gesetzen ... Ja, und ich fühlte mich da unheimlich geborgen und aufgenommen, anerkannt«. Nachdem Vera sich bei den Rockern »fest eingelebt« hatte, hat sie eine »Weiberclique aufgezogen«:

> »Als ich sämtliche Bräute vom Mob zusammengezogen hatte, obwohl ich jünger war als sie, haben sie mich akzeptiert, weil ich mich auch durchsetzen konnte, da haben wir uns einen eigenen Namen gemacht, und dann haben wir uns mit den Phönixweibern herumgeschlagen und das stand auch oft in der Zeitung drinnen. Ja und dann wurde ich auch langsam ruhiger. Dann hat mir das keinen Bock mehr gemacht ... keinen Bock mehr auf Putz.«

Vera begründet diesen Stimmungswandel u.a. damit, daß die Frauen bei den Rockern kein Mitspracherecht hatten und auch eine »ganz andere Einstellung zu Frauen als irgend ein anderer Bürger«:

> Nun ja, Frauen, die sind nicht so viel wert wie die Männer, weeßte? Ick meine, ick versteh das auch, weil in 'ner Rockerclique, da können Frauen manchmal ganz schön zum Ballast werden. Wenn irgendwas ist und das muß schnell gehen, ei, die Weiber, die trödeln immer hinterher, det stimmt. Furchtbar ist das. Und die sind auch so ... Ich mein, die sind zwar schon ziemlich hart, wa, so mit Jenny und Blondie und ..., aber, ja, die müssen unheimlich abgehärtet sein, um in 'ner Rockerclique bestehen zu können ... hart im Nehmen sein. Egal jetzt wo drinne. Ob sie nun mal Keile kriegen oder nicht, die müssen abgehärtet sein. Wenn se eine vor den Bimmel kriegen, dann ham se Pech gehabt. Und trotzdem hab ich mich da unheimlich wohl gefühlt. Wohler jedenfalls als zu Hause. Also ..., ja, ick hab meine ersten Lederklamotten, die hab ick da von dem Mob gekriegt ...

Die ersten Erfahrungen in der Subkultur der Rocker stellt Vera als wichtigen Einschnitt in ihrer Lebensgeschichte dar. Hier erlebte sie die Verallgemeinerung ihrer bislang individuellen Handlungs- und

Selbstbehauptungsstrategie zum kollektiven Lebensstil. Dies wird unter anderem an der Bedeutung deutlich, die sie den Symbolen und Zeichen zumißt, die sie als Ausdruck ihrer Selbständigkeit an ihrem Körper trägt. Hatte Vera noch vor dem erfolgreich bestandenen Aufnahmeritual bei den Rockern einer Schlägerei, die Zeichen der Gewalt (Nieten, Ketten, Totschläger und Messer) als Zeichen einer individuellen Handlungsstrategie getragen, so wurden diese Gegenstände bei den Rockern zum Zeichen eines kollektiven und kommunikativen Zusammenhangs: man fährt auf »Maschinen« mit Lederjacken herum, veranstaltet Feten und macht »Putz«. Als kulturellen Gegenstand, der ihre Zugehörigkeit ausweist, die keine »gesellschaftlichen Verpflichtungen« auferlegt wie die eigene Familie, trägt Vera ihre ersten Lederklamotten, die sie vom »Mob« geschenkt bekommt. Ihr Outfit wird so zum subkulturellen Stil und Ausdruck einer bestimmten Lebensweise, die losgelöst ist vom Leben im familialen Kontext.

Bei den Rockern wird sie anerkannt, findet Zuneigung und Geborgenheit, und hat mit ihrer »Weiberclique« Erfolg. Im subkulturellen Lebenszusammenhang der Rocker eröffnet sich für Vera die Möglichkeit, mit sich identisch zu sein. Diese Veränderung trägt sie schließlich auch für andere sichtbar nach außen. Ihre Lebensweise mit den Rockern provoziert die Umwelt in einer Weise, daß sie (und diese Situation ist vergleichbar mit den Schlägereien in der Schulzeit) zur Anerkennung von Veras Existenz am Rande der Gesellschaft gezwungen wird. Stolz verkündet Vera, wie die Öffentlichkeit von ihren Taten erfahren hat: »Das stand auch oft in den Zeitungen drin.«

An dieser Stelle reflektiert Vera eine widersprüchliche Erfahrung, die sie als Frau bei den Rockern macht. Ihre Anerkennung und Erfolge bei den Rockern basierten – darauf wurde bereits verwiesen – auf der Übernahme männlicher Verhaltensmuster; Vera distanziert sich deshalb auch von den schwachen Frauen, die nicht abgehärtet genug für dieses Leben sind. Gleichzeitig hebt sie aber hervor, daß sie von den Rockern als Frau nicht voll anerkannt wurde, denn sie bekam von den männlichen Mitgliedern kein volles Mitspracherecht bei Entscheidungen zugestanden. Die Rocker sind eine Männerclique, in der Vera trotz ihrer Anpassung und trotz der Härte, die sie sich zueigen macht, nie ganz akzeptiert wird, weil sie eine Frau ist.

Irgendwann hat Vera denn auch keinen »Bock« mehr auf »Putz machen«. Sie heiratet den Vizeboss des »Mephisto Mob« und bekommt ein Kind. Diese Heirat (»Es war eine schöne Hochzeit«), ist für sie als Frau ein Erfolg, denn jetzt kann sie den »anderen Weibern« sagen, »dies ist mein Mann« – »ein gutes Gefühl«. Vera lebt nur kurze Zeit mit ihrem Mann zusammen- bis der ins Gefängnis und Vera Kontakt mit der Heroinszene kommt.

Auf der Szene: »Ich habe mich hochgearbeitet«

Für Vera konzentriert sich das Leben auf der Szene zunächst auf die »Jagd nach dem Dope und nach Geld«. Diese Jagd hatte zur Folge, daß sie sich permanent vor der Polizei in acht nehmen mußte, daß sie »unheimlich link« wurde, nicht mehr auf sich achtete und nur noch an das Dope dachte, kurz: sie ging auf der Szene »kaputt«.

Aber dies war nur eine, die Schattenseite der Szene. Vera erzählt auch, wie sie in der Heroinszene Erfolge hatte, die ihre individuellen Bedürfnisse befriedigten und ihr Selbstbewußtsein gaben.

> Mir gings auch zeitweise gut. Ich habe Glück gehabt, wa. Während ich gedrückt habe, habe ich mir 'ne 1000er Kawa gekauft, ich hab 'n Appartement gehabt, alles, wa. Also da hab ich selber gedealt. Obwohl ich selber gedrückt habe. Da habe ich mich hochgearbeitet.

In dieser Zeit war Vera befreundet mit Zuhältern und machte selber Geld in diesem Milieu:

> Weil ich mein, ich bin ja auch nicht anschaffen gegangen. Hab höchstens mal zwei Bräute gehabt, die für mich anschaffen gegangen sind. Ja und dann war ich öfters im Potsdamer und im Nevada drin und so, und da hab ich dann mit den Loddels einen gesoffen, die haben mich halt akzeptiert, wa. Ich mußte keine dreitausend Mark fürn Platz abdrücken wie die anderen all so, die Profis mußten ... die verkauften ihre Pferdchen für dreitausend ..., war 'ne schöne Zeit, ei. Da hab ich ein dickes Auto gehabt, ein Appartement, Klamotten, alles.

Erfolg, Anerkennung und ein »gutes Leben« hatten ihre Grundlage im ökonomischen Erfolg, den sich Vera erzwang:

> Das waren zwei Fixer-Bräute. Die eine kannte ich schon länger, weil die kannte ich vom Boneys[32]. Ja, und die ist total lesbisch. Na und da hab ich so 'n bißchen auf Liebe gemacht, und dann war das gut, dann ist sie gegangen, und die andere, die hat Schulden bei mir gehabt. Da hab ich gesagt, Mädel, wenn du die Schulden nicht bezahlst, massiere ich dir so die Visage, daß du nie wieder gehen kannst, und die hat ihre Knete dann abgearbeitet.

Es war »eine gute Zeit«, für Vera, eine Zeit, in der sie »nie Turkey geschoben« hat. Dies war allerdings, wie sie hervorhebt, nicht nur ihr eigener Verdienst, sondern es »waren wirklich nur Beziehungen, dann Kumpels, ei, ja, Rückenhalt und so, Rückendeckung. Von alleine hätt ich das nie geschafft«. Anerkennung und Erfolg auf der Szene, die Voraussetzungen für ein »gutes Leben«, haben ihre Grundlage in der Szeneökonomie: Zuhälterei, Drogengeschäft und der Fähigkeit, sich entsprechend dem bürgerlichen Karrieremuster »hochzuarbeiten«. Hinzu kommen persönliche Beziehungen und die Unterstützung durch Kumpels, die freilich voraussetzt, daß sich der Fixer die spezifischen sozialen Regeln und Verhaltensweisen der Szeneökonomie angeeignet hat. Aber dieser Höhepunkt dauerte für Vera nur wenige Monate, dann war sie wieder »ganz unten«: »Ja, ich habe nachher noch in der Wohnung dringehabt, 'n Stuhl, 'n Bett und 'n Tisch, mehr nicht. Ansonsten hatte ich alles verkauft«. Als Vera mit nichts auf der Straße stand, dachte sie: »Arbeit ich mich wieder hoch, nur Scheiße«.

Zum ökonomischen Überleben auf der Szene gehört, die tägliche Beschaffung von Dope und Geld. Dabei haben es Frauen in Veras Augen leichter, weil sie anschaffen gehen können. Den Nachteil des Anschaffens sieht Vera darin, daß Fixerinnen »schnell ihr Geld zusammen haben wollen« und dadurch »die Fixerbräute die Preise versauen«.

Veras Ziel auf der Szene war nicht nur das Überleben. Sie wollte Anerkennung und ihre individuellen Bedürfnisse durch Erfolg befriedigen. Die Organisationsform der Szeneökonomie ermöglichte es Vera, so viel Heroin zu beschaffen, daß sie nie an Entzugserscheinungen leiden mußte. Der Aufstieg innerhalb der Szenehierarchie bietet also nicht nur die Möglichkeit, das physische Elend auf der Szene (Turkey) zu beseitigen, sondern auch, Anerkennung und soziale Bedeutung in der Subkultur zu erlangen. Gerade hier zeigt sich aber, daß die Fixer auf der Szene die Verbesserung der eigenen Lage nur noch als Verlängerung der schlechten Normalität denken können.

Stigmatisierung: »Die Fixer sind für die Gesellschaft Dreck, Abfall, Müll«

Bei aller Beschränktheit ist für Vera ein »gutes Leben« in der Szene aber immer noch denkbar. Im Gegensatz dazu sind ihre Vorstellungen von einem Leben unter »normalen« gesellschaftlichen Verhältnissen stets negativ besetzt: Normalität außerhalb der Szene ist für sie gekennzeichnet durch staatliche und gesellschaftliche Einschränkung von Freiräumen: »Du mußt immer so leben, wie die Gesellschaft das erwartet, immer! Ansonsten giltst du als Außenseiter oder als ’n Idiot.« Vera will sich nicht in ein »Schema reinpressen lassen«, sie will so leben, wie sie »das empfindet« und nicht so, daß es »den anderen recht ist«:

> »Das versteh ich eigentlich mehr oder weniger unter unterordnen. Obwohl unterordnen mußt du dich immer irgendwo, sonst hängst du nur noch im Knast ... du mußt dich schon irgendwie anpassen, das stimmt. Das paßt mir wiederum nicht.«

Vera beklagt, daß die »Medien und die Gesellschaft alles nur negativ für die Fixer« darstellen und die Bevölkerung durch »schmierige Komödiantenfilme«, wie »Christiane F.« (die »verboten werden« müßten, weil nichts in ihnen der Realität entspreche), »nur in eine Richtung hingewiesen (werde), und das ist Dreck, Abfall, Müll, Arbeitslager, Regelvollzug und was weiß ich was alles«. Für Vera ist die Welt schlecht, weil sie die Fixer und Außenseiter »abstempelt, ein Leben lang«.

Als Fixerin, die im Gefängnis war, fühlt sich Vera von der Gesellschaft stigmatisiert und gezwungen, Richtern, Bewährungshelfern oder der Mutter Rechenschaft darüber abzulegen, was sie tut. Sie fühlt sich in ihren Handlungsmöglichkeiten »eingeengt«, wenn sie immer wieder »irgendeinem fremden People« erzählen muß, was sie den Tage über treibt. Dabei

> fragt keiner, was du wirklich machst, in Wirklichkeit. Stell dir mal vor, du würdest dem erzählen, also ich würde erzählen, was ich so wirklich treibe und mache und denke. Das wäre für den (Bewährungshelfer, P.N.) das Schnellste, sich hinzusetzen, an den Richter zu schreiben, mich entweder amtlich einweisen zu lassen, zu 'ner Therapie zu verpflichten oder in den Knast. Man kann überhaupt nicht offen und ehrlich sein, das ist gar nicht drin, weder dem einen gegenüber noch dem anderen gegenüber. Das finde ich ganz schön mies, sowas. Das ist für mich keine Bewährung, das ist für mich bloß 'ne Prüfung, wie gut ich lügen kann.

Um nach ihrer Haftentlassung Unterstützung vom Sozialamt zu bekommen, muß Vera »Versteck spielen«, »Du kannst nicht wirklich offen und ehrlich sein, das geht einfach nicht. Du mußt dich wieder irgendwie anpassen, irgendwie rumspinnen, weil du durch Ehrlichkeit nur Nachteile kriegst.« Deshalb kommt sie zu dem Schluß:

> Wenn du einmal im Arsch warst, du hast kaum Möglichkeiten, dich wieder richtig hochzurappeln ... du hast viel zu wenig Möglichkeit dich wirklich mit Ehrlichkeit wieder hochzurappeln, viel zu wenig. Da gibt es viel zu viele Knüppel, die dir im Weg hängen.

Durchhalten und cool bleiben: »Gestern war ich den ganzen Tag auf der Szene und habe nicht gedrückt. Bin ich ganz stolz drauf.«

Das Versteckspielen ist Teil eines Habitus, mit dem sich Vera einerseits die Unterstützung der staatlichen Institutionen sichert, andererseits beständig Situationen herbeiführt, in denen sie sich ihre Stigmatisierung und Ausgegrenztheit vor Augen hält. Den Behörden ein »normales« Leben vorzutäuschen heißt für Vera auch, erfolgreich die Methoden und Mittel der subkulturellen Subversion einzusetzen, und sich damit die Unfähigkeit, die Fehlbarkeit und die Hilflosigkeit der Realität, mit dem Fall Vera fertigzuwerden, bewußt zu machen. Vera erzählt zum Beispiel, wie sie den Arzt »erfolgreich linkte«, der sie untersuchte und Urinkontrollen durchführte und dabei nicht bemerkte, daß sie zuvor Heroin gedrückt hatte.

Dieser Habitus, mit dem sich Vera erfolgreich den Anforderungen und Auflagen der sozialen Realität, den Institutionen der sozialen Kontrolle widersetzt und dadurch zugleich die Negativität dieser sozialen Realität aufzeigt, die den Fixer »kaputt« macht, wird aus der folgenden Sequenz deutlich. Vera hatte sich mit mir in einem Cafe verabredet, von dem aus man auf die Szene sehen konnte. Mitten in unserem Gespräch kam eine alte Bekannte an unseren Tisch:

S.: Was macht ihr denn für Interviews?

V.: Na, so über Junkies

S.: Über Junkies?

(S. und V. lachen lauthals heraus.)

V.: Ist nichts für Zeitung, nichts für Rundfunk, nichts fürs Fernsehen, keine Sensationsberichte, das ist 'ne reine Informationssache. Na, stimmt doch, ist doch richtig ausgedrückt?

I.: Ja, stimmt.

S.: Dann sammel mal, kannste gleich hier weitersammeln.

(Zeigt auf die Szene.)

V.: Gestern war ich den ganzen Tag hier und hatte so Schiß, eh, und habe nicht gedrückt. Bin ich so stolz drauf. (Schaut S. einige Sekunden an:) Du ballerst dich ja voll?

S.: Ich?

V.: Was ich noch sagen wollte, was is denn nun aus dem halben Päckchen geworden?

S.: Das hab ich mir noch im Flugzeug reingezogen.

(Kann sich das Lachen und Herausplatzen kaum verkneifen.)

V.: Haste das noch rausgekriegt? (Lacht.)

S.: Ja, und die haben mir doch prima mein Geldbeutel in die Hand gedrückt.

V.: Weißte was sie mir gegeben haben bei meiner Entlassung? Mein Löffel, mein Filter und meine Gun.

I.: Haben sie dir gegeben?

V.: Doll, so wirste entlassen aus dem Knast ...

...

S.: In Westdeutschland habe ich laufend Freizeitsperre gekriegt (lacht), ja, Freizeitsperre und zwei Tage Bau ...

V.: Ja, ich habe vier Tage im Bunker zugebracht. Da steht so ein verpisstes Bett.

S.: In Bayern kriegst 'n Nachthemd an, bis zum Knie, ich habe mich da halb tot gelacht ... da ist so 'ne Latrine in der Ecke (lacht). Ich hab mich kaputtgelacht. Und da haben irgendwelche Männer, weil da auch Männer in dem Knast waren, die haben da noch irgendwie Tabak reingebracht. Das war also fürn Arsch. Ich war in A., und im größten Zuchthaus in N. war ich auch 'ne Woche, da ist die Wehrter[33] 'n Kindergarten dagegen.

V.: Ja, ich weiß.

S.: Zucht und Ordnung!

V.: Sicherheit und Ordnung!

S.: Die Klamotten, die du da anhast, wenn du mich da gesehen hättest, du hättest dich totgelacht. (Lacht.)

...

V.: Ich geh arbeiten!

S.: Ja, ich bin arbeitslos gemeldet.

V.: Ich hab mir selber Arbeit gesucht.

S.: Ich will nicht arbeiten gehen, ich will nicht arbeiten gehen.

V.: Warum denn nicht?

S.: Weil ich so viel zu tun habe. Weil ich fahre jetzt zwei Wochen zu meinem Vater, dann will ich in Urlaub fahren, und dann fahr ich nach München und dann komm ich her.

V.: Und ballerste dann?

S.: Weiß ich nicht!

V.: Aber du ballerst wieder?

S.: Glaub ich nicht!

V.: Ne? Schön wärs!

...

S.: So die ganzen Leute von früher, alle für 'n Arsch. Hab ich nichts mehr am Hut. Und mit so abgewichsten Schlampen komme ich auch nicht zurecht.

V.: Ne!

S.: Ich will nur gucken, was die B. macht, weil die muß wieder wahnsinnig drauf sein, und der schlag ich so eine in die Fresse, wenn ich die da unten seh! Da sitze ich hier und schreibe Karten.

...

V.: (Nachdem S. sich verabschiedet hatte) Mensch, die ist total zugedröhnt mit Alk (Alkohol, PN).

Dieser Gesprächsabschnitt zeigt, wie wichtig es den beiden ist, das eigene Durchhaltevermögen in bestimmten Grenzsituationen gegenseitig auszutauschen. Dabei hebt Vera besonders hervor, daß sie die Konfrontation mit der Szene durchhält, ohne bisher abhängig geworden zu sein; S. hingegen demonstriert, daß sie zwar eingesperrt wurde, sich dadurch aber nicht verändert hat: über die Haftbedingungen hat sie sich totgelacht, Freizeitsperre und Bau konnten sie nicht erschüttern, kurz: sie war nicht klein zu kriegen. Im Gegenteil, sie hat sogar die sozialen Institutionen überlistet, indem sie ein halbes Päckchen Heroin, das ihr vermutlich Mitarbeiter einer sozialen Institution in ihrem Geldbeutel zurückgegeben haben, herausgebracht hat.

Auch Vera spricht die Unfähigkeit der Institutionen an, wenn sie darauf verweist, daß ihr nach der Haftentlassung die Utensilien zurückgegeben wurden, die sie für einen Schuß benötigt. Vera und S. machen damit deutlich, daß die Institutionen der sozialen Kontrolle mit dem Problem Fixer nicht fertig werden können: »Es war alles so für 'n Arsch.«

Wesentlich für Szenehabitus ist die Geste des Durchhaltens und des Verweigerns: im subkulturellen Lebenszusammenhang verhält sich der Fixer »cool« und distanziert sich damit von der Außenwelt. Die soziale Realität ist für die Fixer in zwei diametral entgegengesetzte Welten aufgeteilt: in die eigene und in die fremde Kultur. In der Gesprächssequenz eben vergewissern sich Vera und S. gegenseitig der Zugehörigkeit zur Szene; mit der Geste des Durchhalten und Verweigerns ziehen sie die Grenze zwischen den beiden Kulturen. Sie befinden sich beide aber zum Zeitpunkt ihres Zusammentreffens außerhalb des Szenealltags und seiner Reproduktionsbedingungen, der Szeneökonomie, die durch den täglichen Streß der Geld- und Heroinbeschaffung, den drohenden Turkey und die Angst vor der Polizei die Mitglieder der Szene als »Drop-Outs« ausweist, die am Rande der Gesellschaft leben. Deshalb ist zwar ihr Gestus eindeutig auf die Szene ausgerichtet, aber ihre Orientierungen und Handlungsentwürfe sind diffus und widersprüchlich. Wann und ob sie wieder Heroin drücken werden, wissen beide nicht; nur eins steht für sie fest: mit den »Schlampen« auf der Szene haben sie nichts mehr gemein. Diese Diffusion ist Ausdruck eines subkulturellen Habitus von Individuen, die zwischen zwei Welten stehen und sich weder der einen noch der anderen zuordnen können, um daraus ihren Lebensentwurf und zielgerichtete Handlungsstrategien zu entwickeln.

»Ist das die Anmache von der Szene oder will ich vor einem Problem wegrennen?«

Vera ist sich ihrer Ambivalenz bewußt. Sie fragt sich, warum sie immer wieder so »unwahrscheinlich schußgeil« wird. Zu Beginn unserer Gespräche beantwortet sie diese Frage noch damit, daß sie nicht daran glaubt, »daß es die Anmache von der Szene ist, sondern einfach mal wieder ne Realitätsflucht begehen, weißte«. In einem späteren Gespräch, nachdem Vera mehrfach Heroin gedrückt hat, stellt sie sich die Frage:

> Ob es wirklich nur die Anmache von der Szene ist, oder ob das irgendein Problem ist, vor dem ich wegrenne, was ich aber noch nicht erkannt habe?

Obwohl sich Vera über ihr Verhalten noch im Unklaren ist, ist doch im Duktus dieser beiden Sätze eine wichtige Veränderung festzustellen. Geht sie in ihrer ersten Aussage noch davon aus, daß sie »mal wieder ne Realitätsflucht« begehen möchte, so fragt sie sich in der zweiten Aussage, ob es tatsächlich nur die Anmache der Szene ist, die sie »schußgeil« macht. Vera fühlt sich mehr und mehr von der Szene angezogen, sie verspürt »Lust« zu drücken. Das Realitätsprinzip, das sie in ihrer ersten Aussage in einervon therapeutischen und institutionellen Vorgaben übernommenen Formulierung als Realitätsflucht einführte, wird jetzt als »irgendein« Problem abgeschwächt, das sie bisher noch gar erkannt hat und vor dem sie wegrennt. Die »Anmache« der Szene wird nun nicht mehr abgewehrt, sondern innerhalb eines Konfliktes zwischen der Szene und Veras realen Problemen begriffen.

Vera weiß, daß sie sich in Gefahr begibt, wenn sie regelmäßig Heroin drückt. Sie provoziert damit sich und ihre Umwelt, und wenn sie erst einmal auf der Szene gelandet ist,

> macht (man) sich selber kaputt, man macht seine Umwelt kaputt, man engt sich total ein, der Lebensraum wird so eng begrenzt, der geht immer vom Ersten bis zum Zweiten, bis zum Dritten. Weiter kannst du gar nicht mehr denken. Und das will ich nicht mehr. Davor habe ich unwahrscheinlich Angst.

Das Leben auf der Szene bietet Vera keinen Halt, aber es bedeutet gleichzeitig Abwesenheit von Verantwortung:

> Weißte, auf der Szene zu sein ist keine Verantwortung. Also du schiebst alles von dir weg, du vergißt auch alles. Du wirst gleichgültig, phlegmatisch, dir geht alles am Arsch vorbei – ja, das ist eben halt die Szene, wa.

Leben auf der Szene ist begrenzt und reduziert sich auf Phlegma und Gleichgültigkeit. Schuld an dieser Misere ist in Veras Augen

> das System hier, der ganze Staat. Alle raus, mal wirklich neue Leute ranlassen, nicht nur die, die an ihre Karriere denken oder an ihre Knete oder überhaupt an die Knatter, sondern wirklich mal an die Menschen.

Die Leute in diesem Land haben – wie die eigene Familie – »alle 'ne Maske« auf. Für Vera hat jeder

> auf irgendeine Art 'ne kleine Maske auf. Auch du wirst eine tragen. Du wirst auch nicht, wenn dir jetzt zum Heulen zumute ist, da hinsitzen in die Ecke und rumheulen. Kannst du gar nicht, weil die Leute das gar nicht gewöhnt sind, daß einer seinen Gefühlen freien Lauf gibt. Ich finde, ah, ich hasse dieses In-das-Schema-Gepreßte (sehr betont). Darum gehen auch viele Jugendliche an Arsch.

Die Ursache des sozialen Elends liegt für Vera klar auf der Hand. Sie kennzeichnet die sozialen Beziehungen der Menschen untereinander als Schein, der die wirklichen Gefühle verdeckt. Sie beklagt, daß die Menschen ihr »wahres« Gesicht verbergen. Zwar haßt sie die Verhältnisse, die dies zulassen, aber sie ist auch unfähig, einen Gegenentwurf, geschweige denn Vorstellungen von einem anderen Leben zu entwickeln, in dem dieser Zwang aufgehoben ist. Stattdessen moniert sie die Schlechtigkeit der Welt, deren Opfer die Junkies sind:

> Am Endeffekt steht der Junkie doch wieder alleine da, wenn er nicht jemanden hat, der ihm hilft ... Guck mal, das ist ein ewiger Kreislauf. Ohne Wohnung kriegste keine Arbeit, aber ohne Arbeit kriegste auch keine Wohnung. Ja, was macht nun 'n Junkie, der raus kommt und nichts hat, der niemanden hat? Was macht der? Der fährt gezwungenermaßen dann wieder auf die Szene. Bloß um zu kieken, wo er mal pennen kann. Und automatisch drückt er auch wieder. Ich finde, das ist ein ewiger Kreislauf, der wird auch nie aufhören. Es sei denn, die schmeißen mal 'n bißchen weniger Geld, was weiß ich was, für ihre Autos raus, oder für

> ihre Häuser oder für ihre Villen, die Scheißbonzen da, oder 'n bißchen weniger Entwicklungshilfe fürs Ausland, sondern 'n bißchen mehr Entwicklungshilfe für uns selber ... Ich glaube, dann könnte man auch was machen. Was weiß ich, indem man Wohngemeinschaften unterstützt ... Und ich meine aus so 'm vergammelten Haus, was meinste, wie gerne 'n Junkie so selber was aufbauen würde. Wie ich das schon selber erlebt habe. Die würden bestimmt mit Freunden so 'n Ding zu renovieren und also, daß sie 'n Lebensraum haben.

Um die minimalen sozialen Phantasien, die hier aufscheinen, umsetzen zu können, fehlt es Vera freilich an konkreten Handlungsmöglichkeiten. Das »andere Leben« kann von ihr lediglich als Verweigerung gedacht werden. Es reduziert sich in ihren Handlungen auf eine Trotzreaktion, mit der sie einen letzten Rest von Eigenständigkeit gegen die schematisierende Außenwelt zu verteidigen versucht:

> Wenn ich gezwungen werden würde zu entziehen, 'ne Langzeittherapie zu machen, würde ich jede Möglichkeit nützen, zu drücken. Aber jede. Schon mal aus reiner Trotzreaktion, um den Leuten zu sagen, daß sie mich am Arsch lecken können, wenn ich nicht aufhören will, hör ich nicht auf. Und wenn sie mich zehnmal einsperren, und wenn du nicht aufhören willst, dann hörst du nicht auf. Und wenn du im Knast auf Alk kommst, aber irgendwas nimmst du, und wenn es Tabletten sind.

Im Gefängnis: »Entweder du wirst knüppeldicke hart, oder du wirst so weich gemacht, daß du echt nicht mehr lebensfähig bist.«

Die Erfahrungen aus der Rockerzeit und auf der Szene wiederholen sich für Vera im Gefängnis: auch während der Haft kann sie sich mit Gewalt durchsetzen und damit Anerkennung verschaffen. Während ihrer Gespräche mit mir sind die Erinnerungen an die Haftzeit noch sehr aktuell, ihre Gefühle sehr gespalten. Vera hat im Gefängnis zwar unter Zwang gelebt, aber

> schlecht war es nicht. Wenn du dich engagiert hast und wenn du dich arrangiert hast, also so mit Hausregeln, wa, und mit den anderen Inhaftierten, dann ging das schon.

Vera hatte sich im Gefängnis eingerichtet, genauso wie sie sich schon bei den Rockern und auf der Szene für ein Leben außerhalb der Normalität eingerichtet hatte. Sie identifiziert sich mit ihrer gesellschaftlichen Rolle als »Drop-Out«, weil sie damit eben Interesse, aber auch das Mitleid der Öffentlichkeit provozieren kann. Wie schon in anderen Zusammenhängen finden wir auch in Veras Rede über das Gefängnis jenen Gestus, mit dem sie die Gesellschaft durch die Negativität ihrer Existenz zu zwingen versucht, sie als Person anzuerkennen und zu akzeptieren.

Für Vera bedeuten dabei die Übernahme und das Ausleben der ihr zugewiesenen Rolle als »Drop-Out« nicht nur Identifikation mit ihrer subkulturellen Identität, sondern auch die Verlängerung dieser Identität in die Normalität hinein. Eine solche Überschreitung wird da sichtbar, wo Vera die Grenze zwischen eigener und fremder Kultur aufzulösen versucht. Auffallend ist insbesondere ihre Distanzlosigkeit gegenüber Polizeibeamten oder auch Wärterinnen im Gefängnis. Die beiden folgenden von mir beobachteten Szenen belegen eine geradezu familiäre Beziehung zu Mitarbeitern von Institutionen der sozialen Kontrolle.

1. Auf der Szene begegnen wir den beiden Polizisten, die Vera vor ihrer Festnahme beobachtet und dann festgenommen hatten. Vera ging auf die beiden zu und begrüßte sie überschwenglich. Vera findet die beiden Polizisten »ganz in Ordnung« und nannte einen von ihnen freundschaftlich »Rotbäckchen«.

2. Ähnliches passierte als Vera einer Freundin in Haft Kleidungsstücke bringen wollte. Als Vera vor dem Eingangstor stand, kam eine Schließerin heraus. Vera freute sich so herzlich über das Wiedersehen, daß sie versuchte, die Gefängniswärterin in die Arme zu nehmen.

Das Gefängnis als Fortsetzung der Szene ist für Vera Teil der Szenennormalität. Sie fühlte sich dort wohl und war doch

> isoliert von der Außenwelt. Es kommt keiner an dich ran. Weder die Eltern, noch Bewährungshelfer, noch irgendwelche Ämter. Nicht ein-

mal du selber kommst an dich ran. Na, ja, du denkst nicht über dich nach. Das kommt erst kurz vor der Entlassung.

Vera führt die Ursachen für die von ihr im Gefängnis aufgebaute Blockade gegen alle Einwirkungen von außen auf die Art und Weise zurück, wie Junkies im Gefängnis behandelt werden: nicht als Menschen, sondern als Nummern:

Nummer, Buchnummer Geschäftszeichen 302 BAS 110 und 84, ja, das bist du, das steht erst mal fest. Du bist kein Mensch, du bist nur noch ne Nummer. Und du darfst auch nicht deine Meinung vertreten, du darfst nichts sagen. Das heißt dann gleich, ja, du bist aufrührerisch und kriegst ne Meldung. Wenn du dich gegen den Einschluß wehrst, machst gleich Meuterei, ja und wenn du mal n Eimer Wasser rauskippst, dann ist das Körperverletzung. Angriff auf ne Strafvollzugsbeamtin. Das kann bestraft werden, von einem halben Jahr bis zu fünf Jahren Knast. Doll. Aber das ist uns mehr oder weniger egal, weil wir wollten uns halt nicht unterkriegen lassen.

Vorrangig geht es Vera im Gefängnis darum, Widerstand zu leisten gegen die Zwänge, die ihr von der Institution auferlegt werden. Sie will sich nicht unterkriegen lassen, will durchhalten. Das fällt ihr am leichtesten, wenn sie erst gar nicht über sich nachdenkt, sondern ihre Aktivitäten auf »Meuterei« konzentriert, oder sich zur Wehr setzt, indem sie »phlegmatisch« wird, wodurch

dir nachher alles egal (wird), ob du noch was drauf kriegst oder nicht. Wir haben da 'ne Braut, die hat bestimmt schon lange ihre Endstrafe überschritten, die sie wegen BTM (Betäubungsmittelgesetzt PN) gekriegt hat. Aber sie hat jetzt so viel drauf gekriegt, wegen Meuterei und Körperverletzung, daß sie bestimmt noch 2 Jahre hat. Und die hört nicht auf, die läßt sich nicht kleinkriegen ... die wird sich nie ändern. Dabei ist die astrein in Ordnung.

Der uneingeschränkte Widerstand (zu dem auch das Phlegma gehört) gegen die Disziplinierung – ohne Rücksicht auf eine mögliche Verschärfung der Haftbedingungen und die Erhöhung der Strafe – wird von der Szene mit Anerkennung belohnt. Sich selbst treu zu bleiben, sich nicht zu verändern und unterkriegen zu lassen, ist für Vera wie für andere Fixer eine Frage des Überlebens:

> Also im Knast, wenn du Langstrafe hast, verlernste du das Mensch-zu-sein. Das verlernst total. Entweder wirste knüppeldicke hart, daß du echt nur noch vor den Kopf haust, auch draußen nachher, daß du dann versuchst, deine Argumente auf körperliche Art durchzusetzen oder auf erpresserische Art, ei, oder du wirst so weich gemacht, daß du echt nicht mehr lebensfähig bist. Das wird aus dir gemacht. Das wird gemacht. Die schaffen das bei fast allen.

»Lebensunfähig« und »weich« gemacht wird man nach Veras Darstellung aber nicht nur im Gefängnis, sondern auch durch therapeutische Maßnahmen, wobei für Vera beide Versuche, Einfluß auf das Individuum zu nehmen, ein und dasselbe sind:

> Wenn du erst mal 'n therapeutischen Knacks weg hast, den kriegste nie wieder raus, nie wieder. Ich kenn genug von den Leuten, die sind mehr am Arsch wie früher.

Veras Widerstand gegen die Institutionen der sozialen Kontrolle und gegen die Versuche, sie zu disziplinieren, führt nicht zu einem anderen und braven Leben. Ihr Bild vom Leben erschöpft sich vielmehr in seiner Negativität, was heißt, daß die Menschen »sowieso« kaputt gemacht werden. Deshalb will sie auch bleiben, was sie aus sich gemacht hat und nicht noch mehr »am Arsch« sein, indem sie sich umkrempeln läßt. Sie will in ihrem Widerstand zeigen, wie Menschen kaputt gemacht werden – und macht sich selber kaputt , indem sie jede Veränderung ihrer subkulturellen Identität abwehrt.

Der Knastaufenthalt hat für Vera aber auch seine guten Seiten:

> Bei den Leuten habe ich mich wohl gefühlt. Im Knast selber, also die Institution an sich, is nicht. Die Gemeinschaft, die du jetzt unter den Leuten hast, das ist gut gewesen, weil das sind Leute, die zusammenhalten. Wenn irgend etwas gegen die Station von der Anstaltsleitung unternommen wurde, dann haben alle zusammengehalten: obwohl sie sich gegenseitig ablinken, sobald es gegen Außenstehende ist, halten sie immer zusammen.

Um sich gemeinsam zu wehren und nicht unterkriegen zu lassen, produziert die Szene im Gefängnis Verhaltensregeln, die denen auf der Szene außerhalb des Knastes entsprechen: Wesentliche Merkmale dieses Habitus sind Durchhalten, Sich-Durchschlagen, Nicht-Nachgeben, hart Bleiben, Cool-Drauf-Sein etc. Erfüllt man im Gefängnis die Anforderungen für dieses Szenehabitus besonders gut, dann wird man – wie Vera – zur Insassenvertreterin und zur Stationssprecherin gewählt.

Vera erzählt, daß sie aufgrund ihrer Fähigkeiten nicht nur die Interessen der Insassen gegenüber der Anstaltsleitung vertreten hat, sondern auch anerkannte »Anführerin« von »Meuterei« war. Um dies zu erreichen, mußte Vera zunächst von den anderen Frauen anerkannt werden, und das heißt, sie mußte sich

> in der Gemeinschaft etwas einfügen ..., das heißt, wenn du cool drauf bist, das heißt, wenn du keinen anscheißt, wenn du kein Schleimscheißer bist, wenn du kein Arschkriecher bist, wenn du zu deinen Leuten hältst, wenn du 'n offenes Ohr hast, du mußt eben nur in Ordnung sein.

Dieses Sich-Einfügen in die Gemeinschaft der Gefängnisszene bedeutet aber für sie nicht nur »zwangsläufig mitziehen«. Vielmehr:

> Du mußt deine eigene Meinung vertreten, dich nicht nur nach den anderen richten. Wenn du jetzt 'ne andere Meinung hast als die ganze Gruppe, dann mußt du auch hinter deiner Meinung stehen.

Um sie zur Stationssprecherin zu machen, müssen die anderen Insassen »Vertrauen« zu ihr haben. Außerdem muß eine Stationssprecherin die Fähigkeit haben, »wenn es sein muß (sich) handgreiflich durchsetzen (zu) können. Aber das kann ich ja nun (lacht), und nicht zu knapp«. Vera – und darauf legt sie großen Wert – hat diese »Vertrauensposition« im Gefängnis nicht einfach zugewiesen bekommen, sondern sie hat sich diese Position »erkämpft«:

> Das heißt, entweder bist eine von den führenden Leuten, oder du bist so 'n kleiner popliger Mitläufer, oder du bist 'n Schuhputzer, wa. Schuhputzer werden immer in Arsch gekniffen. Das sind aber auch die, die

> anscheißen, die bei den Beamten schleimscheißen, weißte ... Die also in Arsch kriechen. Für die führt der Weg zum Erfolg durch 'n Arsch. Ja, ei, und so was können wir da drinnen nicht gebrauchen.

Vera spricht hier vom Standpunkt eines Szenenmitgliedes. Sie erinnert sich an die noch sehr aktuellen Erfahrungen im Gefängnis. Dabei versetzt sie sich emotional erneut in die Rolle der Stationssprecherin. Für Vera ist es selbstverständlich, daß man »im Knast auch so ist, wie ich das eben erklärt habe«. Denn wer sich nicht daran hält ist »gleich erzogen worden, die haben gleich eine vor die Birne gekriegt, und wehe, da ist mal was gelaufen, oho«. Daß die internen Regeln eingehalten werden, dafür sorgte die Gruppe der »Roten«, die von der Anstaltsleitung von der »blauen« Gruppe getrennt wurden, um einen separaten Aufschluß der Zellen möglich zu machen. Die Auswahl der Gruppenmitglieder erfolgte durch die jeweilige Gruppe selber:

> Die Roten sind die, die entweder Langstrafe sind oder, na ja, das ist die Elite ... Weil bei den Roten, da wird nicht geklaut, die haben Aktivitäten, die überlegen sich mal, die machen 'ne Fete oder was ... das sind Leute, die wirklich was mit Gemeinschaft im Sinn haben ... und die Roten halten auch zusammen. Da wird keiner angeschissen oder auch, wie gesagt, keiner beklaut, da kann man die Hütte offen lassen, während man bei den Blauen sehr vorsichtig sein muß ...

Die »Roten« verstehen sich demnach als Szeneinstanz, die über die moralische Ökonomie der Szene wacht. Die »Roten« und die »Blauen« sind miteinander verfeindet und stehen in Konkurrenz zueinander. Das geht bis zu Massenschlägereien:

> Meistens kam dann das Räumkommando aus Moabit, und dann haben wir alle zusammengehalten. Das hat mir jetzt B. geschrieben, nur noch Votzen da. Und bei den Roten, das wird jetzt immer schlimmer, da fahren jetzt immer größere Schlampen ein, immer beschissenere Bräute, wa. Die muß man sich jetzt wirklich schon erziehen, mit Schellen und was weiß ich alles. Ich hab dir ja schon gesagt, ich fehle, ich muß wieder einfahren (lacht) ... Ich bin nun mal sehr temperamentvoll, und ich hab es auch nie anders gelernt.

Vera versetzt sich in ihrer Erzählung zurück in jene Zeit im Gefängnis, in der sie Erfolg und Gemeinschaft und Geborgenheit erfuhr. An ihren Reflexionen und ihren Erinnerungen ist sie bei sich und mit sich identisch. Im Sich-Erinnern an die Zeit bei den Rockern, in der Szene und im Gefängnis reflektiert Vera, was sie aus sich gemacht hat. Sie wirkt dabei selbstsicher und selbstbewußt. In diesen Sequenzen ihrer Erzählung ist nichts mehr von der unsicheren und labilen Vera zu erkennen, die wir zu Beginn unserer Analyse kennengelernt haben. Trotz aller Widersprüche und Malessen bei den Rockern, auf der Szene und im Gefängnis hat sie ein gutes Gefühl, wenn sie darüber spricht. Die Erfahrungen im Gefängnis hatten freilich nicht nur eine gute Seite, denn schließlich war sie ja auch »von der Außenwelt« abgeschnitten und eingesperrt. Vera distanziert sich deshalb auch am Schluß ihrer Erzählung von der Szene im Gefängnis und den »beschissenen Bräuten« dort. Im gleichen Atemzug aber bringt sie ihren Wunsch zum Ausdruck, wieder ins Gefängnis zurückzukehren, weil sie sich dort durchsetzen kann. Erneut drängt sich ihre Handlungs- und Orientierungsdiffusion in den Vordergrund. Für einen Entwurf in der Normalität, für ein »neues altes Leben«, ist das Erlebte letztlich keine identitätssichernde Orienttierungshilfe.

Therapieerfahrungen: »Ich laß mich nicht kaputt machen«

Ihre bisherigen Erfahrungen mit therapeutischen Maßnahmen faßt Vera so zusammen: »Die handeln so nach dem Motto, erst an Arsch machen, dann aufbauen.« Langzeittherapie bedeutet für Vera die »totale Isolation von der Außenwelt«, wo man zwar lernen kann mit seinen Problemen umzugehen, gleichzeitig aber wiederum abhängig wird von einer Gruppe: »Du wirst nie alleine leben können, nie.«

Dieser massiven Abwehrhaltung gegenüber therapeutischen Maßnahmen liegen konkrete Erfahrungen zugrunde. In einer längeren Gesprächssequenz erzählt sie, daß Fixer – ebenso wie Hausbesetzer – gerne alte Häuser wieder aufbauen würden, um sich damit zugleich einen »eigenen Lebensraum« oder einen »autonomen Raum« zu schaffen. In ihrer Reflexion auf die therapeutischen Maßnahmen grenzt sie aber nachdrücklich diese Selbsthilfevorstellung gezielt ab von den Aktivitäten der Selbsthilfegruppen, wie Synanon. Veras Argument gegen diese Gruppen ist immer wieder das gleiche:

> Die machen dich erstmal in Arsch und dann bauen sie dich langsam wieder auf. Ich würde das nie akzeptieren, daß ich mich in Arsch machen lasse, da sitze wie ein Häufchen Elend, vielleicht noch weine und sage, bitte, helft mir doch, ich bin das größte Arschloch der Welt, weil ich gedrückt habe. Das könnt ich nicht. Ich würde da höchstens aufstehen und würde dem ein paar in die Schnauze hauen. Das wäre meine Art von in Arsch gehen. Wenn ich merke mir tut einer weh, dann werde ich unheimlich schnell aggressiv.

Vera erzählt weiter: wenn sie jemand »kaputt machen will«, dann »klinkt sie aus« und wird »sehr jähzornig«. Sie sieht diese Reaktion keinesfalls als etwas Negatives, denn diese Aggressivität befähigt sie immerhin, sich gegen die therapeutische Einwirkung auf ihr Selbst und ihre subkulturelle Identität zu wehren:

> Also, ich könnt so manchen People vor die Fresse hauen, der mir wehtut. Aber nicht körperlich wehtut, körperlich wehtun, das wäre ja nicht mal so schlimm, das würde ich auf eine Art noch irgendwie mehr akzeptieren als wenn man jemandem seelisch wehtut, seelisch kaputtmacht.

Seelisch kaputtgemacht fühlt sich Vera von den Therapeuten, die ihre Lebensgeschichte problematisieren, ihr die Pathologie ihres Persönlichkeitscharakters vorhalten und ihr damit das Eingeständnis und die Einsicht abringen wollen, daß das, was Vera aus sich gemacht und wofür sie in der Subkultur gekämpft und gelitten hat, falsch und wertlos für ein normales Leben sei. Vera ist in ihrer Identität bedroht, wenn die Therapeuten sagen:

> Ja, diese Drogen bohren in deinem Ich, was weiß ich, in deiner Jugend oder Kindheit. Und dann so Beziehungen ... indem sie (die Therapeuten, P.N.) dir sagen, du gehst nicht zu dem, weil du den gerne hast oder weil du den liebst, sondern weil du den gebrauchen willst, um schneller ans Dope zu kommen, das wurde mir mal gesagt ... der Therapeut im Knast hat mir das gesagt ... du hängst daran (an der Beziehung, P.N.), daß das für dich ein schneller Schritt ist zur Szene. Ja, und das hat der

also mir so 'ne halbe Stunde erzählt, und dann kamen mir so langsam die Tränen, weil mir das ganz schön weh getan hat, was er mir so erzählt hat, weil ich das einfach nicht akzeptiert habe, was er mir da gesagt hat und, ja, dann habe ich dann ihm gesagt, also weißte, jetzt fang dich mal langsam, sonst fängste dir eine.

Im Fortgang dieses Gespräches hatte Vera einen Stuhl gegen die Tür geworfen. Daraufhin wurde sie in ihrer Zelle eingeschlossen, die sie »total in Klumpen« geschlagen hat:

Das versteh ich also darunter, einen Menschen irgendwo in den Arsch zu machen, also ihm überhaupt keine Chance zu lassen, wirklich nachzudenken, sondern ihn mit Sachen zu bombardieren und vollzutröten, ja, der sieht dann gar keinen Ausweg mehr, der fängt dann an zu heulen oder sitzt da wie so ein Häufchen Elend oder wie so ein Stückchen Scheiße.

Die Maßnahmen des Gefängnistherapeuten erfuhr Vera als Bedrohung, als »Auseinandergepflücken«. Diese Bedrohung war für sie so stark, daß sie versuchte sich aggressiv der Umklammerung zu entziehen. Sie wehrt sich auch jetzt noch gegen den Versuch des Therapeuten, ihr Scham und Schuld für das Elend in der Schule, in der Familie und in der Subkultur aufzuerlegen. Schließlich hatte sie keine andere Chance, etwas aus dem zu machen, was aus ihr gemacht worden ist, als die Wut gegen ungerechte Behandlung und gegen den maskenhaften Schein der herrschenden sozialen Beziehungen aggressiv auszuleben. Dabei rebelliert sie zugleich gegen Verhältnisse, die sie als Person und die Beziehungen der Menschen untereinander kaputt machen. Dieser identitätsstrukturierende Widerstand soll im Gefängnis gebrochen werden:

Wenn ich mal so 'ne Sauwut hatte und das aufgeschrieben habe, ja, so gegen den Knast gewettert habe, ihr Scheißfritzen und was habt ihr davon, wenn ihr uns einschließt und so, dann hat der mir erzählt, daß ich also in dem Satz, den ich dir eben gesagt habe, meine, ihr tut mir weh, aber ich laß mir nichts anmerken ... Da bin ich manchmal so irre geworden, daß ich also, ich wußte dann wirklich nicht mehr, was ich machen sollte. Ich habe dann dagesessen wie so ein Tier, der hat mich belauert wie so 'ne Spinne.

Veras Handlungsstrategie: Die Sabotage des Schicksals

In einer dieser Gesprächssequenzen, die immer wieder um das Problem des Kaputtmachens durch die Therapie kreisten, hatte Vera plötzlich und ganz spontan die Idee, daß sie sich eigentlich freiwillig einer Urinkontrolle unterziehen könne:

weil ich möcht ja gerne meine Tochter wieder haben ... und wenn ich mich diesem UK-Programm freiwillig unterziehe, geb ich mir eigentlich selber auch mehr die Chance, nicht zu drücken. Weil das kann ich gar nicht, das geht automatisch sofort zum Bewährungshelfer, wenn ich positive Werte habe ... Ja, das müßt ich jetzt langsam mal so in Angriff nehmen. Das wäre auch wieder was Positives, was ich denn meinem Bewährungshelfer zeigen könnte und bestimmt auch dem R., was den Richter tief beeindrucken würde ... damit ich die Kleine wieder kriege.

Bei der Interpretation habe ich diesen Erzählabschnitt zunächst im Sinne des bereits diskutierten Entschuldigungsverhaltens gedeutet, mit dem Vera ihre Angst vor der Zukunft zu überwinden versucht. Aber diese Erklärung konnte die Irritation, die die Sequenz innerhalb der Erzählung hervorrief, nicht beseitigen. Die Irritation beruht auf Veras Inszenierung dieser Szene, die einer weiteren Interpretation bedarf – der überraschende und spontane Übergang von der Beschreibung der Bedrohung durch Therapeuten, die Vera »wie eine Spinne« belauern, zur Ankündigung einer eigenen Initiative. Die Deutungsarbeit führte dazu, die Szene nicht nur aus einer psychischen Abwehrstrategie zu erklären, sondern auch aus einer mehr oder weniger bewußte intentionalen Strategie. Eine derartige Strategie habe ich nicht nur bei Vera vorgefunden. Sie ist gekennzeichnet durch die Umkehrung der »normalen« Hierarchie zwischen den Institutionen der sozialen Kontrolle und den Handlungsentwürfen der Fixer. Diese Umkehrung erfolgt durch die Übernahme – oder Ankündigung der Übernahme – der Initiative, die zur Änderung des eigenen Lebenszusammenhangs führen soll. Dadurch gelingt es den Fixern offensichtlich, den drohenden Eingriff der sozialen Kontrollinstanzen in die Individualität zu umgehen. In diesem Zusammenhang ist Veras spontane Äußerung, sich »freiwillig« einer Urinkontrolle zu unterziehen, um dem Bewährungshelfer etwas »Positives« zeigen und den Richter »tief beeindrucken« zu können, als eine Geste zu deuten, mit der sie ihren guten Willen demonstriert und zugleich durch die Übernahme therapeutischer Argumente und Anzeichen der »Freiwilligkeit« versucht, den therapeutischen Eingriffen ihre Begründung zu entziehen.

Diese Handlungsstrategie geht einerseits auf Veras defizitäre Persönlichkeitsstruktur zurück. Andererseits basiert sie auf realen Lernerfahrungen mit der Szene und aus der Auseinandersetzung mit den Institutionen der sozialen Kontrolle, die die aktuelle Form von Veras Persönlichkeitskonstitution geprägt haben. Erinnern wir uns: Vera hat das Gefühl, den Institutionen der sozialen Kontrolle nicht »offen und ehrlich« gegenüber sein zu können, weil sie sonst Nachteile befürchten muß. Der Umgang mit den Institutionen ist für sie eine Prüfung, wie gut sie lügen kann. Der von den Institutionen der sozialen Kontrolle ausgehende Zwang zur Unterordnung und Unterwerfung unter die herrschenden Normen führt dabei zu Verhaltensweisen, in denen die eigenen Motive im Kontext verbaler Anpassung nur noch (symbolisch) als Geste artikuliert werden können. Folglich handelt sich sich bei der Strategie der Umkehrung um eine quasibewußte, die aus dem Inneren kommt und der doch eine Absicht zugrunde liegt.

Gleichwohl ist Veras Motiv, durch die selbstauferlegte Kontrolle den nächsten Schuß zu verhindern und die Tochter von der Mutter zurück zu bekommen, durchaus kein vorgeschobenes. Vera will dies durch ihr eigenes Tun zustande bringen, sie will ihr Leben neu gestalten. Aber die praktischen Möglichkeiten, in ihrer jetzigen Situation verstellen ihr, wie wir gesehen haben, die Möglichkeit, sich selbständig aus der Misere herauszuarbeiten, weil dies den Rückgriff auf wesentliche lebensgeschichtliche Erfahrungen zur Voraussetzung hätte. Da ihr nicht nur die Verwirklichung dieser Absicht durch die herrschende Politik und die Dispositive der Macht verwehrt wird, sondern ihr Anpassung abverlangt wird, kann Vera diese Erfahrungen nun auch nicht mehr aussprechen, wenn sie es tatsächlich ernst meint mit ihrem »neuen alten« Leben. Der Versuch, die eigene Geschichte und die eigenen Motive doch noch zu retten, nimmt die Gestalt der Anpassung an.

Diese entverbalisierende Strategie, mit der sich Vera dem Vorwurf der Therapieunwilligkeit und den darauf basierenden Eingriffsrechten der therapeutischen und strafrechtlichen Institutionen entzieht, um damit zugleich ihr Selbst zu retten versucht, ist eine jener aufgezwungenen und die eigenen Interessen und Bedürfnise der Fixer verschleiernden subkulturellen Verhaltensweisen, mit denen sich Fixer anpassen, um wenigstens ein bißchen von dem zu erhalten, was sie sich wünschen.

Derartige Gesten sind bedeutsam für das Verstehen der spezifischen Strategie des Widerstandes, den Vera vorrangig als Trotz artikuliert. Sie verteidigt sich, indem sie die in der Rede über den Therapeuten aktualisierten und ihr Ich bedrohenden Über-Ich-Forderungen auf eine spezifische Weise abwehrt. In diesem aus praktischen Lernerfahrungen mit den Institutionen der sozialen Kontrolle entstandenen Abwehrmanöver verhindert Vera einen völligen Bruch mit der eigenen, an die Subkultur gebundene Lebensgeschichte und der eigenen Identität als »Drop-Out«. Schließlich würde dieser Bruch ja auch heißen, sich durch Selbstverleugnung zu verstümmeln. Aber diese Strategie von Anpassung und Abwehr, durch die sie versucht, ihr Ich zu retten, hat ihren Preis: sie verhindert die Verbalisierung der eigenen Interessen sowie die diskursive Auseinandersetzung mit der sozialen Umwelt.

Die Artikulation der eigenen Motive, Interessen und Bedürfnisse, die hier durch die Umkehrung der Hierarchie zwischen Anpassungszwang und Eigeninteressen der Fixer erfolgt, ist auf die Geste des Widerstandes beschränkt. Dieses gestische Verhalten entspricht der Form, in der Vera innerhalb eines realen widersprüchlichen Systems die Verteidigung des Selbst und die verinnerte Aggression gegen die gesellschaftlichen Anforderungen, die außerhalb des eigenen Motivsystems des Ich liegen, aufrecht zu erhalten versucht. Das System von Widersprüchen (der nahe der Psychose liegenden Neurose), das ihr hierzu zur Verfügung steht, äußert sich als Streß (Streß verstanden als Symptom von Charakterstörungen).

> Ja, ich will, ich will nicht mehr drücken, ich will auch nicht mehr drauf, aber ich weiß nicht wie, ich weiß auch nicht, wie ichs machen soll.

Vera sieht die Ursachen für dieses Handlungsdefizit in dem Druck, den die Gesellschaft auf sie ausübt, in den »zu hohen Ansprüchen« der Beratungsstellen und dem Druck der sozialen Umwelt:

> Wenn du schon mal umgefallen bist, deine ganze Umwelt, die hat doch gewisse Erwartungen an dich, egal wer jetzt davon betroffen ist. Ob das Eltern sind oder Großeltern oder Bewährungshelfer oder Richter oder Freunde, wenn du welche hast.

Die Erwartungen, die man an sie als Ex-Fixerin, an den »Drop-Out« hat, machen Vera zu schaffen, denn implizit liegt diesen Erwartungen die Negation ihrer sozialen Identität als »Drop-Out« und damit ihrer Realisation als Person zugrunde. Etwas hilflos klagt sie die individuelle Anstrengung ein, mit der sie sich, dagegen zu behaupten versucht:

> Ich muß da was leisten, und ja ich muß ja schon was leisten, wenn ich mich selber belüge, verstehst du, was ich meine? Ich muß schon 'ne Leistung vollbringen, um mir meine Illusion aufrecht zu erhalten, daß ichs alleine schaffe. Ich weiß das alles, aber, ich kann das auch alles sagen, aber wenns drauf ankommt, mach ich 'n Rückzieher.

Aus dieser klagenden und einklagenden Sequenz spricht Veras Angst, jemandem – oder einer Institution – ausgeliefert zu sein. Sie fügt auch hinzu, daß es ihr »unbequem« sei, sich auf die Beratungsstellen zu begeben und vielleicht eine Langzeittherapie zu machen. Vielleicht, überlegt sie dann weiter, geht sie nicht in eine Therapie, weil es ihr

> vielleicht, eventuell, unter Umständen weh tun (würde), indem ich vielleicht auch erkenne, daß ich zu schwach bin, alleine durchzuhalten. Weil, ich muß ja 'n starken Mann markieren, muß ich. Schon mal zu

> Hause bei meinen Eltern. Was denkste, wie oft mein Vater oder meine Mutter mich fragen, na, wie fühlst du dich denn? Was sag ich denen? Wenn ich sagen würde, ei, ich fühl mich beschissen, ich weiß nicht warum, ja, ich überlege, ob ich 'n Rückfall machen könnte, ich hab 'n Rückfall gemacht, da wäre zappenduster. Wär Polen offen. Zum Beispiel mit meiner Mutter kann man sich ziemlich offen über alles unterhalten, aber nie über Fehler, die sie gemacht hat.

Vera kann ihrer Mutter gegenüber genauso wenig ihre wirklichen Gefühle zeigen und mit ihr darüber sprechen, wie sie dies in den Therapieeinrichtungen tun kann. Vera muß sich verstellen, »den starken Mann spielen« oder, wie sie in einem anderen Zusammenhang sagte, »eine Maske aufziehen«. Sie empfindet es offensichtlich als Defizit, daß die Auseinandersetzung mit der Mutter immer nur über die eigenen Fehler, über ihr Versagen möglich ist, niemals aber über den Mangel, den sie empfindet.

Die Form der Auseinandersetzung und die inhaltlichen Forderungen, die die Gesellschaft wie die Mutter an Vera stellen, entsprechen anderen Kriterien als Veras. Die Diskrepanz zwischen ihrem Willen, selbständig zu sein, und den Möglichkeiten, die ihr unter dem Zwang zur Normalisierung zur Verfügung stehen, erscheint ihr unüberbrückbar. Vera sieht sich mit dem realen Problem konfrontiert, daß die sozialen Institutionen ihr das Geständnis abringen wollen (denken wir an die Szene mit dem Bewährungshelfer), daß sie ihr Leben nicht selbständig gestalten könne – und genau dies will sie nicht zugeben.

Veras Schwächeeingeständnis verweist so einerseits auf Handlungsdefizite, die auf Störungen in ihrer Persönlichkeit zurückzuführen sind. Berücksichtigt man andererseits aber bei der Deutung von Veras Handlungsstrategien deren Struktur als ein System von Widersprüchen, das Vera zu ihrer Realisierung in der sozialen Welt zur Verfügung steht (der Streß oder die Neurose), dann ist die Form, die diese Widersprüche als »Geständnis« oder »Geste der Anpassung« annehmen, nicht aus der Regression und den frühkindlichen Konflikten Veras zu verstehen, sondern aus den realen Erfahrungen mit den herrschenden Unterwerfungs- und Disziplinierungsmechanismen der Dispositive der Macht und den alltagspraktischen (sub-)kulturellen Handlungsstrategien, die sie in diesem konkreten politischen Unterdrückungszusammenhang hervorbringt. Erst in diesem Interaktionszusammenhang wird verständlich, warum Vera selbst die Ursachen ihres Handelns als Charakterschwäche definiert und der therapeutischen Aufklärungsarbeit und deren Eingriff in ihre »abweichende« Individualität den Wind aus den Segeln nimmt. Diese Betrachtungsweise zeigt des weiteren, wie Vera ihre Ohnmacht und Schwäche sowohl ihrer Familie als auch der Gesellschaft, die ihr Leid angetan haben, zum Vorwurf macht:

> Ich meine, es ist normalerweise selbstverständlich, daß ne junge Frau arbeiten geht, wenn also, wenns nicht anders geht, wenn der Mann nicht da ist, oder weiß ich. Trotzdem, ei, das nervt mich schon wieder alles so. Ich habe ... ja, das ist auch schon Verantwortung, die ich habe, weißte, die mich belastet, weißte, mit der Arbeit. Deshalb war ich ganz froh, daß die Ärztin mich krankgeschrieben hat. Andersrum gesehen, wenn ich zu Hause rumhänge, dann ist das halt langweilig, und wenn ich dann die Fresse von meiner Mutter sehe, dann werde ich bockig und aggressiv und ... Ich weiß eben nicht, was ich machen soll. Und wenn ich jetzt mit alten Junkies zusammenkommen würde, ich würde ... automatisch würde ich wieder drücken, automatisch.

Mit der Drohung, sich wieder in die Abhängigkeit und damit in die Szene zu stürzen, will Vera ihre Mutter, ihre Familie, aber auch die Gesellschaft treffen. Sie will die Realität provozieren, um sie zu zwingen, ihre Trauer über das, was ihr bisher verwehrt wurde – die Liebe der Mutter, Geborgenheit und Anerkennung durch die sozialen Verhältnissen – zu akzeptieren.

Im Kontext der bisher analysierten Handlungsstrategie Veras verstehen wir nun, warum sie zur Beratung geht: nicht, um sich »selber etwas zu beweisen«, sondern

> um eben anderen meinen guten Willen zu zeigen. Von mir selber aus hab ichs nun nicht gemacht, bin ich zu feige zu. Ich meine, ich weiß das ja alles. Tja, ich kann dir hier erzählen und erzählen was ich machen könnte, was ich aber nie machen werde, jedenfalls im Moment nicht.

Vera verweigert trotzig die Angebote der Beratungsstellen. Sie begründet das mit einer Charaktereigenschaft: sie sei feige und schwach. Abermals greift Vera das psychologische Argument auf, das den Zugriff der Institutionen auf das Individuum rechtfertigen soll, und schützt damit ihr Ich gegen Zugriffe von außen: indem sie zur Aufrechterhaltung der eigenen Motive die Forderungen der Institutionen der sozialen Kontrolle umgeht.

Diese Selbstkonzeption wie auch ihre Handlungsstrategien, die von Stärke und Schwäche, von Strategien, die einerseits vom Ich wegführen (schwaches Ich) und andererseits das Ich unterstützen (deliquentes Ich), gekennzeichnet sind, hat Vera aus ihren aktuellen Erfahrungen nach der Haftentlassung und im Sich-Erinnern an ihr bisheriges Leben hervorgebracht. Es wird deutlich, daß Vera auf einen subkulturell eingeübten Habitus zurückgreift, um ihre eigene Identität in der aktuellen Lage aufrecht zu erhalten: die Verweigerung der Unterwerfung unter den Zwang der Kulturanforderungen wird zum Identitätsmanagement – freilich ohne bloßer Verweigerung hin zu einem besseren Leben überschreiten zu können.

Dieser Habitus basiert auf dem Wissen Veras, daß sie sich in ihrer eigenen Geschichte in der Tat immer dann relative Autonomie erkämpfen und relativ unabhängig vom familialen Zusammenhang leben konnte, wenn sie sich mit Gewalt durchsetzte. Die Voraussetzung hierzu war – wie wir gesehen haben –, daß sie lernte zu hassen. Außerdem fand sie in der Subkultur der Rocker und auf der Fixerszene das soziale Feld, auf dem sie sich trotz der dort herrschenden Gewalt und Selbsterniedrigungen leben kann. Diese lebensgeschichtlich konstituierten und personalisierten Erfahrungen bilden die Basis für jene alltagspraktischen aktuellen Handlungsdispositionen die Vera die Sicherheit vermitteln, daß sie sich in der Subkultur durchsetzen und trotz des miserablen Alltags auf der Szene subjektive Befriedigungen erzielen kann, die immernoch über die Bedürfnisversprechen der »Normalkultur« hinausgehen. Veras Wissen um diesen Zusammenhang stützt sich auf die Erfahrungen der eigenen subkulturellen Lebensgeschichte. Sie bilden das Material, mit dem sie das Vergangene als Entwurf in die Zukunft verlängern kann. Ihre Alltagserfahrungen in der Subkultur konstituieren ihre Subjektivität; deshalb hat sie Angst, ihre Identität zu verlieren, wenn sie die Brücken zu ihrer eigenen Geschichte abbricht. Solange Vera ihre eigenen Motive für ein Leben außerhalb der Szene nicht entfalten kann, sondern diese ihr von außen als Normalitätsnormen aufgezwungen werden, wird für sie ein Leben in der »Normalität« stets die Spuren eines grundlegenden Bruchs mit der eigenen Identität tragen.

Immer wieder müssen wir uns (vgl. Kapitel 3.0 über die Dispositive der Macht) bei der Betrachtung der Erfahrungsstruktur von Fixern vor Augen führen, daß die Werte, Normen und die kolonialisierten Verhaltensweisen, die das Leben auf der Szene konstituieren, aus einem gesellschaftlichen Strukturkonflikt hervorgehen, den wir als Widerspruch von eigener und fremder Kultur und als Ausdruck eines Normalitätsentwurfs beschrieben haben. Die Inszenierung der Erfahrung des Bruchs zwischen subkulturell erworbener Identität und dem Leben in der Normalität ist in diesem Kontext Teil der Strategie der Macht: nur so kann die gesellschaftliche Fabrikation der Drogenabhängigkeit in die Schuld von vereinzelten Einzelnen überführt werden.

Die in der Subkultur eingeübten Verhaltensweisen und kulturellen Praktiken sind gegen die »normale« Kultur auf die Aufrechterhaltung der Motivimpulse der »Drop-Outs« gerichtet; gleichzeitig wird verhindert, daß die von der Kultur auferlegten Versagungen von den Fixern internalisiert werden können. Unter dem herrschenden repressiven Umgang den Drogenabhängigen erfolgt der Übergang von der Abhängigkeit in ein Leben ohne Drogenabhängigkeit fast immer unter Zwang und basiert nicht auf den Lernerfahrungen und der Einsicht der Abhängigen. Die »Normalität« erscheint deshalb, wie das Beispiel Vera zeigt, als ein Zwangsverhältnis, durch das Fixer gegen ihren eigenen Willen und ihre Absicht, sich selber als Person zu leben, normalisiert werden. In diesem Zusammenhang sind Labilität und Handlungsdefizite Veras nicht einfach auf individualgeschichtlichen Defizite zu reduzieren (dies entspräche der Strategie der Macht), sondern darzustellen als Ausdruck der politisch und sozial produzierten Angst, die eigene Identität zu verlieren. In diesem Sinne sind Veras Handlungsstrategien und auch ihr Motivsystem zu verstehen, die auf ein Leben in Eigenregie gerichtet sind, aber der faktischen Lebenssituation wie auch der psychischen Problemlage nicht standhalten[34], was zu jene Empfindungskomplex führt, den wir Streß genannt haben.

Der von der herrschenden Drogenpolitik produzierte Zwang zur Normalisierung basiert auf dem Bruch des Individuums mit den lebenspraktischen Erfahrungen in der Subkultur und nicht auf der Vermittlung von Lernerfahrungen, die am Rande der Gesellschaft nicht nur als individueller, sondern als gesellschaftlicher Mangel von den Fixern gemacht und durchlebt werden. Veras ambivalenter Entwurf eines »neuen alten« Lebens ist letztlich auf diese spezifische Form des Zwangs zur Normalisierung zurückzuführen, weil sie dadurch gezwungen wird, sich gegen die eigene erlebte Geschichte, d.h. gegen das, was sie aus sich selber gemacht hat, zu wenden.

Vera hat sich innerhalb des relativ autonomen subkulturellen Lebenszusammenhangs bei den Rockern, auf der Heroinszene und im Gefängnis personalisiert. Sie hat auf diesen »Szenen« das ihr angetane Leid und die ihr von der Familie und der Gesellschaft zugewiesene Rolle als »Bastard« in der subkulturellen Lebensweise als »Fixerin« aufbewahrt und zugleich überschritten. Das Manko des Erlebten und die Entdeckung der eigenen Abweichung von der Normalität macht sie dabei zum Mittel der eigenen Realisierung: Vera personalisiert sich durch die lebenspraktische Enthüllung ihres »Anders-Seins« in der spezifischen Lebensweise der Subkultur. Dadurch hat sie ihr Selbst gegen den Zwang der Normalität erhalten und sich als Individuum in der herrschenden Allgemeinheit hervorgebracht; zugleich hat sie sich als einzelne Allgemeine personalisiert, indem sie das sozial »Andere«, das sie zu dem machte, was sie als »Drop-Out« ist – die Familie, die Gesellschaft, die Institutionen der sozialen Kontrolle – umging (Strategie der Anpassung). Zugleich hat sie durch selbstzerstörerische Provokationen (Schlägereien, Heroin etc.) dem »sozialen Feind« seine eigene Ohnmacht im Umgang mit dem »Drop-Out« und Fixer Vera in einer Weise demonstriert, daß er zur Anerkennung ihrer »negativen« Existenz gezwungen war. Mittels dieser

Strategie hat Vera das ihr Vorgegebene innerhalb eines Systems von Widersprüchen überschritten. Die habituellen und psychischen Verfestigungen dieses kulturell einsozialisierten Systems freilich zwingen sich Vera auch nach der Haftentlassung beständig als Streß auf und äußern sich als »Labilität«, »eingeschränkte Realitätstüchtigkeit«, »Charakterstörungen« und »Handlungsdiffusionen«. Denn gerade die herrschenden Normalisierungsstrategien machen ihr den Bruch deutlich, zwischen den eigenen Impulsen, das Ich selber zu kontrollieren, und den kulturellen Zwängen, die dies zu verhindern versuchen.

Soweit Veras Erzählung. Die beiden folgenden lebensgeschichtlichen Erzählungen wurden auf der Heroinszene in Berlin aufgezeichnet. Wieder bringt der geografische und lebensgeschichtliche Ort, von dem aus erzählt wird, eine spezifische Art und Weise der Selbstreflexion und Themenauswahl durch die Befragten selber hervor. Im Gegensatz zu dem Veras ist das Denken und Handeln von Michael und Ulla nicht durch die Suche nach einem zukünftigen Entwurf bestimmt, sondern wesentlich durch die Ökonomie der Szene sowie die dort immer präsenten Gewalt- und Herrschaftsverhältnisse, wie sie die Institutionen der sozialen Kontrolle praktizieren. Diese schlechte Realität der Szene bildet das Selektionsraster, durch das die beiden das Erlebte in der Familie und auf der Szene erinnern und als Erfahrungszusammenhang für die zielgerichteten alltäglichen Aktivitäten und den aktuellen Lebensvollzug neu zusammensetzen. Dabei zeigt sich, daß in dem kolonialisierten Lebenszusammenhang, in dem die Fixer auf der Szene überleben, ein zukünftiger Entwurf (als Möglichkeit der Überschreitung des Gegenwärtingen) nur noch als nächster Schuß denkbar ist. Dieser Sachverhalt prägt die folgende Rekonstruktion zunächst von Michaels, dann von Ullas erinnerten Erlebnis- und Erfahrungswelten.

4.2 Der Kämpfer: »Ich war die Revolution.« (Michael)

a.) Präsentation und Entwurf: »Die Szene ist wie 'ne Heimat«

Michael ist zum Zeitpunkt unserer Gespräche sechsundzwanzig Jahre alt und gehört zum harten Kern der Heroinszene. Er ist seit über zehn Jahren abhängig, die Szene ist für ihn inzwischen »wie 'ne Heimat«. Vor vier Monaten ist er zum letzten Mal (das wievielte Mal weiß er nicht mehr) aus einer Therapie abgehauen, wo er wegen einer Bewährungsauflage »immerhin 3 Monate« geblieben war. Als ich Michael das erste Mal traf, war er seit ein paar Wochen mit Ulla befreundet und hing sehr an ihr: »Ich bin sehr glücklich, wenn ich mit ihr zusammen bin.« Dabei betonte er immer wieder, daß er Ulla nicht wie seine letzte Freundin verlieren will, die an mit Strychnin versetztem Heroin starb. Die Freundschaft zwischen Ulla und Michael ist jedoch schon kurz nach unserem ersten Gespräch zerbrochen.

Michaels Präsentation der eigenen Lebensgeschichte ist stark geprägt von seiner aktuellen Situation auf der Szene: er hat große Mühe, für sich und seine Freundin Geld für Heroin zu beschaffen. Stattdessen ist er permanent vollgepumpt mit Tabletten. Die Erzählungen über seine Familie und frühe Kindheit vermischen sich immer wieder mit Gedanken über seine Situation auf der Szene und die Möglichkeit, Geld zu machen. Der zeitliche Ablauf lebensgeschichtlicher Ereignisse geht häufig durcheinander, sie werden nur punktuell oder auf Nachfrage in den Diskurs über die Szene eingefügt. Der Streß auf der Straße dominiert Michaels Erinnerungen an seine eigene Vorgeschichte. Was zählt, ist der nächste Schuß oder das nächste Vermittlungsgeschäft. Auch das Interview, für das er eine kleine Entschädigung bekommt, ist Teil seiner Szeneökonomie[35]. Im Gegensatz zu Veras Erinnerungen und Selbstreflexionen, die auf eine – wie auch immer geartete – Veränderung ihrer aktuellen Lage zielen, sind Michaels Reflexionen ganz auf das Überleben auf der Szene ausgerichtet. Hierzu muß er, um Geld und Heroin zu beschaffen, »kämpfen«. Diese Borniertheit kommt sowohl in Michaels Sprache zum Ausdruck, die oft an Bruchstücke eines schlechten Underground-Comics erinnert, wie auch in seinem Lebensentwurf: diesen beschränkt er in seinen eigenen Wahrnehmungen und Empfindungen auf die Alternative des Überlebens auf der Szene oder den Tod. Für Michael ist – so stellt er es selber dar – der selbstzerstörerische Kampf auf der Szene die letzte Möglichkeit, seine völlig zerrüttete und pathologische Identität zu wahren. Zugleich wird ihm (ähnlich wie Vera, aber in gesteigerter Form) diese Identität in seinen Handlungsstrategien zu einem Mittel, das ihn als Drop-Out zu einem subkulturellen Leben gegen die soziale Normalität befähigt.

Wie schon bei der Rekonstruktion von Veras Lebensgeschichte werden wir zunächst in einer regressiven Analyse versuchen, Strukturmerkmale von Michaels Konstitution aus der erinnerten familialen Beziehungsstruktur herauszuarbeiten. Auch bei ihm werden wir auf defizitäre Persönlichkeitsstrukturen stoßen, die auf problematische, in der frühen Kindheit liegende Erfahrungen verweisen. Es sei an dieser Stelle deshalb noch einmal daran erinnert, daß die vorliegende Rekonstruktion nicht die Verhaltensweisen von Fixern aus den Mechanismen und Funktionsweisen erklären will, deren Grundlage eben jene problematischen Erfahrungen sind. Vielmehr geht es darum zu zeigen, wie die Subjekte im Kampf um ihre inidividuelle Selbstbehauptung diese grundlegenden Verhaltensweisen abgewandelt und eine spezifische Form von Subjektivität entwickelt haben, in der sie das zu überschreiten versuchen, was aus ihnen gemacht worden ist.

b.) Die Familie: »Was ich von meinem Vater habe, ist Arroganz und Durchsetzungsvermögen«

Michael ist in einer Kleinstadt aufgewachsen. Seine Eltern ließen sich scheiden, als er sechs Jahre alt war. Von diesem Zeitpunkt an wurde Michael – wie er sagt – zum Ersatz seines Vaters: »Ich war mein Vater in dem Moment«. Nach der Scheidung hat Michael zwei Jahre mit seiner Mutter alleine gelebt: »Das war wahnsinnig schön. Sie hat sich wahnsinnig um mich gekümmert, war schon toll.« In dieser Zeit hat Michael dann auch »eine Menge Zärtlichkeit von ihr gekriegt.« Michael erzählt weiter, daß seine Mutter dann einen Mann kennengelernt hat. Es vergingen weitere anderthalb Jahre, bis Michaels Mutter auch über Nacht wegblieb und ihn zu seiner Großmutter brachte: Michael war »tierisch eifersüchtig«. Wiederum ein halbes Jahr später zogen Michael und seine Mutter »zu dem Typen hin«. Er dachte damals: »Der will mir meine Mutter wegnehmen.«

Mit seinem Vater hatte Michael ein »Eins-A-Verhältnis, bloß, die Sache so mit seiner Frau jetzt so, ich kam damit nicht klar«. Als er ihn im Jahr zuvor für zwei Monate besuchte (»Ich habe da auch nicht gedrückt in der Zeit«), fühlte er sich als das »dritte Rad am Wagen«, weil ihn seine Stiefmutter »immer noch als Kind« gesehen habe. Michael konnte diese Situation nicht aushalten und fuhr zurück nach Berlin, zu Leuten, mit denen er reden konnte, worüber er wollte: »wo ich halt mitreden konnte und ich wurde nicht so verhätschelt«.

Mit seinem Stiefvater hingegen kam Michael überhaupt nicht zurecht, weil dieser – wie Michael sagt – versuchte, »mein Selbstvertrauen zu zerstören, meinen Glauben an mich selbst. Er sagte immer, du bist sowieso nichts wert.« Inzwischen hat Michael nichts mehr mit seinem Stiefvater zu tun. Er hat sich von ihm »total getrennt«, als dieser anfing, die Mutter zu schlagen:

> Die Trennung war eben die, daß ich mit einem Kleinkalibergewehr vor ihm gestanden habe, ich bring dich um. Weil, es war Heiligabend, er hat meine Mutter verprügelt, ich hab gesagt, Mutti, komm in mein Zimmer, kommt er rein, bringe ich ihn um. Sie wußte, daß sie sich auf mich verlassen kann, weil ich halt ihr Sohn bin.

Immer wieder betont Michael, daß sein

> Stiefvater auf 'ne autoritäre Art so getan hat, als wenn er mein Vater wäre. Und ich habe ihn wieder daran erinnert, du bist nicht mein Vater. Ich war auch ziemlich aufsässig.

Mit siebzehn – damals war Michael bei den Rockern[36] – hat er sich mit seinem Stiefvater geprügelt und dabei selbst Schläge abbekommen, weil sein Stiefvater ihm »körperlich überlegen« war. Michael war das egal, er wollte seinem Stiefvater nur zeigen, »das mit dem Vater spielen läuft nicht«. Michael erzählt, daß ihm seine Kumpels damals »die gesamte Bewaffnung abnahmen«, Schlagkette, Schlagring usw., damit er sie nicht gegen seinen Stiefvater einsetzte und ihn totschlug. Von seiner Mutter erzählt Michael, sie habe angefangen übermäßig Alkohol zu trinken, als sie erfuhr, daß er heroinabhängig ist. »Sie merkte halt, sie hat mich ganz verloren«.

Michaels Mutter starb an Leberzirrhose, weswegen sich Michael aber keine Vorwürfe macht. Schließlich – erzählt er weiter – hat er den Tod seiner Mutter ja auch erst nach einem Jahr, im Gefängnis, erfahren, weil ihm sein »richtiger Vater« über ein Jahr lang einen Detektiv hinterherschicken mußte, um ihn zu finden:

> und die waren was weiß ich wo, in Marokko, in Spanien, in Frankreich usw., bis sie nach Berlin-Tegel kamen, wo ich im Knast war.

Dort sah er seinen Vater, nach acht Jahren das erste Mal wieder. Seine Worte erinnert Michael so: »Junge, du hast nur noch mich, sei vernünftig, ich möchte dich haben.« Nicht der Tod der Mutter ist in dieser Geschichte vom verlorenen Sohn von Bedeutung, sondern der idealisierte Vater, der Michael nie im Stich läßt.

Beschränken sich Michaels Beschreibungen seiner Beziehung zur Mutter auf »es war wahnsinnig schön mit ihr zusammen zu sein« und »ich war ihr ein und alles«, so beschreibt er seinen Vater stets als sein Vorbild:

> Er hat es geschafft, hat ein Drei-Familien-Haus, doch noch DM 60.000,- Schulden sind auf dem Haus, ... mit Grundstück, über 1.000 qm. Na ja, aber er hat 'ne Frau geheiratet, die, wie soll ich sagen, arrogant ist bis zum Geht-nicht-mehr, sich was einbildet auf den Mann und das Haus.

Für Michael ist sein Vater ein »Pfundskerl«, auf den er sich verlassen kann:

> und irgendwie, ich möchte noch sein Sohn sein, sein Kind möchte ich noch sein. Ich möchte einfach die Zeit nochmal zurückdrehen.

In seiner ausweglosen Lage sucht Michael Schutz bei seinem Vater. Über ihn erzählt Michael, daß auch er früher mit Morphium gehandelt habe und Zuhälter gewesen sei. Heute ist er Bohrmeister beim U-Bahnbau. Wie er, war auch sein Vater früher »anders«:

> Er ist ein Typ halt, er ist das Doppelte von mir. Echt ein uriger Recke. Ja, das einzigste, was ich von ihm habe, ist irgendwie, 'ne teilweise Arroganz, ja, und, doch ja, Durchsetzungsvermögen. Eben nicht zurückgehen, egal, was passiert. Wenn ich mir was vornehme, dann mach ich das halt, egal, in welcher Richtung. Außer halt mit dem Junk, da komm ich noch nicht mit klar, werd ich nicht fertig. Der ist stärker wie ich, ist echt stärker wie ich.

Immer wieder betont Michael in der Schilderung der Beziehung zum Vater die Hoffnung, daß ihn dieser aus dem Gefängnis holen, oder die Aufhebung des Bewährungsaufschubs rückgängig machen könne. Michael erzählt, daß sein Vater zwar zunächst »schockiert« war, als er merkte, daß er Heroin drückt. Aber »dann kam es durch, ich bin sein Sohn halt« und von diesem Zeitpunkt an habe ihm der Vater »urig geholfen«. Er wollte Michael damals schon aus dem Gefängnis rausholen, denn schließlich war er, meint Michael, für seinen Vater »das Liebste überhaupt«. Abermals »schockiert« war Michaels Vater, als er ihn das zu letzt vor einem Jahr im Gefängnis besuchte. Michael war völlig abgemagert, hatte eingefallene Wangen und lange Haare. Aber auch dieses Mal bezahlte Michaels Vater sofort die Geldstrafe, so daß er kurz danach frei kam. Dies erzählt Michael zweimal besonders emphatisch. Beidemal hält er jedoch fest, daß sein Vater zu ihm gesagt habe: »Wenn ich dich einmal im Haus erwische (mit Heroin P.N.), erschieße ich dich.«

Michaels idealisierende Darstellung der Vaterbeziehung wie seine betont distanzierte Haltung zur Mutter zeigen zahlreiche Brüche und Ambivalenzen, die auf den erlebten Mangel an Zuneigung und Liebe verweisen. Während unserer Gespräche sagt er einmal, daß die Beziehung zwischen seinen Eltern so intensiv gewesen sei wie jetzt seine Beziehung zu Ulla. Er glaube, daß die Beziehung zwischen seinen Eltern nur zerbrach, weil sein Vater »gedealt« und »geloddelt«

habe. Michael will damit sagen, daß die Ehe der Eltern nicht aus Mangel an Liebe zerbrach. In diesem Zusammenhang erzählt er weiter, sein Vater habe ihm im letzten Jahr anvertraut, daß

> die beiden sich getroffen und dann miteinander geschlafen (haben), und sie wäre gern wieder zu ihm zurückgegangen, also daß wieder alles gut wäre zwischen ihnen. Bloß, da war er wieder verheiratet mit seiner jetzigen Frau. Das ging also nicht.

Neben dieser romantisierenden Darstellung der Liebe zwischen Vater und Mutter, in der sich Michael sicherlich einen Platz wünscht, erzählt er aber auch, daß ihn beide Elternteile noch mit vierzehn oder fünfzehn Jahren für das »totale Kind« hielten »trotz der Erfahrung, die ich durchgemacht habe« (als Hippie, Rocker und Fixer, P.N.). Des weiteren beklagt er nachdrücklich, daß sich seine Eltern nicht genügend um ihn gekümmert hätten. In einem Brief, aus dem er zitiert, schrieb er ihnen:

> Aus einer wahnsinnig duften Minute von euch bin ich entstanden, aber kümmern gleich null. Zwar verhätscheln und machen und tun, aber Verständnis ist nicht da.

Michael verehrt seinen Vater, den »Pfundskerl«, gleichzeitig aber macht er ihn für die Trennung von der Mutter und den dadurch erlittenen Liebesentzug mitverantwortlich. Auch der Mutter weist er einen Teil der Schuld am Zerbrechen der Ehe zu: »Meine Mutter hat unheimlich gehetzt gegen ihn, so aus Haß oder Eifersucht, oder was weiß ich.« Die eigentliche Bedrohung seiner Person aber ging von der Existenz des Stiefvaters und der Stiefmutter aus, die ihm die Beziehung zu seinen Eltern verstellten und ihm dadurch die gefühlsmäßige Anerkennung als Sohn verwehren.

Soweit die Rekonstruktion von Michaels insgesamt knapper Rede über seine Familie. Immerhin wird deutlich, wie regressiv seine Erinnerungen an die Familie sind und wie sie in Duktus und Inhalt von der aktuellen Zwangslage gefärbt sind, in der er um sein Überleben kämpft. Gleichwohl können wir in seiner Erzählung Strukturmerkmale entschlüsseln, die Michael zum Einzelkämpfer gemacht haben.

Die Erinnerung an die Familie werden von der Beziehung zum

Vater beherrscht. Diese Schwerpunktsetzung basiert auf der Hoffnung, daß der Vater ihn aus der gegenwärtigen mißlichen Lage bald befreien wird. Kennzeichnend für die Beziehung zwischen Vater und Sohn ist, daß Michael seinen Vater idealisiert und zugleich zu seinem Kumpel macht. Michael glaubt, von ihm die wichtigsten Eigenschaften für den Lebenskampf mitbekommen zu haben: Arroganz und Durchsetzungsvermögen. Durch diese Eigenschaften und den Willen zum Kampf, den er mit dem Vater teilt, fühlt sich Michael seinem Vater gleichwertig.

Anders als die haßerfüllte Beziehung zum Stiefvater beschreibt Michael die Beziehung zu Vater und seiner Mutter ohne Rückgriff auf Gefühle wie Liebe und Haß: er spricht immer nur davon, daß ihn seine Mutter geliebt habe, sein Vater ihn noch liebe oder daß sich Vater und Mutter geliebt haben; niemals aber spricht Michael die Liebe zu seinen Eltern selber aus. Auch als er jene inzestuöse Phantasie erzählt, wie er schon als kleiner Junge in die Haut des Vaters schlüpfte und seinen Platz an der Seite der Mutter einnahm , wirkt seine Rede distanziert und auf die Darstellung der Notwendigkeit ausgerichtet: er übernahm die Rolle des Vaters, um die hilflose Mutter beschützen zu können.

All dies deutet darauf hin, daß Michael vermutlich niemals die Zärtlichkeit und die Liebe seiner Mutter oder seines Vaters wirklich erlebte. Stets tauchen Stiefmutter und Stiefvater als die Personen auf, die zwischen seinen Eltern und ihm standen und verhinderten, daß ihn die Eltern als Sohn anerkannten. Umsomehr bemüht sich Michael zu seiner eigenen Rettung, diese Anerkennung in seiner gegenwärtigen Lage heraufzubeschwören.

Michael betont als Mangel, daß er niemals als eigenständige Person, sondern immer nur als Kind behandelt oder nicht ernst genommen wurde. Er hatte keinen Platz im wirklichen Leben seiner Eltern. Zugleich paßte sich Michael aber der ihm zugewiesenen Ersatzvaterrolle an, was bedeutet, daß er den durch die Trennung seiner Eltern erfahrenen Mangel verleugnen und als aufgestauten Haß verinnerlichen mußte. Der erlebte Mangel, den wir bereits bei Vera als System von Widersprüchen beschrieben haben, den Streß und die sich entäußernde Neurose macht Michael – wie wir noch sehen werden – zum Mittel seiner Realisierung, mit dem er das ihm Vorgegebene zu überschreiten versucht: er nutzt es in seiner Personalisation als selbstzerstörerische Kraftquelle, die ihn befähigt, als Einzelner weiterzukämpfen und um jeden Preis in der Subkultur durchzuhalten.

c.) Personalisation: »Ich habe gekämpft, gegen mich und mit mir«

Die Hippiezeit: Das geile Leben

Seine Jugend beschreibt Michael wie folgt: »Ich war die Revolution an dem Ort ... (mit) langen Haaren, Lidschatten und lackierten Fingernägeln, Fußnägeln, Ohrringen etc.« Er wirkte schon früh erwachsen: »schon zur Konfirmation hat man mich mit Herr X. angesprochen«. Michael hat in der Hippiezeit 1969 angefangen, Drogen zu nehmen, es hat »Spaß gemacht«. Er wollte »so souverän und cool dastehen« wie seine Kumpel:

> Man hat es gemacht, um aufzufallen, um es den Alten zu zeigen, um zu zeigen, daß man besser drauf ist, daß man der Größte, die Revolution ist.

Dabei gesteht Michael ein, damals noch nicht gewußt zu haben, daß dies auch »zum Untergang führt«. Michael erinnert sich, daß er in seiner Hippiezeit anders und gegen die Erwachsenen leben wollte und lebte. Mit 13 Jahren war er der einzige am Ort,

> mit Felljacke und freiem Oberkörper und so, ausgefransten Hosen und barfuß. Fiel total auf. Ist sowas wie heute die Punks ... Ich wollte, daß mich die Alten in Ruhe lassen, die älteren Leute, weil die mit meiner Lebenseinstellung nicht übereinstimmten. Meine Einstellung war, einfach frei sein, tun und lassen können, was ich will, einfach was ich will. Wenn ich nachts das feeling kriege – ich habs damals gemacht – nach Straßburg zu trampen, 'ne Flasche Wein zu trinken, dann hab ich ich mich mit 'nem Kumpel an die Autobahn gestellt, bin hingetrampt.

In dieser Zeit schrieb Michael auch »Songs über das geile Leben«. Er findet noch heute, daß dies »ein gutes Leben war, so glücklich, so rumflippen zu können, frei zu sein«. Er erzählt von Reisen nach Spanien, Schweden und Frankreich, aber auch vom »Stunk« mit seinem Stiefvater, wenn er nach Hause zurückkam.

Bei den Rockern: »Abreagieren, Haß rauslassen, born to be dead«.

Mit fünfzehn oder sechzehn Jahren – der Zeitplan geht hier in der Erzählung etwas durcheinander – war Michael dann Mitglied einer Rockerclique:

> Wir sind mit den Karren rumgefahren, haben unsere festen Bräute gehabt, und damals war so Ort-gegen-Ort-Feindschaften. Wir hatten fast jedes Wochenende irgendwo ein Treffen wo's abging. So sechzig Mann gegen sechzig Mann. Die Bullen haben sich gar nicht blicken lassen. Ja, und dann hat einer von uns mal den Arsch vollgekriegt. Da hätte ich auch bald wieder Knast abgekriegt, weil ich wegen Körperverletzung halt auch vorbestraft war. Und, hatten wir Landfriedensbruch, Sachbeschädigung, versuchten Totschlag, mit so siebzehn Leuten zusammen. Weil wir jeder 'ne Wirtschaft, 'ne Kneipe total auseinandergenommen haben, 'nen Fußballverein. Und ich auch, damals hab ich auch gekokst, auf Koks mit so 'ner Axt da eingeritten. Es war mir egal, was passiert, ich war drauf. Die ja auch mit Billardschlägern usw. usf. ... Hat sogar Spaß gemacht teilweise. Abreagieren, Haß rauslassen. Wir sahen auch ziemlich bunt aus und so. Wir hatten einfach so die Gurte über die Lederjacke und hatten das EK hinten drauf, nur das EK und born to be dead, to go dead. Halt geboren, um irgendwie zu sterben, sind sie alle. Das war auch ein realistischer Spruch ... Born to be dead. Wir wollten halt zwischendurch leben.

Michael erzählt weiter, daß Kämpfen bei den Rockern ein »anderes Kämpfen« bedeutete als bei den Hippies, es war ein »Kämpfen über Aggression, immer Aggression.« Insgesamt war Michael über ein Jahr bei den Rockern, und es war für ihn ein »schönes Jahr«, wie in einer Familie: »Man war geborgen und sicher.« Aber er blieb bei den Rockern ein »Außenseiter«, weil er damals schon Heroin drückte. Auch hier hebt Michael den »Stunk« mit seinem Stiefvater hervor.

Als Michael auf die Rocker traf, fing er an, eine neue Art von Musik zu machen. Diese Musik würde er gerne auch heute wieder spielen, weil er in ihr seine Gefühle am besten auszudrücken könne. Im Sich-Erinnern an seine Musik und die Lieder, die er selbst schrieb, resümiert Michael nicht nur seine Versuche, etwas aus sich zu machen und sich als Person in jener Zeit zu realisieren, vielmehr zieht er die Bilanz seins ganzen Lebens:

> ich kann mein Feeling in der Musik klarmachen. Brain-Ticket ist teilweise ruhig, teilweise sehr chaotisch. So ist halt mein Leben. Ja, oder halt Sex-Pistols, daß die ganzen Aggressionen rauskommen ... Ich möchte sagen, das Leben war hart, hart und ungerecht, sehr ungerecht ... ich habe gekämpft ... gegen mich und mit mir ...

Michael macht in seiner Selbstdarstellung einen Formwandel der Handlungsstrategien deutlich, mit denen er sich selbst zu leben versucht, zwischen der Hippie- und der Rockerzeit. Bewegte sich dieser Formwandel bei Michaels Erzählung über die Hippies immerhin noch innerhalb von lustvoller Formen jugendkultureller Subjektivität (Reisen, Lieder von seinem Leben schreiben, »feeling«, »herumflippen«), so gipfelt seine Erinnerung an die Rockerzeit in der Feststellung, man wollte »zwischendurch«, auf den Tod hin leben: »Born to be dead«, »Born to go dead«.

Im Gegensatz zu seiner Aktivität in der Hippiezeit, die vorrangig auf Provokation der »Alten« und adoleszente Suche nach Identität zielten, sieht Michael die Rockerzeit ganz im Zeichen von Selbstdestruktion. Seine Erzählungen aus dieser Zeit sind sehr ausführlich. Sein betont cooler, aber emphatischer Erzählstil verrät, wie über die eigene Lage und die soziale Welt reflektiert und dabei ganz bei sich ist. Leben existiert in dieser Selbstreflexion nur als Provokation und Negation. Leben heißt für Michael: Kampf ums Überleben, sich an den Abgrund des Lebens ganznah heranwagen.

Sich kaputt machen, um sich als Einheit zu erhalten – das ist das Paradox, in dem Michael sich als Person schafft und erhält. Selbstzerstörung und Todestrieb sind in Michaels Seele zur Funktion eines Überlebenssystems geworden. Dieses System haben wir bereits bei

Vera als Streß (die Neurose als kollektives Phänomen) benannt. Es artikuliert sich in dem Zwang, einerseits die verinnerlichten Aggressionen – wie Michael sagt – als Haß rauszulassen und andererseits durch Abwehrmanöver das zu umgehen, was das Ringen des subkulturellen Ich um seine Erhaltung und Behauptung bedroht: den von der Kultur abverlangten und von den Institutionen der sozialen Kontrolle eingeklagte Aggressionsverzicht. In diesem Kontext sind die Ambivalenzen in Michaels Persönlichkeitscharakter und seinen Handlungsstrategien als Ausdruck eines unter familialen wie sozialen Bedingungen selbst hervorgebrachten Lebens zu begreifen wie auch als Ausdruck der Unmöglichkeit, das eigene Leben zu leben. Michael hat sich auf seine Weise dem als Mangel erlebten Leben angepaßt. Die als konflikthaft wahrgenommene Welt hat sich dabei als Streß verfestigt, der zugleich die Grundlage dafür ist, daß sich Michael am Rande der Gesellschaft, im Anders-Sein als Einzelner in der herrschenden Allgemeinheit hervorbringen konnte.

Die Szene: »Der Kampf ums Überleben ist das Härteste und das Gefährlichste überhaupt«

Für Michael ist die Szene ein Kampfplatz:

> Das Gefährlichste und Härteste überhaupt. Auch so die Linkereien. Weil, du mußt es ja irgendwo bunkern und machen und tun, beobachten, ob dir jemand zuguckt, wo du es bunkerst. Für die Brüder damals, ich will jetzt die Namen nicht nennen, mit den Dreien 'ne Schlägerei gehabt. Die schlagen mich zusammen, wollten mir das Dope abnehmen, fliege paar Meter weg, ziehe die Knarre: Wieviel braucht ihr denn? So 'ne Dinger sind auf der Szene passiert.

Vor allem die Überwindung der Angst vor der Polizei stellt ein Problem dar:

> Es war jeden Tag gefährlich. Du, ich stand schon bei Razzien auf der Szene, hatte nichts dabei, bin mitgenommen worden, hatte die Hose voll mit fast 30 Gramm, da sind die Bullen an mir vorbeigerannt.

In solchen Situationen empfand Michael sein Selbstbewußtsein als

»unheimlich geil«. Dabei war »der Kampf gegen die Bullen, das war ein Spiel.« Für Michael war es ein »Schachspiel«, bei dem er immer besser sein mußte, »ich mußte einfach, sonst hätten sie mich halt an Arsch gekriegt«.

Der Streß auf der Szene ist wesentlich auf die Aktivität der Polizei zurückzuführen, die nach dem Motto handelte: »einfangen und einsperren, Räuber und Gendarm«. Michael führt dies darauf zurück, daß die Fixer für die Polizei ein »Extraminimum der Gesellschaft« sind, das man »zertreten (darf), wie eine Ameise im Walde«. Irgendwann allerdings, sagt er, werden sich die Fixer dagegen wehren: »Mit der Knarre in der Hand.«

Wenn Michael über sein vergangenes Leben auf der Szene spricht, dann wiederholt er die erlebte »action« in seiner Sprache. Die erzählten Erfahrungen werden dabei auf Momentaufnahmen instinkthaften Handelns in einem hektischen Alltag reduziert:

> Ein ständiges Auf und Ab, mal oben, mal unten. Es war Kampf. Ich hatte auch die Paranoia. Guck mal, ich steige aus der U-Bahn. Zwanzig Kunden, Bullen, stehen da, zwanzig Kunden kommen auf mich zugerannt. Die Bullen checken natürlich sofort, was los ist. Ich meine, weg, verpisst euch. Gleich wieder in die U-Bahn gesprungen ...

Normalität

Zum Kampf, den Michael täglich mit und gegen sich selbst führt sowie gegen die Polizei, die die Stelle der Gesellschaft vertritt, kommt die Erfahrung des Elends auf der Szene:

> Wenn jemand am Ku'damm umkippt, 'ne Braut oder was, stehen so 50 Leute rum und ziehen darüber her, die Schlampe, wie sie aussieht. Aber daß es ihr einfach dreckig geht, das sehen sie nicht. Oft genug bin ich hin und hab gesagt, verpißt euch. Denen könntest du vors Maul schlagen, wollt ich schon. Ich raste dabei aus. Wenn die die Hintergründe wüßten! Wenn es ihre Tochter wäre, würden sie nicht da so stehen und darüber herreden. Ich kann mich da halt tierisch darüber aufregen. Für mich ist das halt normal. Ruf ich halt 'nen Polizeiwagen an, 'nen Krankenwagen an, einladen, weg ins Krankenhaus. Ich hab schon oft genug

Mädchen von der Toilette geholt da unten, oft genug. Meine Kleine ist letztes Jahr selber an einer Überdosis gestorben und von meiner jetzigen Braut der Freund vor drei Monaten. So 'ne Scheiße.

Der Kampf ums Überleben, Tod und Elend auf der Szene konstituieren für Michael eine Welt, die der herrschenden Welt diametral entgegengesetzt ist. Die Szene ist die andere Seite der Normalgesellschaft, Ausdruck einer Normalität, die Michael lediglich als Kaputtheit und Zerstörtheit denken kann.

Ich bin stolz, überlebt zu haben

Michaels Selbstverständnis innerhalb der Szene wird wesentlich dadurch bestimmt, daß er in dieser Welt zehn Jahre lang überlebt hat. Dies unterscheidet ihn von vielen anderen Fixern. Um sich auch in der Szene als besonderen Einzelnen darzustellen, grenzt er sich ab von der aktuellen Szene als Lebenszusammenhang sowie von anderen Fixern:

Die Szene ist der Abfuck überhaupt. Heute gibt es nur noch hinrennen, Geld machen, Dope kaufen und irgendwie ruhen. Man kann sich nicht mehr auf der Szene aufhalten. Die Leute, durch die damals das Verhältnis so geil war, sind tot.

Die Szene existiert für Michael inzwischen nur noch als Markt, auf dem er sich Geld und Heroin beschafft, die ihm für kurze Zeit Ruhe geben. Das war früher anders. Michael beklagt sich, daß man heutzutage auf der Szene kaum noch jemanden trauen kann,

außer alten Leuten halt. Die neuen Leute, ja, es klingt blöde, aber die sind noch zu weich, die sind einfach zu weich ..., die machen für ihren Schuß jeden Dreck. Ob sie nun auf den Strich gehen, männliche jetzt, oder was weiß ich machen, anders läuft es nicht. Unsereins hat gekämpft, der ist meinetwegen 72 Stunden durch aufgewesen, vermittelt und gemacht und getan. Aber es hat sich gelohnt. Man kannte die Leute und man hat sein Glück gehabt, obwohl man fast tot war. Ich bin manchmal ins Bett gefallen, ich war nach dem Schuß von einer Minute auf die andere eingeschlafen, weil ich manchmal drei Tage und Nächte ununterbrochen unterwegs war. Bloß die Energie habe ich heute nicht mehr, das ist es. Es klingt blöd, aber ich bin älter geworden. Älter und kaputter.

Die Erfahrungen, die Michael früher auf der Szene gemacht hat, heben ihn ab von anderen Fixern, die neu auf die Szene kommen. Seine Überlegenheit resultiert aus dem Überleben auf der Szene. Die, die neu auf die Szene kommen, sind für ihn Kinder, mit denen er nichts gemein hat:

nichts, absolut nichts. Die mir einen vom Pferd erzählen wollen, von guten Sachen, die jetzt gut sind, wo sie nie gute Sachen kennengelernt haben. Wo es echt noch Kameradschaft auf der Szene gab. Es gibt jetzt nur noch Linkereien, Messerstechereien, Schlägereien, also nur noch link, mehr gibt es da nicht.

Michael versteht sich als der letzte Kämpfer für ein wahres solidarisches Szeneleben, wo man sich aufeinander verlassen kann. Dabei war das Leben auf der Szene »ein uriger Streß, weil ich wußte, es ist gefährlich, und die Bullen sind nicht doof ...«

Mit dem Kampf, den Michael in der Subkultur führte, wollte er sich, aber auch den Alten zeigen:

Ich bin der Größte, was wollt ihr denn, ist Revolution oder sowas! Daß das zum Untergang führt im Endeffekt, auf Dauer! Es ist ein Kreislauf, immer wieder Knast, Knast, Knast. Ich hab Glück gehabt bislang. Ich habe zwar oft genug 'ne Überdosis dringehabt, entweder hat mich immer einer gefunden oder ich bin nach drei Tagen wieder aufgewacht an 'ner Herzrhythmusmaschine. Oder auch so in der Wohnung. Bin mal nach 'ner Woche wieder aufgewacht in der Wohnung, hatte eine Woche dagelegen. Muß da, was weiß ich, dreißig mal geatmet haben in der Minute. War auch total blau und kalt als ich aufgewacht bin, aber ich habe gelebt halt. Da hatte ich zum Glück noch was zu Hause. War auch nicht beabsichtigt, das Ding.

Michael ist stolz, daß er in seiner fast 10jährigen Karriere überlebt hat: »Ich kann nur stolz sein, daß ich noch lebe und noch nicht den Löffel hingeschmissen habe.« Zukunft kann sich Michael nur unter dem Aspekt des Überlebens vorstellen, er will auch weiterhin nur »versuchen, zu überleben«. Allerdings glaubt Michael nicht mehr so recht daran, daß er noch einmal in der Lage sein wird, sich die szeneökonomischen Bedingungen fürs Überleben zu verschaffen,

> weil es ist alles Araberhanf, mit Türken konnte man reden, alles Araberhanf. Arbeiten kann ich nicht. Ich habs versucht, bringt nichts, bringt echt nichts.

Nicht nur die fehlenden Beziehungen zu Dealern sind schuld daran, daß Michael sich nicht mehr hocharbeiten kann. Michael ist »müde«,

> weil mir das Leben einfach so nichts mehr bringt, ich komme nicht mehr hoch, vielleicht durch Zufall irgendwann, bloß darauf muß ich halt warten. Wenn mir das Warten zu lang wird, dann ist empty.

Für Michael gibt es keinen Mittelweg; entweder er schafft es, sich wieder von ganz unten in der Szene nach oben zu arbeiten oder er macht Schluß. Einen anderen Weg sieht er nicht.

Szeneökonomie: Sich hocharbeiten

Gleichzeitig erinnert sich Michael – wie schon Vera – an Zeiten auf der Szene, wo er ganz anders dastand:

> da war ständig das Auf und Ab, bis ich halt meine Connections hatte ... irgendwie habe ich immer Geld gemacht. Entweder ein Tag vermittelt, da hatte ich abends meine fünf Gramm zusammen, hab die fünf Gramm verkauft, hab mir neue fünf Gramm gekauft. Das waren DM 750,- damals. Und ich hab die halt wieder verkauft und hab mich langsam wieder hochgearbeitet, bis ich zehn Gramm kaufen konnte, bis ich zwanzig Gramm kaufen konnte, bis ich dann mal wieder Pleite war, dann wieder das Gleiche, immer das Gleiche.

In dieser Zeit besaß Michael

> Cartieruhren, Omega, nur teure Sachen und auch Feuerzeuge. Aber trotzdem eben Freak geblieben. Keinen Nadelstreifenanzug, keinen Affen gemacht. Bin abgerissen mit ausgefransten Jeans, geflickten Jeans, mit dreckigen Cowboystiefeln, ja teilweise fettigen Haaren und so 'ne Augen, Sonnenbrille, bin ich bei mir in 'nen Mustang gestiegen. Der war von so einem Amerikaner, mit amerikanischem Nummernschild.

Michael hatte es auf der Szene zu etwas gebracht. Er hatte ökonomische Erfolge und konnte sich die Statussymbole der Normalgesellschaft leisten, obwohl er in seinem äußeren Erscheinungsbild ein Außenseiter blieb. Dieser Erfolg verschaffte Michael auf der Szene Ansehen und individuelle Befriedigung. Wenn er freilich darüber spricht, vermischen sich häufig die real erlebten Erfolge mit Phantasien über seine ganz großen Zeiten, die er dem Interviewer im Gegensatz zu seiner gegenwärtigen elenden Lage vorstellen will:

> Ja, Du, das ist ein wahnsinnig geiles Gefühl, wenn du über die Straße gehst, zwar aussiehst so wie ich jetzt aussehe, also nicht nach Geld oder sowas, aber trotzdem auf einen Hieb DM 60.000,- aus der Tasche ziehen kannst. Einfach zusammengeknüllt in der Tasche gehabt. Und sagen kannst, manche Autohändler oder Motorradhändler, ich bin ins Motorradgeschäft gegangen ... (unverständlich) ..., bin reingegangen, die guckten mich erstmal an. Ich meinte, die Karre, zwei Helme, zwei Nierenschutz und Handschuhe, ich will sie bis morgen anmelden. Sie, auf Kredit machen wir das aber nicht. Ich meine, was kostet die. Ja, ca. DM 20.000,- mit allem Drum und Dran. Meine ich, ist gut. Eins, zwei, drei, vier, fünf, sechs, sieben, bis zwanzig gezählt, lege es hin, alles klar. Der hat so 'ne Augen gekriegt, der Typ. Ja, und ich kam mir natürlich wahnsinnig gut vor. Aber auch so, ich habe mal hier im Kempinski übernachtet. Bin da so reingeflippt ins Kempinski. Ich meine, ich möchte gerne eine Suite haben. Hab ich DM 450,- für eine Nacht bezahlt. Konnte ich mir halt leisten. Die haben mich auch erstmal angeguckt, können sie überhaupt bezahlen? Ich meine, Geld spielt keine Rolle. Hab' ihm so ein Bündel gezeigt, gefragt, was es kostet, 450 mit Frühstück, dann DM 500,-. Gut, hab ihm fünf Scheine hingelegt, gemeint, ich möchte morgen früh um acht geweckt werden, aber bitte sofort geweckt werden. Total irgendwie geflippt halt. ... Das war ein Wahnsinnsfeeling.

Michaels Erleben von individueller Bedürfnisbefriedigung ist eng verknüpft mit Glücksversprechungen, die (wie bei Vera) über das große Geld vermittelt sind. Ähnlich der erfolgsorientierten Identität einer bürgerlichen Karriere ist seine Szeneidentität von ökonomischen Erfolgen abhängig.

Michaels Erfahrungen mit der Szeneökonomie sind freilich völlig von den Erfahrungen einer normalen bürgerlichen Karriere verschieden. Michael erzählt, daß er immer wieder viel Geld verdient hat, es aber für eine höhere Dosis Heroin verschwendete, von anderen Fixern gelinkt oder von der Polizei geschnappt wurde und dadurch immer wieder ganz unten anlangte. Die Erfahrung, immer wieder zum Nullpunkt zurückgeworfen zu werden, und sich wieder hocharbeiten zu müssen, empfindet Michael als eine Art Privileg gegenüber der normalen Welt, denn sein Kampf um Erfolg und Anerkennung auf der Szene erscheint ihm besonders hart.

Michael erzählt stundenlang und sehr emphatisch von Zeiten, in denen er sechzig- bis siebzigtausend Mark bar in der Tasche hatte und seine »Kleine« stolz auf ihn war. Er erzählt auch, daß es für ihn nichts Schöneres gibt, als »freier (im Sinne von großzügig, P.N.) zu sein, wenn man es sich leisten kann«, denn:

> Das war einfach, das war Leben. Dann, mit einem Mal, Sozialhilfe, wieder pleite, in Knast gekommen. Ich kam mir vor wie der letzte Penner.

Das Leben auf der Szene ist ein Kreislauf, der immer wieder ins Gefängnis führt. Jedesmal, wenn Michael entlassen wird oder pleite ist, stellt er sich die Frage, ob er sich wieder hocharbeiten kann, ob er seine »Connections« in der Szene wieder aufbauen kann. Die Hoffnung gibt er nicht auf, vor allem seit er mit Ulla befreundet ist:

> Ich bin zwar, bevor ich mit ihr zusammen war, rumgeflippt wie ein Karnickel von einem Tag zum anderen, aber noch seh ich einigermaßen aus für die Szene. Noch hab ich Drive drauf, daß ich es bringen kann. Und ich meine, das kann ich immer, auch später. Für die Ulla und mich ist die Perspektive die, der Anfang ist gut, wir haben beide nichts, ist kein Abhängigkeitsverhältnis, nichts, wir haben beide überhaupt nichts. Wir arbeiten, daß wir beide hochkommen.

Turkey: Man hetzt sich

Sich auf der Szene hochzuarbeiten bedeutet Streß. Was Michael dabei antreibt, sind die Entzugserscheinungen, der Turkey, der sich jeden Morgen ankündigt:

> Ja, man steigert sich rein, man steigert sich rein. Man hetzt sich. Man hetzt sich von einem Ort zum anderen, um wieder was zu kriegen und genau weiß, die Medizin, und ich fühl mich sofort wieder o.k. .

Michael empfindet in diesen Momenten, daß es nur sein Körper ist, der ihn regiert,

> der hat dann das Bedürfnis zu gehen, und er geht, mehr ist es nicht ... einfach handeln und Überlegung ... Das sind keine körperlichen Schmerzen. Das ist psychisch, psychisch ist das. Körperliche Schmerzen sind eigentlich garnicht so schlimm, außer daß die Beine zucken. Kreuzschmerzen und abwechselnd heiß, kalt, heiß, kalt und schwitzen, schwitzen, frieren, schwitzen, frieren.

Die Reaktionen des Körpers auf den Entzug treiben Michael voran, sie zeigen ihm in immer stärkeren Heiß-Kalt-Schwankungen an, daß er seinen täglichen Kampf ums Überleben auf der Szene noch nicht gewonnen hat. Manchmal wird Michael der Streß um die Beschaffung von Dope und Geld zu viel. Er erzählt, daß er auf Turkey in ein Gefängnis eingeliefert wurde und darüber ganz froh war, weil nun die Hetzerei ein Ende hatte. Er wußte, daß er mindestens drei Jahre einsitzen würde, aber »irgendwie« führte dieses Wissen dazu, daß er den Entzug ohne große Probleme durchstand.

Der Knast: Eine Szene wie im Bahnhof Zoo

Im Gefängnis – sagt Michael – werden die Fixer »schlimmer als ein Kinderficker« behandelt, aber man gewöhne sich daran. Für ihn wurde das Leben im Gefängnis durch dauernde Kämpfe zwischen den Insassen und durch Konkurrenz bestimmt: »Es war die Härte im Jugendknast, jeder wollte der Schärfste sein.«

Wer im Gefängnis überleben will, braucht die Fähigkeit zur

> Härte, totale Härte ... Kälte. Sowie einer merkt, daß man nicht kalt genug ist, da hängen sich die Leute an einen ran oder so ... da waren sie bei mir nicht richtig, weil ich das Kämpfen halt gewohnt bin ... Kälte und Ego. Das muß einfach sein.

Dieser Knasthabitus verlängert sich in die Reproduktion der Szene im Gefängnis. Die Knastszeneökonomie wird beherrscht von »Kreditgebern, Geldgebern und Heroindealern«, und wer in dieser Konkurrenz »nicht kalt ist, ... wird ausgenutzt«. Diejenigen, die sich der Ordnung der Gefängnisleitung anpassen, werden »gemieden«, denn so faßt Michael die Situation im Gefängnis zusammen, »es ist wie Bahnhof Zoo, jeder heddert irgendwie rum und macht und tut ... kaufen und verkaufen.«

Michael hatte ein Monopol für Spritzen, für die er Benutzungsgebühren verlangte. Es kostete ihn »lediglich Skrupellosigkeit«, aber aufgrund seiner bisherigen Erfahrungen war er ausreichend »abgebrüht« dazu. Einen wichtigen Unterschied zwischen Szene und Gefängnis sieht Michael darin, daß es im Gefängnis

> ruhiger war als hier draußen, nicht so ein Streß. Weil im Knast kannst du sagen, hier muß du zur Szene gehen, im Knast habe ich auf der Szene gelebt. Die Tür war morgens auf, und ich war auf der Szene. Das einzigste, was mir fehlte war halt 'ne Frau.

Das Gefängnis ist für Michael die Fortsetzung der Szene, es ist ein Teil von ihr. Allerdings fällt der szeneökonomische Beschaffungsdruck weg und die ständige Paranoia, von der Polizei geschnappt zu werden. Die Szene im Gefängnis reproduziert sich ohne jenen Streß, der sich draußen bis in die Erfahrung von körperlichen Reaktionen im Turkey und das Gefühl des Gehetztseins verlängert. Für Michael bedeutet die Eingelieferung nicht, daß er aus dem Szenezusammenhang und den ihm zugrundeliegenden Reproduktionsbedingungen herausgerissen wird. Im Gegenteil. Er schildert seine Haftstrafen als Zeiten, in denen er »Ruhe« fand, nachdem er völlig kaputt eingeliefert wurde. Gleichzeitig ist er als Häftling, der im Knast überlebt (und das heißt: sich nicht umkrempeln läßt), in der Lage, sein Anders-Sein und seine Szeneidentität beständig zu reproduzieren. Aus diesem Grund erlebte Michael den Übergang von Szene und Normalität, Innen und Außen, eigener und fremder Kultur, die außerhalb des Gefängnisses beständig von den psychischen Zeichen des Turkey markiert wird, im Gefängnis nicht als problematisch.

Therapie: Das ist nicht meine Sache, denn ich habe viel durchgemacht

Eine Therapie kommt für Michael in Frage – entweder er schafft den Ausstieg »selber oder nicht«. Er hat es schon oft probiert,

> bloß, es hat mir halt nichts gebracht. Weil, ich weiß, daß ich wieder abgestürzt bin durch den Tod meiner Kleinen, weil ich den nicht verkraftet habe. Ja und die (in der Therapie, P.N.) haben das da abgewertet, zur Sau haben sie mich gemacht. Ich würde alles auf meine Kleine schieben. Ich konnte mit denen nicht drüber reden wie es mir wirklich mal ging. Ich war halt ein dreckiges Fixerschwein, ein arroganter Fixer noch dazu, ja und bildete mir vielleicht sogar noch was drauf ein, auf meine Karriere, die ich gemacht hatte. Das haben mir Leute gesagt, die mich früher angebettelt haben um Dope. Die echt früher ankamen, bitte, mach doch, gib mir doch mal. Solche Leute haben mir das gesagt. Es war für mich unheimlich schwer, mich mit denen auf eine Stufe zu stellen, weil ich, ich bin in meinen Beziehungen arrogant, weil es mir halt besser ging, weil ich die besseren Connections hatte, weil ich besser rumgeflippt habe, weil ich sie abfahren lassen konnte, wenn ich wollte. Und jetzt haben die mich abfahren lassen, aber auf 'ne andere, linke Art. Ja und dann bin ich halt gegangen.

Die Therapie bedroht Michael in seiner Identität als Drop-Out und seinem Stolz, besser gewesen zu sein als die Ex-Abhängigen, die ihm in der Therapie einreden wollten, »es sei seine Sache«. Michael wehrt dies ab, denn

> ich meine, ich bin auch arrogant, o.k., ich fühl mich nicht als was Besseres, aber ich sage mir, ich hab mehr durchgemacht als die Leute. Das hab ich auch.

In der Darstellung seiner Erfahrungen mit den therapeutischen Einrichtungen wiederholt Michael Szenen und Bilder, die denen gleichen, die er als Jugendlicher mit seinen Eltern erlebte. Schon von seinen Eltern fühlte er sich »als Kind« behandelt oder nicht ernst genommen, obwohl er bereits – wie er sagt – viel durchgemacht. Er will sich nicht noch von den Therapeuten »zur Sau machen« oder als

»Kind« behandeln lassen, wo er doch glaubt, bereits viel mehr durchgemacht zu haben als die Therapeuten, die ihn behandeln wollen.

Als Drop-Out hat Michael negative Erfahrungen gesammelt, die seine Subjektivität und Identität prägen. Für ihn beinhalten diese Erfahrungen Qualitäten, die in ihrer Negativität über den Erfahrungszusammenhang des Normalbürgers hinausweisen, gar gegen diesen gerichtet sind. Daß er in der Subkultur die Fähigkeit erworben hat, am Rande der Gesellschaft zu überleben, empfindet Michael als eine Bewährung für das Leben die eigentlich von den Eltern oder Therapeuten anerkannt werden müßte. In dieser Beschränkung seines Lebensentwurfes auf das Überleben erlebt er seine eigene Subjektivität nur noch als Selbstzerstörung:

M: Kennst du den Rat der Motten?

I: Wen?

M: Den Rat der Motten! Ist so, es gibt 'ne Geschichte. Und zwar sind das so Motten, die treffen sich einmal im Jahr. Und die, zwei Motten fliegen dann los, mal bißchen die Gegend erkunden. Auf 'nem Bauernhof sehen sie 'ne Kerze und sind unheimlich fasziniert von dem Licht und fliegen rein und verbrennen. Ja, und dann kennen sie das Geheimnis des Lichts. Ich mein, das ist jetzt zwar kein Geheimnis, jetzt mit dem Dope oder so, aber anders kann ich es nicht beschreiben, so wie ich es mache.

Michael unterwirft sein Handeln einem moralischen Imperativ, der zu allem Nein sagt, was sich ihm als Nicht-Selbst, d.h. außerhalb seiner negativen Selbstkonzeption darstellt. Er pflegt Selbstunterdrükkung, Todesdrohung, Elend und Kaputtheit, um im Mangel seine negative Identität aufrechtzuerhalten und sich zugleich von der Normalität abzugrenzen. Michael setzt damit ein Zeichen seines unwiderruflichen Anders-Sein als kaputter Fixer, der durch seine bloße Existenz die Gesellschaft zwingt, ihn als soziales Problem und damit als Person anzuerkennen. Um diese Identität nicht zu verlieren, wehrt sich Michael mit allen Kräften gegen die Versuche der Gesellschaft, ihn durch Therapie zur Normalität zurückzuführen. In seinem eigenen Erleben rekonstruiert er seinen Werdegang, unter der Fragestellung, wie er etwas aus sich gemacht hat, d.h. wie er sich einen Namen als »Drop-Out« gemacht hat, der ihn als Einzelnen innerhalb der herrschenden Allgemeinheit bestätigt: als Fixer, der die Gesellschaft durch seine provozierende Existenz, seine selbstzerstörerische Arroganz und sein Durchsetzungsvermögen schockt und ihr dadurch die Ohnmacht ihrer strafrechtlichen oder therapeutischen Anstrengungen vorführt. Diese Überlegenheit wird Michael zum Zeichen seiner Einzigartigkeit.

4.3 Das Opfer: »Ich, Ulla, Fixer«.

a.) Präsentation und Entwurf: Festhalten an der Abhängigkeit

Ulla, bei unseren Gesprächen dreiundzwanzig Jahre alt, seit viereinhalb Jahren in Berlin auf der Szene und seit etwas mehr als fünf Jahren heroinabhängig. Sie ist vor drei Monaten auf Bewährung aus dem Gefängnis entlassen worden. Vor zwei Monaten starb ihr Freund an einer Überdosis Heroin. Seit drei Wochen ist sie mit Michael befreundet.

Ich habe mit Ulla insgesamt nur vier Gespräche führen können. Im ersten Interview wurden der Einstieg in die Szene und die Ursachen sowie die Szene selbst angesprochen; im zweiten Interview ging es vorrangig um Ullas Beziehungen zu den Eltern und zu Männern; im dritten Interview spricht Ulla über das Sich-Einrichten in der Szene und über das Gefängnis. In diesen ersten drei Gesprächen erzählt Ulla in oft langen Passagen distanziert, emotionslos und sachlich über ihr Leben

> Mein Alltag sieht also folgendermaßen aus, daß ich also morgens früh aufstehe, auf dem Entzug wach werde, dann gehe ich zum Ku'damm runter auf die Szene, und da versuche ich, irgendwie Geld aufzutreiben, durch Vermittlung von Heroin, daß ich also Leute zu Dealern schicke oder anschaffen gehe, naja, bis ich dann meinen Druck zusammen habe, den ich brauche, das dauert dann meistens auch den ganzen Tag, weil ich verhältnismäßig viel drücke, dann habe ich keine Woh-

nung, abends schlafe ich dann in einer Pension und am nächsten Tag ist genau das gleiche wieder.

In dieser ersten Sequenz beschreibt Ulla ihren Alltag als Routine und sich täglich wiederholenden Kreislauf von Entzugserscheinungen, von Geldbeschaffung, Heroindrücken und dann »am nächsten Tag das gleiche«. Ullas Beschreibung ihres Alltags wird durch zwei Nebensätze illustriert, in denen sie erstens betont, daß die Geldbeschaffung den ganzen Tag dauert, weil sie »verhältnismäßig viel« drückt; und zweitens, daß sie »keine Wohnung« habe. Diese beiden Hinweise fallen beim ersten Lesen und Hören des Interviews nicht besonders auf. Es stellt sich aber im Verlauf der Textinterpretation heraus, daß Ulla damit dem Interviewer zeigen will, daß sie stark abhängig und damit auf das Leben in der Heroinszene angewiesen ist. Zugleich verweist Ulla darauf, daß sie unter allen Umständen an diesem Leben festhalten will:

I.: »Das Aufhören, das ist keine Alternative oder Therapie?«

U.: Du, ich muß dazu den Willen haben, und weil mein Freund jetzt gestorben ist vor zwei Monaten, habe ich den Willen zur Zeit nicht, das hat mich ganz schön mitgenommen.

Ullas Präsentation der eigenen Vorgeschichte und ihres gegenwärtigen Lebens ist geprägt von trotziger Entschlossenheit, an dem kaputten Leben auf der Szene festzuhalten. Mehr noch: nach dem Zerbrechen der Freundschaft mit Michael stürzte sie sich sogar gezieltes in die Szene und in die Kaputtheit. Im Gegensatz zu Michael kämpft Ulla auf der Szene aktiv ums Überleben, sondern pflegt das eigene Phlegma und eines Gestus des »Jetzt erst recht«. Ihr selbstzerstörerischer Minimalentwurf reicht bis zum nächsten Schuß und bleibt beschränkt auf inhaltsleeres Weitermachen. Sie präsentiert sich als Opfer der Droge und der Szene. Zugleich beharrt sie darauf, diese Rolle weiter zu spielen, wodurch sie sich jeglichem Verständnis der Außenwelt entzieht. Indem Ulla die Rolle des Opfers zu ihrem eigenen Willen erhebt, macht sie sich unangreifbar – sie entzieht ihr realitätsuntüchtiges Ich den therapeutischen Zugriffen der Gesellschaft.

Ullas Präsentation des eigenen Lebens ist so vehement wie keine andere der in dieser Arbeit vorgestellten lebensgeschichtlichen Erzählungen darauf ausgerichtet, das Elend, das sie schildert, der Gesellschaft (und dem Interviewer) zum Vorwurf zu machen und sie selbst als hilflos erscheinen zu lassen. Dabei taucht in ihrer Erzählung immer wieder auch der Wunsch auf, ein eigenes und unabhängiges Leben zu leben. Ulla schildert immer wieder passagenweise, die Suche nach Identität und Selbständigkeit. Den Zusammenhang zwischen der Suche nach Gegenwart, Selbständigkeit und Identität und dem beharrlichen Festhalten an der Opferrolle wollen wir nachgehen. Liegen die Konstitutionsbedingungen für die Übernahme der Opferrolle in der Struktur der Familie, so werden wir den Formwandel, dem Ulla selbstzerstörerische Suche nach Identität folgt, als Resultat von Herrschaftsmechanismen begreifen müssen.

b.) Die Familie: Der Vater ein Haustyrann, die Mutter ängstlich

Ulla ist in einer Großstadt aufgewachsen. Sie hat eine sieben Jahre ältere Schwester und einen sieben Jahre jüngeren Bruder. Mit ihren Geschwistern hatte sie nie richtig Kontakt. Vor allem die Beziehung zum jüngeren Bruder war stark belastet. Ulla erinnert sich, wie ihre Mutter ihr sagte, daß sie schwanger sei und reagierte erschrocken und hatte Angst, vernachlässigt zu werden. Sie befürchtete, daß sich die Eltern nur noch um das kleine Kind kümmern würden. Mit ihrer Schwester beschloß sie daraufhin, »wenn der geboren wird, den schmeißen wir vor die Wand.« Daß Ullas kleiner Bruder dann tatsächlich die Nummer Eins in der Familie wurde, hat sie

> unheimlich geärgert, dadurch bin ich auch ziemlich aggressiv geworden, auch meiner Schwester gegenüber ... Ich habe mich eben so vernachlässigt gefühlt von meiner Mutter, auf einmal bin ich ganz seltsam geworden.

Die von Ulla beschriebenen problematischen Beziehungen sind aus der Struktur der Familienverhältnisse insgesamt zu verstehen. Hier gibt es einen prügelnden Vater und eine schwache Mutter, die der

Gewalt des Vaters ohnmächtig gegenübersteht. Ullas Ausführungen über ihre Erfahrungen in der Familie sind im Vergleich zu Veras und Michaels Erzählungen sehr umfangreich und entsprechend bedeutsam. Ihre Erinnerungen an die Eltern beginnen so:

> Mein Vater ist Alkoholiker, und wenn er getrunken hat, ich meine er geht arbeiten und so, er ist also jetzt nicht so 'n typischer Alkoholiker, der auf dem Bahnhof Zoo ..., sondern nach außen hin scheint er als biederer Bürger, aber er ist Alkoholiker, denn er trinkt jeden Tag seine 15, manchmal auch 20 Flaschen Bier, auch damals als ich klein war, fünf Jahre oder so, hat er mich nachts um zwei aus dem Bett geholt und Bier holen geschickt und so und ist unheimlich aggressiv geworden, hat meine Mutter geschlagen, meinen Bruder geschlagen.

Diese Eingangssequenz ist nicht nur für Ullas Beziehung zum Vater und ihre Erfahrungen in der Familie kennzeichnend, sondern auch typisch für ihr Bild von der herrschenden sozialen Wirklichkeit und der Rolle, die sie in dieser Wirklichkeit spielt. In dieser Anfangsschilderung des familialen Gewaltverhältnisses fällt zunächst einmal auf, daß Ulla die Aggression und die Schläge des Vaters in den Erklärungszusammenhang eines sozialen Scheinverhältnisses stellt: nicht die Gewalt steht im Vordergrund ihrer Erzählung, sondern die Feststellung, daß ihr Vater ein »Abhängiger«, ein »Gewalttäter« ist, der den Schein von »Normalität« in der Öffentlichkeit so lange aufrechterhalten kann, wie er arbeiten geht und den Eindruck des »biederen Bürgers« aufrechterhalten kann. Er ist eben »nicht so ein typischer Alkoholiker, der auf dem Bahnhof Zoo ...« (wie ich) herumhängt, völlig heruntergekommen ist und zum Gegenstand des öffentlichen Interesses geworden ist – so oder ähnlich kann das von Ulla an dieser Stelle nicht Ausgesprochene weitergeführt werden. Nein, das Verhalten des Vaters ist nicht von öffentlichem Interesse, solange er nach außen die Fassade des funktionierenden Normalbürgers aufrecht erhalten kann. Für Ullas Reflexion auf die soziale Welt sowie die eigene Lage (auch für die Entwicklung ihrer Persönlichkeit) ist aber das, was sie hinter dieser Fassade erfahren hat, prägend. Aus diesem Grund ist für sie das sogenannte »normale« Leben solange keine

Alternative zum zerrütteten Szeneleben, wie jenes seinen negativen Erfahrungszusammenhang verdeckt und gleichzeitig der Szene die Ursachen der schlechte Realität anlastet. Diese kritische moralische Haltung gegenüber der sozialen Welt durchzieht Ullas Erzählung, strukturiert ihre Erinnerungen.

Ulla erinnert sich an die schlimme Zeit mit ihrem Vater:

> ... mit vierzehn, fünfzehn, da hat man ja mal einen Freund, oder so, den will man ja auch mal küssen oder so, ist ja eine ganz normale Sache, finde ich, und wir haben da also vor der Haustür gestanden, und da habe ich das erstemal nun einen Kuß bekommen, mein Vater hat das zufällig vom Balkon gesehen, da bin ich raufgekommen, da hat der mich dermaßen geschlagen, daß mir das Blut aus Nase, Mund und Ohren gekommen ist, ich habe sehr, sehr viel Schläge bekommen, von meinem Vater, oft wegen Kleinigkeiten.

Ulla erzählt desweiteren, daß der tyrannische Vater ihre erste Liebe zerstörte und versuchte sie »anzufassen«. Ulla beschäftigt besonders, daß der Vater durch seinen Alkoholismus nicht nur »die ganzen Familienverhältnisse kaputt gemacht« hat, sondern auch Ullas Beziehung zur Mutter:

> Mit meiner Mutter habe ich mich eigentlich immer ziemlich gut verstanden, also so lange, wie ich zu Hause gewohnt habe, bis fünfzehneinhalb, sechzehn habe ich praktisch zu Hause gewohnt, dann bin ich abgehauen, bloß mein Vater ist praktisch ein typischer Haustyrann, und der hat das Verhältnis, das ich mit meiner Mutter hatte, auch unheimlich kaputtgemacht, weil er eben bestimmt hat, wann ich nach Hause kommen sollte und was ich zu machen hatte, und weil meine Mutter mir helfen wolle, dann hat sie eben den Ärger gekriegt, und naja, auf alle Fälle hat er eben versucht, das gute Verhältnis zwischen mir und meiner Mutter kaputtzumachen. Ich habe meine Mutter unheimlich lieb gehabt, ich habe sie immer noch lieb, aber gerade früher, da bin ich manchmal nachts wach geworden, habe meine Mutter schreien gehört, bin aus dem Bett rausgesprungen, und da stand mein Vater mit einem riesengroßen Messer vor ihr und wollte sie erstechen in seinem Alkoholtran, ich glaube, das sind überhaupt alles so Sachen, die seit meiner Kindheit, überhaupt, seit ich da gewohnt habe, die vielleicht, ich bin ja kein Psy-

chologe, die vielleicht auch dazu beigetragen haben, daß ich angefangen habe zu drücken.

In der Tyrannei des Vaters, die er in der Familie auslebte, wenn er betrunken von der Arbeit kam, liegt für Ulla der Grund für das Zerbrechen der Beziehung zur Mutter. Noch heute – erzählt Ulla – beschäftigt sie, wie der böse und gewalttätige Vater die geliebte Mutter mit dem »riesengroßen Messer« bedrohte. Sie glaubt, daß dies »vielleicht« ein Grund ihrer Heroinabhängigkeit sei. Genau weiß sie es freilich nicht, denn sie ist ja »kein Psychologe«. Ullas Erzählung hinterläßt den Eindruck, daß sie das Ursache-Wirkungsmodell zur Erklärung ihres Einstiegs in die Heroinszene den therapeutischen Deutungsmustern von Gesprächen im Gefängnis oder in den Beratungsstellen entnommen hat und sie in ihrer eigenen Alltagstheorie im Sinne eines psychologischen Determinismus einsetzt. Mit großer Selbstverständlichkeit und demonstrativ legt Ulla zentrale familiale Konflikte offen, die zu erkennen und zu verstehen das Ziel therapeutischer Maßnahmen ist – ein Phänomen, dem ich nicht nur bei Ulla begegnet bin. In Ullas Rede von der frühen Kindheit steht dabei aber nicht die Aufarbeitung defizitärer Persönlichkeitsmerkmale im Vordergrund; das therapeutisch erworbene Wissen wird vielmehr zur Entschuldigung des status quo eingesetzt: die Schuldzuweisung an das Individuum wird so von diesem selbst umgangen. Der Preis für diese »Objektivierung« des eigenen Handelns ist freilich ein Stück Selbstverleugnung, weil die wirklichen eigenen Motive (Selbsterhaltungstrieb) nicht mehr wahrgenommen werden können.

Für Ulla sind die geschilderten Erlebnisse in der Familie »vielleicht ein Grund« – es gibt also noch eine andere Wahrheit für sie. Diese nimmt Konturen an, wenn Ulla über den Bruch der Beziehung zur Mutter spricht, der sich vollzog, nachdem sie von zuhause »abgehauen« war. Ulla wollte damals weg, weil sie es nicht länger aushalten konnte und den Versuch unternehmen wollte, »alleine zurechtzukommen«. Dieser Versuch scheiterte zwar, aber in ihm werden bereits der Wille und die Absicht deutlich, Selbständigkeit zu erlangen – Elemente, die auch Ullas weiteres Handeln prägen. Über das Scheitern ihre Versuches, selbständig zu werden, erzählt sie:

> Na ja, einfach so, dadurch, daß ich so früh von zu Hause ausgezogen bin, habe ich erstens gesagt, ich komme auch alleine klar, ich brauche meinen Vater nicht, und so, und da war ich aber viel zu unreif, überhaupt alleine zu leben, weil da ist ja noch sehr, sehr wenig Lebenserfahrung vorhanden, und da habe ich mir eben zuviel zugetraut, daß das gar nicht so klappt, wie ich das an und für sich wollte, daß ich gut alleine zurecht komme, so wie ich mir das vorgestellt habe, und dann kam dann auch dazu, daß wir die Zeit, wo ich angefangen habe, viel Haschisch zu rauchen, überhaupt Drogen zu nehmen, Tabletten und so, weil, da habe ich eben alles, was ich so an Problemen hatte, Kleinigkeiten, ob mir das nun nahegegangen ist, daß meine Mutter nun mit meinem Vater alleine war, daß ich gar nicht mehr da war, daß sie jetzt alles, was normalerweise mir an Prügel gegeben wurde, ihr gegeben wird, das hat mich unheimlich beschäftigt, damals, da sind so viele Sachen zusammengekommen ...

Ullas Versuch, alleine zurecht zu kommen und außerhalb des gewaltsamen Lebenszusammenhangs Familie anders zu leben, scheiterte, weil sie ihre Fähigkeiten überschätzte und nicht genügend Lebenserfahrung hatte. Außerdem hatte sie Schuldgefühle, weil sie die schwache und aufopfernde Mutter beim tyrannischen Vater zurückließ.

Ullas Erzählung über ihre Erfahrungen in der Familie ist sie dem Gefühl bestimmt, daß sie der Vater durch seine Gewalttätigkeit und Autorität daran hinderte, ein eigenes Leben aufzubauen. Zugleich fühlt sich Ulla aber auch durch ihre Mutter daran gehindert, selbständig zu werden, denn diese hat durch ihre Ängstlichkeit und Unfähigkeit, sich von ihrem Mann zu trennen, Ulla immer wieder in ihren Schoß zurückgezogen. Das macht Ulla ihr zum Vorwurf:

> Meine Mutter, das sehe ich so, also unheimlich ängstlich, die hat eine unheimliche Angst vor meinem Vater, die sind jetzt auch 25 Jahre verheiratet, und mein Vater schlägt sie andauernd, und dann ist er, wie gesagt, immer betrunken, wenn er von der Arbeit kommt, und dann will er mit meiner Mutter zum Beispiel schlafen, was sie dann nicht kann,

> wenn er betrunken ist, kann man ja verstehen, und dann bekommt sie eben Schläge. Früher habe ich die Prügel bekommen, seit ich nicht mehr da bin, kriegt sie sie eben. Also er braucht praktisch immer jemanden, an dem er seine Aggressionen abläßt. Und wenn gar niemand da ist, dann schlägt er die ganze Wohnung kurz und klein.

Und weiter:

> ... Vater Alkoholiker, Mutter totale Angst, wird unterdrückt, getraut aber auch nicht, sich scheiden zu lassen, hat Angst, alleine zu sein, voriges Jahr hatte sie mal eine Scheidung eingereicht, da habe ich ihr noch gesagt, Mensch, prima, das ist der beste Schritt, den du machen konntest, dann bist du zwar alleine mit meinem Bruder, mit dem Kleinen, du hast dann aber die Ruhe, du brauchst dich nicht mehr nervlich fertigmachen zu lassen, ... und dann vier Monate später hat sie die Scheidung wieder zurückgenommen, aber sie muß selber wissen, was sie macht, ich meine, sie sind jetzt über 25 Jahre verheiratet und dann auf einmal alleine, aber ich meine, was habe ich davon, wenn ich seit 25 Jahren verheiratet bin und kriege davon seit 10 Jahren nur noch Schläge, habe keinen eigenen Willen mehr, bin praktisch total von meinem Mann abhängig ...

In der Rekonstruktion ihrer familialen Erfahrungen stellt sich Ulla dar als Opfer der väterlichen Gewalt und des mütterlichen Aufopferungswillens. Dabei tritt ein Mangel an Anerkennung und Selbständigkeit zutage, den sie zunächst mit dem Versuch »abzuhauen« sowie mit Drogen zu überwinden versucht. Aber ihr Wunsch, die schlechte Realität hinter sich zu lassen, scheitert. Diese Erfahrung ist wesentlich für ihre Konstitution als Opfer, und sie kennzeichnet Ullas Haltung gegenüber ihrem Schicksal, bis in die erzählte Gegenwart.

Zugleich verweist diese Haltung auf eine Persönlichkeitsstruktur und auf Funktionsweise von psychischen Mechanismen, die sich in der frühen Kindheit herausgebildet haben und als Schuldgefühl artikulieren. Margrit Brückner (1985) hat gezeigt, daß ein familialer Erfahrungszusammenhang, der durch väterliche Aggression und mütterliche Ohnmacht geprägt wird, zu innerpsychischen Konflikten bei Frauen führen kann, die die Trennung der Tochter von der Mutter verhindern. Dadurch wird das »Selbst-Sein« der Tochter erschwert, weil die hierzu notwendige Hinwendung zum Vater neue Schuldgefühle hervorrufen würde. Brückner erklärt diesen Mechanismus damit, daß die Angst vor der Trennung von der Mutter überwiegt, während der Haß gegen die omnipotente aber schwache Mutter als zerstörerisch erlebt wird. So müssen die aggressiven Regungen gegenüber der Mutter schuldhaft verdrängt werden. Dies führt dazu, daß sich die Wut der Tochter gegenüber der Mutter steigert und sie die Bindung als Bedrohung erfährt. Der Versuch, eigenständig zu leben und eine Identifikation außerhalb des familialen Kontextes zu entwickeln, wird dadurch erschwert.

Bei Ulla ist dieser Mechanismus deutlich ausgeprägt. Sie nimmt zunächst alle Schuld für ihre Unfähigkeit, selbständig zu sein, auf sich. Das äußert sich darin, daß sie sich nach ihrem Auszug von zu Hause »schlecht« fühlt, weil – wie sie sich vorstellt – jetzt ihre Mutter alle Prügel vom Vater abbekommen wird. Die Ohnmacht der Mutter und ihr Aufopferungswille haben verhindert, daß Ulla ihre Bedürfnisse gegen ihren Vater und auch gegen ihre Mutter durchsetzen konnte, ohne in Schuldgefühle zu verfallen.

Darin unterscheidet sich die aus den lebensgeschichtlichen Erzählungen rekonstruierte Konstitution Ullas wesentlich von der Veras, die ja unter ganz ähnlichen familialen Bedingungen aufgewachsen ist. Bei der Erklärung dieser Differenz ist zu berücksichtigen, daß wir ja die Struktur der Familie *als Erfahrungszusammenhang der Erzählenden* rekonstruieren. Insofern fließen in die Darstellung immer die Erfahrungen der Subjekte mit der eigenen Subjektivität, d.h. mit der Erfahrung des tätigen Lebensvollzuges als Prozess und der alltäglich gelebten aktuellen Bedürftigkeit ein. Die problematischen Familienerfahrungen werden durch das Raster der eigenen Lebensgeschichte hindurch reflektiert und als erlebter und nicht abgegoltener Mangel eingeklagt. Genese und Geltung dieser Erfahrungen müssen als Einheit gedacht werden. Der Unterschied zwischen Ullas passiver und zu Veras und auch Michaels aktiver Konstitution ist deshalb stets vor dem Hintergrund ihrer Personalisation und der dabei angesammelten realen Erfahrungen zu betrachten, in der das familiale Erfahrungsfeld in Richtung auf ein soziales Feld überschritten wird. Bei

Ulla nimmt dies einen völlig anderen Verlauf als bei den beiden anderen. Doch auch bei Ulla, die sich als Opfer präsentiert, werden wir einen Überhang von »eigenem Willen« und dem Wunsch nach Selbständigkeit entdecken, ohne den man – wie Ulla es empfindet – wie ihre Mutter von einem Mann abhängig wird und mit der eigenen Unfreiheit bezahlt.

c.) Personalisation: »Ich, Ulla, Fixer!«

Abhauen

Ein wichtiges Ereignis für Ullas Personalisation, das heißt die Aufbewahrung und Überschreitung dessen, was aus ihr gemacht worden ist, war ihr Auszug aus der elterlichen Wohnung. Sie war damals sechzehn Jahre alt. Um sich eine eigene Wohnung leisten zu können, mußte sie ihre Lehre abbrechen und eine Stelle als Bürogehilfin annehmen. Ulla erzählt, daß sie eine eigene Wohnung hatte und ganz gut verdiente. Es hat ihr »Spaß gemacht, zu arbeiten« – bis, sie anfing zu drücken.

Den ersten Schuß Heroin probierte Ulla, als die Freundschaft mit ihrem ersten Freund zerbrach, den sie nach ihrem Auszug von zu Hause kennengelernt hatte. Beide wohnten im selben Haus, hatten aber getrennte Wohnungen, so daß sie häufig zusammen waren. Über diesen Freund erzählt sie, daß er »spießbürgerliche Vorstellungen« hatte, weil er von ihr erwartete daß sie die »Hausfrau spielen« sollte, was sie tat, obwohl es ihr damals nicht recht war. Sie wäre damals viel lieber in Diskotheken gegangen, als mit ihrem Freund zu Hause herumzusitzen. Trotzdem hat sie sich

> natürlich zuerst den Kopf vollgeknallt, und dann habe ich O. kennengelernt in einer Kneipe, und der sagte, probier mal, denn geht es dir besser.

Das war nicht das erste Mal, daß Ulla Drogen nahm. Aus ihrer Schulzeit erzählt sie von Kontakten mit einer Clique, in der man sagte: »Ach, Arbeit, Scheiße ...« und mit allen möglichen Giften wie Fliegenpilzen und Tollkirschen »herumexperimentierte«. Ulla hatte also bereits Erfahrungen mit Drogen, und es ist davon auszugehen, daß sie nicht erst zum Heroingebrauch verführt werden mußte wie sie zunächst darzustellen versucht, sondern daß auch eine Affinität zum Einstieg in den Ausstieg mit Drogen gegeben war. Schließlich hat sie auch »aus Spaß gedrückt«:

> Wenn ich die Ärmel hochgekrempelt habe, wenn ich in eine Kneipe bei uns zu Hause gegangen bin, damit alle meine Einstiche sehen können ... um anzugeben, ich, Ulla, Fixer ... ja, in dem Moment habe ich mich gut gefühlt. Ich hatte dabei so ein richtig euphorisches Glücksgefühl, so nach dem Motto, als könnte ich die ganze Welt umarmen.

Ulla erzählt, wie sie durch das Heroindrücken ihre »Unsicherheit« gegenüber »Typen« und Leuten verlor, die schon ein paar Jahre älter waren als sie, oder »die unheimlich viel Geld hatten«. Ulla hatte sich diesen Leuten gegenüber »minderwertig« gefühlt und Angst, bei Bewerbungen abgelehnt zu werden. Der Druck Heroin befreite Ulla nicht nur von ihren Minderwertigkeitsgefühlen gegenüber Männern, die (wie ihr Vater) älter waren und Geld hatten, er war auch eine Ersatzbefriedigung, die die Möglichkeit eröffnete, ihre Selbständigkeit und ihre Identität der Öffentlichkeit zu präsentieren: »Ich, Ulla, Fixer.«

Auf ihrer Suche nach Unabhängigkeit und einem anderen Leben als zu Hause hat Ulla im euphorischen Glücksgefühl des Heroinrausches und in der Identität der Fixerin eine vorläufigen Weg gefunden, die familialen Lebenszusammenhänge zu überschreiten. Aber diese Überschreitung gelang nur teilweise, denn der Preis, den sie für dieses bißchen Unabhängigkeit bezahlte, ist das schlechte Gewissen ihrer Mutter gegenüber.

Befragt, warum sie angefing zu drücken, sagt Ulla, »Ich weiß nicht, warum ich angefangen habe.« Daß Schluß war mit ihrem Freund, sagt sie, kann nicht der einzige Grund gewesen sein; aber auch nicht, was die Therapeuten meinen: »Die sagen, die Eltern waren schuld. Ich weiß nicht, ob dies der Grund war.«

Hat sich Ulla vielleicht unter Selbständigwerden etwas ganz anderes vorgestellt, als sie es als Bürogehilfin und im Zusammenleben mit ihrem Freund praktizierte? Hat es ihr wirklich Spaß gemacht zu arbeiten, wie sie sagt? Ulla selber gibt einige Hinweise, daß sie eigentlich gar keine Lust dazu hatte. Sie erzählt, daß sie es auch als Fabrikarbeiterin versuchte, aber, »da kriegste echt eine Meise«, vor allem angesichts der »Fremdarbeiter«, die »arbeiten wie die Tiere« – da hatte sie schnell »die Schnauze voll«. Ulla kann keine weitere Auskunft geben, ob möglicherweise die Frustration über ihre Arbeit ihre Flucht in die Subkultur[37] bescheinigte. Nach erst fünf Jahren Drogenabhängigkeit kann sie nur noch vage rekonstruieren, welche Ängste und Hoffnungen zu ihrem ersten Heroinkonsum geführt haben.

Die euphorischen Gefühle, die Ulla zu Beginn ihrer Karriere mit Heroin noch verspürte sind inzwischen verflogen. Jetzt drückt Ulla nur noch, »um normal zu sein«, und sie begründet diese Veränderung mit der Feststellung: »Im Unterbewußten ist mir klar, was ich mache, deshalb habe ich vielleicht kein Glücksgefühl mehr.«

Ullas Wunsch, mittels der Droge die schlechte Realität zu überwinden, hat sich längst in das Gegenteil verkehrt: das miese Leben auf der Szene ist ebenso mies wie die Normalität, die sie überwinden wollte. Der Druck Heroin ist, als Teil der Überlebensstrategie im subkulturellen Lebenszusammenhang, selbst zur Normalität geworden. Deshalb kann sie – und diese Erfahrung machen alle Fixer – auch kein Glücksgefühl mehr empfinden, diese Erfahrung des mit sich selbst Identischseins im Rausch. »Unbewußt« weiß Vera, daß ihr Wunsch nach Glück sich auf der Szene niemals wird realisieren lassen. Trotzdem drückt sie weiter, auch wenn sie mit jedem Schuß den Mangel an Glück erneut erfährt.

Rückfall in die Versklavung

Ulla verstand sich mit ihrem neuen Freund gut und war glücklich. »Kann aber auch sein« – sagt sie –, »daß es am Dope gelegen hat«. Sie lebte noch ein Jahr in einer Stadt im Ruhrgebiet, bis sie – weil Heroin dort billiger war – mit ihrem Freund nach Berlin zog. Mit ihrem Umzug vom Ruhrgebiet nach Berlin, der eine weitere Trennung von der Familie, von der Mutter bedeutete, veränderten sich

Ullas Situation und die Beziehung zu ihrem Freund radikal. Die ersten Jahre in Berlin sind für sie ein Rückfall in Demütigung, Versklavung und Erniedrigung:

> Drei Jahre war ich da eben mit diesem Typen zusammen, der mich da angefixt hat, das war dann zum Schluß so schlimm, daß der mir fast meine ganzen Zähne ausgeschlagen hat, weil er wollte, daß ich für ihn auf den Strich gehe, dann habe ich es gemacht, zwei Monate lang, und dann war ich sehr kaputt in der Zeit, ... der hat da praktisch den ganzen Tag im Bett gelegen und hat mich losgeschickt und hat gesagt, soundsoviel Geld bringst du mit ..., und ich war, ich weiß nicht warum, ich war von ihm abhängig, weil er mich unheimlich so fertiggemacht hat, also jetzt nicht irgendwie bewußt, das hat der ganz unbewußt gemacht, das hat der unheimlich gut drauf gehabt, mich so zu manipulieren, daß ich eben gedacht habe, ich bin total häßlich, der hat mich manchmal so hingestellt, ich kriege keinen anderen Freund, muß bei ihm bleiben, alleine komme ich sowieso überhaupt gar nicht klar.

Angesichts des Scheiterns ihres ersten Versuchs, alleine zurecht zu kommen, der ihre Opferhaltung mit konstituierte und ihr das Vertrauen in die Fähigkeit nahm, selbständig das eigene Leben zu gestalten, glaubte Ulla, was ihr Freund sagte. Diese Unterdrückungssituation führte deshalb auch keineswegs dazu, daß sie sich wehrte. Sie klammerte sich an diese Beziehung und kann daher ihre Gefühle in der Erinnerung nur noch als Ambivalenz artikulieren, in der Liebe und Tod, Leben und Selbstvernichtung untrennbar nahe beieinander liegen:

> Der hat mich eben dermaßen geschlagen und so, ich war damals einfach dumm, ich hätte zur Polizei gehen sollen, ihn anzeigen, oder sonst irgendwas, aber erstens mal hatte ich ihn trotz allem noch lieb, vielleicht ist das auch einfach Naivität von mir, nichts anderes, erstens mal hatte ich ihn noch lieb, und dann hatte ich unheimliche Angst vor ihm, wenn ich ihm abhaue, und er erwischt mich irgendwo, bringt er mich um und so, und ich habe dem damals alles geglaubt, habe gedacht, naja, der macht das vielleicht wirklich, ... ich hatte eine wahnsinnige Angst vor dem zum Schluß ...

Mit dem Umzug nach Berlin verlor Ulla den Kontakt zur Familie ganz. Zugleich richtete sie sich mit diesem Schritt zusammen mit ihrem Freund endgültig in der Szene ein. Beides zusammen bedeutet für Ulla einerseits die Verlängerung ihres schwierigen Versuchs, auf der Suche nach der eigenen Identität und Selbständigkeit das zu überschreiten, was aus ihr gemacht worden ist. Auf der anderen Seite aber bedeutet dieser Bruch für sie auch einen Akt der Verstümmelung, der in der totalen Aufopferung und Unterwürfigkeit gegenüber ihrem Freund zum Ausdruck kommt.

Für Ulla wiederholt sich dabei eine Erfahrung, die sie und vor allem ihre Mutter zu Hause durchlebt haben. Auf der psychischen Ebene ist dieser Rückfall in die freiwillige Knechtschaft und die Abhängigkeit von einem Mann (die sie ja im Gegensatz zu ihrer Mutter zu überschreiten versucht) damit zu erklären, daß die weitere Trennung von zu Hause erneut eine so starke schuldhafte Identitikation mit der Mutter hervorbrachte, daß sich Ulla ganz in Selbstaufopferung und Selbstvernichtung aufgeht.

Ulla klammert sich an ihren Freund, der ihr einzureden versucht, daß sie alleine nicht klar kommen würde, und hat genügend Minderwertigkeits- und Schuldgefühle, um ihm das zu glauben. Sie hat Angst, alleine nicht zurecht zu kommen; ihr fehlt das Selbstvertrauen, sich gegen ihren Freund zur Wehr zu setzen. Stattdessen erduldet sie Unterdrückung und Ausbeutung, und obwohl sie sich dessen bewußt ist, kann sie sich nicht aus dieser Umklammerung zu befreien. Dies markiert eine qualitative Veränderung in Ullas lebensgeschichtlichen Erfahrung von der Familie, immerhin hat sie mit sechzehn Jahren gewagt »abzuhauen«. In Berlin hingegen wurde sie und genau in das Verhalten zurückgezwungen, das sie Vater und Mutter zum Vorwurf macht und woraus sie ausbrechen wollte. In ihrer Erkenntnis der eigenen Geschichte und des Selbst wird sie damit wieder zurückgeworfen auf die familiale Situation, in der sie Opfer und abhängig vom Willen des Vaters war.

Szene-Normalität: nicht mehr kaputt sein als Heroin einen sowieso schon macht

Als sie sich in der Welt der Subkultur in Berlin einrichtete, verlor Ulla zunächst jeden Halt. In dieser Situation war sie ihrem Freund völlig ausgeliefert, bis ein Anstoß von außen, von einem anderen Fixer kam: nach einem Jahr lernte Ulla einen Fixer kennen, der sie aus dieser Zwangslage befreite und drei Monate vor unserem Zusammentreffen an einer Überdosis starb. In ihrer Erzählung beschreibt Ulla das Auftauchen dieses Freundes wie das Erscheinen eines Märchenprinzen:

> Der hat zu mir gesagt, Mensch, du bis ja verrückt, was willst du denn, der Typ nutzt dich nur aus, was der mit dir macht. Und mit dem habe ich dann ziemlich viel darüber gesprochen, und dann habe ich auch gesehen, daß der wirklich recht hat, und dann habe ich gesagt, Ende, aus, und dann habe ich gefragt, ich hatte keine Wohnung, weil ich bei dem Typen gewohnt habe, ... und da hat eben damals der M. zu mir gesagt, wenn du nicht weiß wohin und so, kannst bei mir wohnen, ich will, du gefällst mir zwar, aber wenn du nicht willst, ich laß dich in Ruhe, hast dein eigenes Zimmer bei mir, kannst dein eigenes Leben führen, aber du brauchst dich nicht mehr kaputtzumachen, das Heroin macht schon kaputt genug, wenn du einen Typen hast, der dich auch noch kaputt macht, dann ist das eben die größte Scheiße überhaupt. Naja, dann bin ich eben zu dem M. gezogen, und, obwohl wir beide gedrückt haben, beide drauf waren, haben wir uns sehr gut verstanden, ansonsten. ... Und in der Zeit bin ich auch nie, nicht ein einziges Mal, anschaffen gegangen, das hätte der auch nie gewollt, wenn wir kein Geld hatten, nicht wußten, wo wir was herkriegen, haben wir lieber einen Turkey geschoben, nichts genommen, bevor er einmal zu mir gesagt hat, überhaupt nur den Vorschlag gemacht hätte, Mensch, Ulla, kannst du nicht mal wieder anschaffen gehen.

Das Auftauchen dieses Freundes verknüpft Ulla in ihrer Lebensgeschichte mit der Hoffnung, nun ein »anderes Leben« leben zu können, nicht mehr abhängig von einem Mann zu sein. Dabei beschreibt sie selber diese Veränderung als eine, die nicht das ganz andere Leben, sondern lediglich ein Stück Normalität mit sich bringt: sie hat ihr eigenes Zimmer, muß nicht mehr anschaffen gehen und sich nicht kaputter zu machen als das Heroin sowieso schon macht. Ulla empfindet diese Normalisierung und das moralische Minimum, das ihr der Freund zugestanden hat, bereits als Fortschritt in ihrer Lebensgeschichte. Sie spricht entsprechend gelöst darüber. Daß das Heroin und das Leben auf der Szene sie auch kaputt machen, hat sie akzeptiert; dies zeigt die Beschränkungen auf, die sie verinnerlicht hat.

»Was ich vermisse, ist die Zärtlichkeit der Welt, weil die Szene so hart ist.«

Nach dem Tod ihres Freundes hat Ulla Michael kennengelernt, der ebenfalls nicht von ihr verlangt, daß sie anschaffen geht. Sie ist sogar davon überzeugt (zumindest hat sie diese Illusion noch zu Beginn der Freundschaft), daß sie in dieser Freundschaft auch noch das bisher zu kurz gekommene Zärtlichkeitsbedürfnis weitgehend befriedigen kann:

> Also, zur Zeit sieht das bei Michael und mir so aus, daß da sexuell ziemlich viel läuft, wir kennen uns noch nicht lange, und da besteht eben ein gewisser Reiz, daß man da lieber darauf verzichtet, sich abends noch einen Druck zu machen, man hebt sich das für morgens auf und schläft dann lieber miteinander, dann hat man nicht gleich die Entzugserscheinungen ... dann kannst du schon miteinander schlafen, wie das normale Pärchen auch machen.

Wenn man allerdings längere Zeit eine Beziehung hat und der »Reiz des Neuen« nachgelassen hat, dann, so erzählt Ulla weiter, schlafen Fixer nur noch selten miteinander. Dabei ist es für sie

> keinesfalls so, daß die Droge das irgendwie ersetzen kann ... bloß, ich meine, dafür, daß man jetzt nicht sexuell miteinander verkehrt, damit will ich sagen, gerade in einer Fixerbeziehung läuft viel mehr an Zärtlichkeit und so ab, weil man ein unheimliches Zärtlichkeitsbedürfnis hat.

Für Ulla ist die Zärtlichkeit in der Beziehung zu Michael sehr wichtig, denn »das ist gerade das, was ich als Fixer unheimlich vermisse, Zärtlichkeit in der Welt, weil die Szene irgendwie ziemlich hart ist«.

Das Mehr an Zärtlichkeit, das in einer Fixerbeziehung möglich ist, stellt Ulla also einem Mangel an Zärtlichkeit in der Welt und der Härte in der Szene, die ein Ausdruck dieses Mangels ist, gegenüber. Die Szene, sagt Ulla,

> ... ist eben ganz hart, nur immer die Jagd nach dem Dope, du hast für nichts anderes Zeit, dann wird unheimlich viel gelinkt, was du irgendwann automatisch auch mal selber machst ... dann kriegst du unheimlich oft Ärger mit den Bullen, ist einfach ein totaler Stress, ich nenne es eben hart.

Die Szene, das ist für Ulla »einfach ein Elend«, aber man muß

> mehr oder weniger den Harten raushängen lassen und so tun, als wenns wer weiß wie gut geht und im Grunde genommen können sie (die Fixer, P.N.) sich in die nächste Ecke setzen und heulen.

Der Stolz der Fixer

Die Szene ist für Ulla schlechte Realität und bestimmt von Mangel an Zärtlichkeit. Trotz dieser Entfremdungserscheinungen im negativen Alltag der Szene hält fest Ulla an ihrer Weigerung mit dem Heroin aufzuhören. In der Szene und mit dem Schuß realisiert Ulla immer noch ein Bedürfnis, das sie in der Normalität nicht verwirklichen zu können glaubt. Die Hoffnung auf ein bißchen Zärtlichkeit in der Szene zeigt zugleich die Beschränkungen an, denen sich Ulla selbst unterwirft. Ihre Vorstellungen von einem besseren Leben bleiben Fiktion. Zwar würde sie gerne »ohne einen Chef im Rücken« arbeiten oder einfach nur tun und lassen, was sie will. Aber auch diese minimale Vorstellung von einem besseren Leben ist für sie nur denkbar, wenn sie den Ausstieg aus der Szene schafft, und dafür ist Voraussetzung, daß sie erst einmal »wirklich am Ende« war.

Ulla beansprucht, das zu sein und zu leben, was die »Leute« und die »Gesellschaft« verachten: ein Opfer, eine Fixerin, die ihren Körper und ihr Leben ruiniert. Sie klammert sich damit an jene passive Rolle, die ihr, wie sie glaubt, zugewiesen wurde. Aber sie übernimmt zugleich die Initiative: sie macht ihre Existenz zum Skandal und zur Schande der Gesellschaft: indem sie zeigt, wie sie kaputtgemacht wird. Mit dieser Umwertung der Werte befreit sie sich ansatzweise von dem, was aus ihr gemacht worden ist: das von der Gesellschaft als nicht gesellschaftsfähig Bezeichnete erwächst bei ihr zum Zeichen des Sieges, zum »Stolz«, den jeder Fixer habe, aber »im Grunde genommen garnicht haben dürfte«.

Ulla hat wenig konkrete Vorstellungen von einem anderen besseren Leben. Dabei übernimmt sie in ihrer Borniertheit die Werte und Anschauungen der anderen Welt. So findet sie es zum Beispiel schlecht, wenn Demonstranten Steine werfen. Aber – und dies ist die Crux beim Verständnis des selbstaufopfernden und selbstzerstörerischen Verhaltens von Ulla wie auch von anderen Fixern – in ihrer Kaputtheit nimmt sie sich die Freiheit, sich als Untermenschen zu proklamieren. Die Ohnmacht, mit der die Gesellschaft dieser Initiative gegenübersteht, gibt ihr die Möglichkeit, auf der Szene selbstzerstörerisch aus dem etwas zu machen, was aus ihr gemacht worden ist. Diese Verhaltensweiseen haben die Kolonialisierten in dieser Gesellschaft kolonialisierten fremden Kulturen gemein.

Machtlos gegenüber dem Staat

Ulla hat sich als Außenseiterin auf der Szene eingerichtet. Die wird ihrer Auffassung nach durch gesellschaftliche Gewalt hervorgebracht. Ulla vergleicht ihre Lage mit der von Alkoholikern, an denen der Staat in seiner Doppelmoral auch noch Geld verdient; sie haben, so fühlt sie, einen sozialen Abstieg durchgemacht wie die Fixer und es geht ihnen genauso »dreckig«. In dieser scheinheiligen Welt fühlt sich Ulla nicht akzeptiert als »gesellschaftsfähiger Mensch« und dies nur, weil sie kein »geregeltes Leben führt«, nicht »arbeiten geht und Vater Staat Steuern zahlt«.

Weil sie diesen kulturellen Anforderungen nicht nachkommen will und kann, empfindet Ulla ihr Leben bestimmt durch »einen kleinen Bürgerkrieg«, den der Staat gegen »Außenseiter« führt. Diese Ausgrenzungspraxis sieht sie im Umgang des Staats mit sozialen Gruppen und »anders Denkenden«.

Ulla führt zur Illustration eine Szene an, die sie bei einer Demonstration von Hausbesetzern beobachtet hat. Sie erzählt, wie »neun

Polizisten« eine »ganz zierliche, winzige, kleine Frau« mit Schlagstöcken zusammenschlugen. Dabei geht aus dem emotionalen Duktus der Erzählung hervor, daß Ulla sich vermutlich wie diese Frau »machtlos« gegenüber der Gewalt fühlt. Aber Ulla macht auch den Eindruck, als ob sie sich von dieser Gewalt nicht klein kriegen lassen wolle: Ullas Stimme hebt sich bei dem Wörtchen, »machtlos«, wird fester, und bekommt einen Ton, der sagt, das muß man über sich ergehen lassen, aber man darf sich nicht unterkriegen lassen.

Das Gefängnis: eine Gemeinschaft

Das Gefängnis ist – wie schon für Vera und Michael – auch für Ulla lediglich die Verlängerung der Szene: und auch Ulla geht es im Gefängnis besser als auf der Szene. Im Knast, sagt sie, hatte sie ein »Dach über dem Kopf, war clean, hat keine Schmerzen, keinen Entzug, garnichts«. Vor allem gab es im Gefängnis auch »mal Leute, mit denen man reden konnte, die du hier einfach garnicht mehr hast«. Im Gefängnis ging es ihr »eigentlich ganz gut, man lebt zusammen und quatschtst viel«. Manchmal sehnt sie sich zurück und denkt: »Mein Gott, im Knast hast du besser gelebt wie jetzt, so traurig, wie sich das eigentlich anhört«. Im Gefängnis hat Ulla zumindest ein Minimum von dem gefunden, was ihrem Wunsch nach einem anderen Leben entspricht: Kommunikation und Gemeinschaft.

Ulla war wie Vera in der Gruppe der »Roten«, die sich schon draußen auf der Szene »gut leiden konnten«, »schon in Ordnung waren«, nicht so »schlampig« waren wie die blaue Gruppe. Es war eine »Clique«, in der sich Ulla mit manchen Frauen sehr gut unterhalten konnte, wenn sie Probleme hatte. Häufig aber sagten die anderen Frauen,

> hoffentlich komm ich bald raus, dann kann ich wieder da hingehen. Die reden auch nicht so drüber, wenn du sie fragst, warum versuchst du denn nicht clean zu bleiben, dann sagen die die meiste Zeit, laß mich in Ruhe, das geht dich einen Scheißdreck an.

Der »Kleinkrieg« der einsitztende Fixer gegen die Gesellschaft wird erfolgreich geführt, wenn sie nach der Haftentlassung zum Zeichen ihres Sieges über die sozialen Kontrollinstanzen gleich wieder auf die Szene gehen. Darauf bereiten sie sich vor.

Der Sog in die Szene

Aus »Erfahrung« weiß Ulla, daß die meisten Fixer

> noch keine Viertelstunde draußen (sind), der erste Weg ist zum Ku'damm, obwohl, im Grunde genommen willst du es gar nicht, aber das zieht dich so dahin, Heroin, finde ich, das ist eine Droge, ich glaube, daß es keine Droge gibt, die so schlimm beeinflußt, Körper und Geist, also Seele und was man denkt und alles, Heroin, es zieht einen einfach immer wieder rein, ... obwohl du weißt, das bringt dir nichts, wenn du eine Woche aus dem Knast bist, bist du wieder voll drauf, brauchst wieder jeden Tag deinen Stoff ... und trotzdem machst du es immer wieder.

Dieser Sog in die Abhängigkeit ist Ausdruck des unter den herrschenden kolonialen Gewaltverhältnissen entstandenen und von den Fixern akzeptierten Lebenssinnes auf der Szene: Selbstverstümmelung, die als Teil der eigenen negativen Identität begriffen und nach dem Gefängnisaufenthalt dadurch fortgesetzt wird, daß man wieder »voll drauf« kommt, sich den Regeln und dem Habitus der Szene außerhalb der Gefängnismauern erneut unterwirft.

Ulla führt den von ihr beschriebenen Automatismus darauf zurück, daß die Fixer »vor dem Nichts« stehen, wenn sie die Pforte des Gefängnisses hinter sich gelassen haben. Es hilft ihnen niemand, empfindet Ulla, »als Fixer wirst du sowieso abgestempelt, dann brauchst du garnichts zu versuchen«. In dieser Situation, sagt Ulla, »reizt dich das eben auch wieder zu drücken«. Viermal schon war sie im Gefängnis und dreimal hatte sie nach der Entlassung »echt das Bedürfnis zu drücken«. Und dies, obwohl sie genau weiß, daß sie kein »Highgefühl« von ihrem ersten Schuß bekommen wird, sondern daß es ihr zunächst schlecht geht und sie sich übergeben muß. Daß Ulla nach der Gefängnisentlassung fast jedesmal direkt zur Szene ging, um sich einen Schuß zu besorgen, sieht sie aber nicht nur darin begründet, daß sie sich alleine gelassen fühlt. Vielmehr erzählt sie, daß der direkte Weg zur Szene schon vorher in ihrem Kopf war. Jedesmal, erzählt sie, fühlt sie sich beim ersten Schuß »beschissen« und es wird ihr »kotzübel«, weil »die Scheiße wieder los geht«.

Es wird Ulla elend zumute, wenn sie den erneuten Einstieg in die Szene durch einen Schuß Heroin vollzogen hat. War der Schuß Heroin zu Beginn ihrer Karriere noch Träger von Wünschen und Hoffnungen auf ein besseres Leben, so wird ihr jetzt der erste Schuß nach der Haftentlassung zu einem mehr oder weniger bewußten Ritual des Sich-Hineinstürzens in eine Welt, die die Unmöglichkeit produziert, ihre frühen Wünsche auszuleben; und trotzdem bringt Ulla immer wieder die Energie auf weiterzudrücken. Dieser zwanghafte und symbolische Akt des Widerstandes ist als soziale Handlung Teil eines kolonialisierten Lebensvollzuges zur Reproduktion einer negativen Subjektivität. Aus diesem Grund hat Ulla dann auch die Vorstellung mit den ersten Entzugserscheinungen das »beschissene« Gefühl überwunden zu haben. Der erste Turkey nach der Haftentlassung ist für Ulla ein physisches Zeichen dafür, daß der abermalige Einstieg in die Heroinszene gelungen ist.

Turkey: man wird gestreßt

Der »Turkey« erscheint in den subjektiven Empfindungen der Fixer als psychische und physische Schwelle zur Szene: er symbolisiert alltäglich die Schwelle zwischen Innen und Außen, zwischen eigener Kultur und fremder, Szene und sozialer Kontrolle (Noller/Reinicke 1987 S. 152). Der erste Turkey gibt Ulla die Sicherheit zurück, abhängig, und das heißt mit der eigenen negativen Identität und der Szene identisch, zu sein. Sie steigert sich dann wieder »unheimlich rein« in den Gedanken: »Du brauchst was.«

Die unterschiedliche soziale Qualität des Turkey schildert Ulla ähnlich wie Michael in einer Szene, in der sie ins Gefängnis eingeliefert wurde. Damals (wie auch bei einem Entziehungsversuch zu Hause) hat sich Ulla mit dem Entzug abgefunden, und er hatte nichts Dramatisches, denn sie wußte:

> Jetzt krieg ich nichts, jetzt muß ich halt entziehen, nach vier Tagen habe ich mich körperlich wieder wohl gefühlt, seelisch auch, aber sobald du

> draußen bist, da weißt du ganz genau, irgendwie kriegst du was, und dann wirst du unheimlich gestreßt ...

Wenn Ulla nicht entziehen will und weiß, das sie irgendwoher Heroin bekommen kann, wird es besonders schlimm. Nichts anderes geht ihr im Kopf herum als: »Wo kriegst du Geld her, wie kannst du Geld machen?« Genau in diese Situation kommt Ulla nach ihrem ersten Turkey. Und dann, erzählt sie (und am Duktus der Erzählung spürt man, daß ihr das Wissen um die Reproduktionsmöglichkeiten auf der Szene eine gewisse Sicherheit verleiht), beginnt der ganze Kreislauf von neuem: um in der Subkultur der Szene zu überleben, muß sie das Geld beschaffen, das sie für einen Druck Heroin benötigt. Der Turkey, den sie zu verhindern sucht, setzt sie erneut unter den Streß, Geld für den nächsten Schuß zu beschaffen. Dies wird sich nach ihrer Meinung so lange wiederholen, bis sie wieder im Knast oder in einer Therapie endet, obwohl sie nicht den Willen hat, clean zu werden.

Der eigene Wille frei zu sein

Ulla kennt keinen Ausweg aus diesem Kreislauf. Sie beharrt allein darauf, daß ihr Willen über ihren Verbleib in der Szene oder über ihren Ausstieg entscheiden soll. Ihr Wille ist für sie die letzte Realisierungsmöglichkeit ihrer Individualität. Wenn Ulla nicht den Willen hat, auszusteigen, dann deshalb, weil die Gesellschaft auch keine Materialisierung dieses Willens zuläßt, egal wie abstrakt und diffus sie seine Realisierung exekutieren mag. Der Wille auszusteigen, bindet sich bei ihr immer noch an Hoffnungen, die sie in die Szene setzt, das heißt an die Perspektive, die Ulla beim »Abhauen« von der Familie im Heroin (»Ich, Ulla, Fixer«) und in der Szene gesucht hat. Diese Perspektive beinhaltetet, daß sie sich selber als realisierendes Individuum betrachtet, das über das eigene Schicksal bestimmt – zum anderen aber auch, daß sie die Szene als kollektiven Kommunikationsprozess erlebt, der freilich durch den Zwang zur täglichen Drogenbeschaffung von Beschränkungen und Gewalt bestimmt wird.

Den eigenen Willen zur Voraussetzung für das Aussteigen aus der Szene zu machen beinhaltet in Ullas Alltagstheorie die Möglichkeit, die sozialen Defizite zu überwinden, die sie auf die Szene gebracht haben, wie auch die Enttäuschungen der Szene selber, die sie als Wiederholung von Erniedrigung und Knechtschaft empfindet als Uneinlösbarkeit des vorgestellten anderen Lebens auf der Szene. Dieses moralische Minimum für ein besseres Leben klagt Ulla mit ihrem Leben auf der Szene ein.

Geht man davon aus, daß der Fixer seinen Ausstieg wollen muß, dann ist nach der Adäquatheit hergebrachter Therapien zu fragen, die von Ulla und anderen Fixern stets als den eigenen Willen niederdrückende Zwangsmaßnahme erfahren werden. Vermutlich ist das Ignorieren des eigenen Willens der Fixer durch die Institutionen der sozialen Kontrolle ein wesentlicher Grund dafür ist, daß die Zahl der Selbstabbrecher, die die Szene nach durchschnittlich sieben bis zehn Jahren verlassen, erheblich höher liegt als die eher bescheidenen Heilungsergebnisse der Therapieprogramme.

Therapie: man wird fertig gemacht

Auch Ulla hebt diesen Zwangscharakter der Therapie hervor. In Therapien, so sieht sie es, »wird man fertig gemacht«, lebt man »gezwungenermaßen zusammen«. Ihre eigenen Erfahrungen beschreibt sie so:

U.: Na, erstmal also bei mir lief das damals so ab, ich erzähle das mal, zum Drogeninfo bin ich hingegangen, ich bin dahin gekommen, gleich nach dem Knast, also hatte einen Termin, und bin danach gleich dahin, hat der mich abgeholt, da mußte ich erstmal sieben Stunden ganz allein im Zimmer sitzen, ohne zu rauchen, bis überhaupt mein Gespräch stattgefunden hat. Dann haben die mich hochgeholt, dann haben die gefragt, was willst du hier, warum biste hier, wie stellst du dir Therapie überhaupt vor, und größtenteils wissen die meisten Fixer, so ging es mir auch damals, überhaupt keine Antwort da drauf. Ich habe das damals gemacht, erst einmal, um aus dem Knast herauszukommen, und das wollen die Leute von dir hören, die verlangen total die Ehrlichkeit, und ich dachte eben, wenn ich denen jetzt sage, ich bin hierhergekommen, um aus dem Knast zu kommen, oder so, dann schmeißen die mich gleich wieder raus, aber ich hatte eben ganz falsche Vorstellungen davon, und dann ...

I.: Wieso falsche Vorstellungen?

U.: Ja, ich dachte nun, wenn ich die Wahrheit sage, wenn ich also zu denen gesagt hätte, ich bin hier, weil ich sonst in den Knast muß, daß die dann sagen, naja, dann raus, du hast hier nichts zu suchen. Weil die wollen ja Motivation sehen, zum Entziehen, und da dachte ich eben, wenn ich das sage, ist das total verkehrt, und dann habe ich denen was vorgesponnen, naja, ich möchte entziehen, ich möchte clean bleiben, obwohl ich damals gar nicht den Willen dazu gehabt habe, jedenfalls nicht richtig, und dann gings los, also ich kannte keinen von denen, dann wollten die wissen, was ich für Beziehungen hatte mit Typen, was da abgelaufen ist, wie ich mich mit denen im Bett verstanden habe, und dann habe ich schon mal total auf stur geschaltet, und habe gesagt, was geht euch das an, weil, das bringe ich einfach nicht, da mit Leuten drüber zu reden, die ich nicht kenne, ich sehe die das erste Mal, und ich meine, wenn die mir sympathisch sind oder so, o.k., dann hätte ich auch mehr mit denen geredet über alles, aber da waren Leute bei, die mir einfach schon vom äußeren Anschein unheimlich unsympathisch waren, und da habe ich das einfach nicht drauf gehabt, denen irgendwas zu erzählen. Da habe ich gedacht, na, was geht die das an, was ich für Beziehungen hatte und wie ich mit Typen im Bett klargekommen bin ...

Ulla will nicht therapiert werden. Sie wehrt die Eingriffe der Therapeuten in ihr Leben (»Was geht das die an«) ab. Schließlich war ihr Leben auf der Szene ein mehr oder weniger verzweifelter Versuch, selbstständig das eigene Leben zu gestalten und zu leben. Die Erfahrungen auf der Szene sind, so negativ sie sein mögen, immer noch als Individualisierungsprozeß bedeutsam. Deshalb werden Therapien als Zerstörungsstrategien des individuell Erreichten erfahren. Für Ulla bedeutet die Therapie »Zwang«, und zwar mehr Zwang als die Szene, denn in der Therapie kann sie »nicht machen, was ich will, sondern was die Gruppe will«. Ullas Leben auf der Szene hingegen beruht auf »ihrem Willen«, dieses, wenn auch beschissene, Leben zu führen. Das Minimum ihrer Erwartung an eine mögliche Therapie ist, daß ihr die Möglichkeit gegeben wird, sich ohne Hilfe aus diesem Leben herauszuarbeiten, in das sie sich hinein- und hindurchgearbeitet hat. Der Therapie kommt dabei in Ullas eigener Vorstellung weder die Funktion noch das Recht zu, sie »umzukrempeln«. Sie kann sie nur als Hilfe zur Selbsthilfe für die eigene Lebensgestaltung akzeptieren. Diese Möglichkeit sieht aber Ulla wie viele andere Fixer in den Therapieformen nicht gegeben, die auf Einsicht in das subjektive Versagen drängen und den Eingriff in das Individuum zur Voraussetzung ihrer Hilfe machen.

Selber klarkommen

Nach unserem dritten Gespräch trennte sich Ulla von Michael, weil er sie schlug: »Er kann mir erzählen, er liebt mich, wenn er mich schlägt, kann er mich nicht lieben.« Und Ulla zieht daraus die folgende Konsequenz: »Bevor ich mich schlagen lasse, komme ich besser alleine klar, da brauche ich keinen Michael für.« Auffällig an dieser Formulierung ist, daß Ulla sie bereits in einem anderen Zusammenhang verwandte. Als sie schilderte, wie sie von zu Hause wegzog, nannte sie ihr Motiv: »Ich dachte, ich komme auch alleine klar, ich brauche meinen Vater nicht.« In ihrer Reflexion auf einen späteren Zeitabschnitt benutzte sie diesen Ausdruck, um eine verinnerlichte Erfahrung zu artikulieren. Als sie erzählte, wie sie bei dem sie unterdrückenden Freund in Berlin wohnte, sagte sie: »Ich bin nicht klargekommen.«

In ihrer Narration benutzt Ulla diesen Ausdruck jedesmal zur Beschreibung eines Bruches in ihrer Lebensgeschichte, der zugleich ein kleines Stück selbständiges Hindurcharbeiten durch die miserablen Verhältnisse, einen kleinen Schritt zu mehr Autonomie und Selbständigkeit bedeutet. Zum ersten Mal will Ulla jetzt unabhängig von einem Mann, ihrem Vater oder einem Freund, »klarkommen« und für die eigene ökonomische Reproduktion sorgen. Sie will alleine auf der Szene überleben. Da aber beginnt bereits das nächste Dilemma. Da in den letzten Wochen, in denen sie mit Michael zusammen war, dieser das Geld beschaffte bleibt ihr jetzt, wo sie wieder alleine ist, »gar nichts anderes übrig als anschaffen zu gehen«.

In der harten Szeneökonomie, in der Konkurrenzverhalten und Gewalt Voraussetzung sind für die Geldbeschaffung, fühlt sich Ulla mit ihrer passiven Konstitution nicht wohl. Was ihr bleibt, sind Prostitution und der Wille durchzuhalten. Ulla hat Angst, alleine zu sein, ekelt sich vor dieser Art der Geldbeschaffung – aber: »Ich brauche es eben, das Heroin«. Und so überlegt sie: »Wenn man kein Geld für Dope hat, dann wird man skrupellos«, oder: »Ich werde mir irgendwann den Goldenen setzen«.

Tod oder Überleben – das ist für Ulla die einzige Alternative. Bleibt zu hoffen, daß sich Ulla irgendwann einigermaßen unbeschadet mit oder ohne fremde Hilfe aus den kaputten und selbstzerstörerischen Verhältnissen herausarbeiten kann. Ihre Überlebenschancen auf der Szene aber, in der ihr von der Gesellschaft nicht einmal die minimalen Menschenrechte[38] zugestanden werden, sind äußerst gering.

5.

Kolonialisierte Mentalität und Habitus

Was haben Vera, Michael und Ulla in der kolonialen Lebenswelt der Heroinszene aus dem gemacht, was aus ihnen gemacht worden ist? Wie können wir die Derealisierungs- und Selbstzerstörungstechniken verstehen, mit denen sie ein der normalen Welt entgegengesetztes Zeichensystem hervorbringen, in dem Angst, Verfolgung, Unterwerfung, Elend und Tod konstitutiv werden für Stolz, Subjektivität und Identität? Woher nehmen sie die Kraft und die Energie, sich jenen – Allmachtsphantasien entsprungenen – Kraftausbrüchen hinzugeben, die sie in ein tiefes Loch reißen, wo alle landläufigen Lebensauffassungen umgeworfen sind?

Zur Beantwortung dieser Fragen sind wir dem Prozeß der Subjektwerdung nachgegangen, wie er sich als Empfindung, Haltung und subjektive Bedeutsamkeit in den lebensgeschichtlichen Erzählungen den Interviewten selber darstellt. Wir gingen aus von dem aktuellen Handlungsentwurf der Befragten, um dann den lebensgeschichtlichen Spuren in Familie und Szene nachzugehen, die noch im gegenwärtigen Interessenvollzug und in der alltäglichen Auseinandersetzung mit den objektiven gesellschaftlichen Zwängen wie auch mit der individuellen Besonderheit lesbar sind. In der kondensierten Beschreibung der aktuellen, im Reden vollzogenen Aneignung der je eigenen Lebensgeschichte der Befragten wurde Subjektivität als sich vollziehender Prozess und aktueller Lebensvollzug rekonstruiert.

Der Nachvollzug der Lebensgeschichten hat gezeigt, daß die negative Identität und Subjektivität der Erzählenden, die sich in ihrem Entwurf als selbstzerstörerischer Wille zum weiteren Gebraucht von Heroin oder als Selbstaufgabe artikulieren, immer noch Dimensionen von sich befreiender Subjektivität enthalten. Diese können freilich nur als bloßer Widerstand, als Trotz gelebt werden.

Die Suche nach einem anderen Leben, das beim ersten Schuss noch als rauschhaft-euphorisches Glücksgefühl, als Selbstbestätigung oder als mögliche Aufhebung der schlechten Normalität erlebt wurde, unterlag einer lebensgeschichtlichen Formwandlung, wurde Teil der kolonialen Alltagswelt der Heroinszene.

Die Erfahrungswelten von Vera, Michael und Ulla sind durch Modifikationen und Lernprozesse geprägt, die aus dem Wunsch hervorgehen, zu Überleben und die eigene Identität und Besonderheit auf der Szene, gegen die Normalität und den Zwang der sozialen Kontrolle, zu bewahren. In der Reflexion auf die eigene Geschichte erscheint ihnen selbst die Veränderung des eigenen Lebensvollzugs als Bruch zwischen dem Wunsch, anders zu leben, und dem Mangel an Leben in der miesen Szenewelt wie in der Normalität. Gleichzeitig gelingt es ihnen nicht, das, was sie suchen und wünschen, auszumalen und in einen zukünftigen handlungsleitenden Entwurf zu transformieren. Trotzdem läßt sich aus ihren Deutungen der eigenen Personalisation das dichotome Bild einer erhofften Gemeinschaft erschließen, das konträr zur Gesellschaft steht. Die zwei Seiten dieses Bildes sind das »andere Leben« und die »freiwillige Knechtschaft«; beiden liegt ein realer Wunsch zugrunde, der beständig auf dem sozialen und politischen Territorium der Szene als gesellschaftliche Realität produziert wird.

5.1 Junkie-Maschinen

Der – in den rekonstruierten Lebensgeschichten – reflektierte Prozeß der ambivalenten Subjektwerdung enthüllt die Kraft und das Vermögen der Fixer, ein »Bedürfnis nach entwaffneter Roheit am Rande des Schreckens zu befriedigen« (Georges Bataille) – die Lust der bedingungslosen Verausgabung bedeutet keine Verminderung der aggressiven Kräfte. Dieser Prozess der Bedürfnisbefriedigung ist auf eine Wunschproduktion zurückzuführen, die von Deleuze und Guattari (1977) als »Junkie-Maschine« bezeichnet wurde. Sie kennzeichnen damit die Produktion einer Realität des Überlebens, in der der Wunsch, zu überleben und das Gegenwärtige zu überschreiten, von der Sabotage und Destruktion eben dieses Gegenwärtigen ununterscheidbar werden.

In ihren spezifischen Aggressionsformen und Selbstzerstörungsweisen hat die Realität der Heroinabhängigkeit eine gesellschaftliche Form angenommen, die ihren Ausdruck in Szeneökonomie und Szenekonkurrenz, individuellem Überleben, sozialer Kontrolle, negativer Identität etc. findet. Was die »Junkie-Maschinen« in der Szene als Wunsch produzieren, ist der Wunsch nach einem Leben ohne Mangel. Aggression und Selbstzerstörung auf der Szene liegt demnach ein Wunsch zugrunde, der seine Bestimmungen nicht von Mama und Papa herleitet, sondern aus einem politischen und historischen gesellschaftlichen Feld, das sich in der kolonialisierten Alltagswelt der Fixer konkretisiert. Folglich unterliegt die Wunschproduktion der »Junkie-Maschinen« ganz anderen Bestimmungen als der nicht gesellschaftsfähige und chaotische Wunsch der Freudschen Theorie, dessen Triebpotential aus einem dunklen, in Bewußtsein und Erfahrung nicht zugelassenen Unbewußten[39]entspringt. Der Wunsch weiß, was das Unbewußte nicht weiß: er kennt den Mangel, die Eltern, das Gesetz, die Miesheit der Szene und den Druck Heroin – und er artikuliert sich in Willen und Absicht der Fixer, sich in einer kaputten Welt selber kaputt zu machen und damit sagen zu können: die Normalität, der ihr mich unterwerfen wollt, kann und will ich nicht ertragen.

Die Wunschproduktion der »Junkie-Maschinen« ist nicht das Produkt von Einbildung oder Phantasie, sondern existiert in den historisch bestimmten Bedingungen eines Gesellschaftskörpers: seiner Ökonomie, seiner Technik, seinen Gesetzen etc., die die Zeichen der Selbstzerstörung tragen. Weil der junkie-maschinelle Todestrieb diese lebensbedrohliche gesellschaftliche Existenzform sinnlich wahrnehmbar (als körperliche Zerstörung und Tod) vor Augen führt und gleichzeitig den Wunsch ihrer Überwindung hervorbringt, kann die Gesellschaft die Wunschproduktion der »Junkie-Maschinen« auch so schlecht ertragen:

> »Der Wunsch bedroht eine Gesellschaft nicht deshalb, weil er Wunsch ist, mit der Mutter zu schlafen, sondern weil er revolutionär ist. Das will heißen, nicht daß der Wunsch etwas anderes als Sexualität sei, sondern daß die Sexualität und die Liebe nicht im Schlafzimmer von Ödipus hausen, daß sie eher von großen Weiten träumen ...« (Deleuze/Guattari S. 150).

Die gesellschaftliche und psychische Realität, die die Wunschproduktion hervorbringt, wird von den Fixern erlebt als Bruch zwischen eigener und fremder Kultur (die familiale eingeschlossen) und den Einschnitten und Beschränkungen, die ihnen die subkulturelle Lebenswelt zur Aufrechterhaltung der eigenen Identität und Subjektivität abverlangt. Die aggressiven und selbstzerstörerischen Energien, die dabei freigelegt und in Lebenswillen umgewandelt werden, bilden jene Kraft und das Vermögen der Fixer, welche ihnen das Überleben als Entwurf und Lebensvollzug unter den konkreten gesellschaftlichen Bedingungen kolonialer Repression möglich machen. Es sind Ströme der Lust, der Sehnsucht, des Hungers, aber auch der Angst, der Kälte und des Schmerzes. Freilich, diese Ströme sind mit einem Selbsttötungswunsch verbunden, der gegen die Angst und für die Lust steht:

> »Ich verlaß lieber diese Hülle und geh irgendwo anders ein. In das Universum oder sonstwas, oder sonst irgendein anderer Spruch. Man weiß es nicht, was hinterher kommt, ne, und ... also diese ganze Spritzerei tendiert wirklich auf den Tod zu.« (Fixerin)

Mit dem täglichen Druck Heroin wird der Körper von einem Fluß aus Energie erfaßt, aber zugleich kündigt die Möglichkeit des physischen Todes das Ende dieses Flusses an. Dieser Trieb ist keine Energie, die, aus großen kulturellen Einheiten abgeleitet, Personen vereinigt, sondern eine Energie, die verbindet, organisiert und verteilt. Das genau aber sind die Wunschmaschinen: die Mikrophysik des Unbewußten, die niemals unabhängig von historischen Einheiten und Gesellschaftsformationen existieren kann, die sie vielmehr auf einer statistischen und empirischen Ebene überhaupt erst als solche konstituieren.

Die von den »Junkie-Maschinen« hervorgebrachte Erlebniswelt, die materielle Kultur der Heroinszene, die sich selber sabotiert und zerstört, steht deshalb auch quer zur ödipalen Erlebniswelt und im Gegensatz zum regressiven ödipalen Tod. Das Territorium, das die »Junkie-Maschinen« libidinös besetzen, ist die subkulturelle Welt der Heroinszene. Sie besetzen es in der Überschreitung der Familie in Richtung auf das, was das Soziale im Wunsch ausmacht. Die »Junkie-Maschinen« sind nicht länger aus einem psychischen Abwehrmechanismus zu erklären, sondern suchen Ausgleich für einen erlittenen Mangel. So sind sie nicht aus einem abstrakten unbewußten Trieb zu dechiffrieren, sondern aus der realen sozialen Form, die dieser angenommen hat.

Diese vom Wunsch hervorgebrachte Realität kennzeichnet eine Energie, die zwischen unterschiedlichen Mächten, dem Ursprung (Ödipus) und dem daraus Entspringenden (Wunsch), agiert. Erfahren wird sie von den Subjekten in unterschiedlichen lebensgeschichtlichen Stadien (Familie, Personalisation).

Wir haben gesehen, wie die Befragten im Erinnern die Zyklen und sich verändernden Zustände synthetisieren, die sie bisher durchlaufen haben (Familie, Hippie, Rocker, Szene, Knast, Entlassung). Ihre Reflexion über die Beziehung zu den Eltern hat dabei immer auch eine genealogische Funktion (K. Heinrich, 1982) des Sich-Erinnerns offengelegt. Sie besteht darin, daß die Erinnerungsspuren auf einen Mangel verweisen, dessen Erfahrung aus der Überschreitung des familialen Zusammenhangs resultiert. Insofern waren die rekonstruierten Erinnerungen an die erlebte Kindheit in Form und Inhalt vom ursprünglich Erlebten immer schon verschieden (wir erinnern uns an Sartres Spiralenmetapher) und an den aktuellen lebenspraktischen Entwurf sowie an Subjektivität gebunden.

Will man demzufolge die in lebensgeschichtlichen Brüchen und Einschnitten erfahrenen Überschreitungen aus dem familialen auf das kulturell-gesellschaftliche Feld aufzeigen, ist es ein Fehler zu behaupten, es beginne alles beim Kinde. Der Rückgriff auf den Ursprung der lebensgeschichtlich problematischen Erfahrungen gibt uns zwar zweifelsohne Aufschluß über die Struktur und die Mechanismen psychischer Konstitutionsbedingungen des Subjekts[40], aber dadurch können der Prozess der Widersprüche und die Genese ihrer Formveränderung nicht nachgezeichnet werden, wie sie als Erfahrung für die Fixer subjektiv bedeutsam sind (und die Bedingung der Möglichkeit von Selbsterfahrung und Befreiung in und aus der aktuellen Lage vorgeben).[41]

Die Frage, die wir im Kontext der Wunschproduktion an die Familie gerichtet haben, ist also nicht, wie alles angefangen hat, sondern: wie empfinden die Erzählenden zum Beispiel, daß sie nach der Haftentlassung oder auf der Szene wieder in den Schoß der Eltern zurückgeworfen werden und damit der soziale Mangel reproduziert wird, die gewünschte Grenzüberschreitung aber erneut mißlingt? In den lebensgeschichtlichen Erzählungen werden Schwierigkeiten mit der Familie in einer Art und Weise erinnert, die auch ohne größere Analyseanstrengungen als Symptom eines seelischen Gebrechens erkennbar ist. Gleichzeitig zeigt aber die Selbstreflexion der Befragten über die familialen Verhältnisse ihren vehementen Wunsch und die Handlungspotentiale, aus diesem Verhältnis auszusteigen.

Jeder der Erzählenden hat seine eigene Subjektwerdung in spezifischer Weise im Kontext der Familienstruktur gedeutet. So unterliegt die Reflexion Michaels oder Veras stets der Empfindung, keinen Platz in der Familie gefunden zu haben, ja aus ihr ausgegrenzt worden zu sein. Gleichzeitig aber wird der Wunsch nach Trennung betont – denn sie ermöglichte es ihnen, sich ganz der Geborgenheit, der Kommunikation und der Gemeinschaft einer Subkultur zuzuwenden. Sie waren dabei ganz auf sich gestellt – die Lösung von der Familie ließ sie sich als aktiv Handelnde konstitutieren. Indem sie ihre ganze Person dem subkulturellen Feld zuwandten, personalisierten sie sich – notfalls mit Haß und Gewalt – gegen die familiale Welt.

Ganz anders verhält es sich mit Ulla. Sie fühlte sich stets durch die Bindung an ihre Mutter und ihr schlechtes Gewissen gelähmt und in ihrer Ohnmacht gefangen. Hinzu kommt, daß Ulla in ihrem ersten

Versuch, die Trennung von der Familie zu vollziehen, nur einen Ortswechsel vollzog. Was sie suchte, konnte sie mit dem ersten Freund, der »kleinbürgerlichen Vorstellungen« hatte, nicht finden – zumal sie aufgrund ihrer Beziehung zur Mutter aber auch zum Vater nicht in der Lage war und über die Mittel verfügte, sich offensiv gegenüber Anderen durchzusetzen. Erst mit dem ersten Schuß Heroin konnte sie selbstbewußt sagen »Ich, Ulla, Fixer«, um sich gegen andere, auch gegen die Familie abzugrenzen.

Ganz anders verlief Michaels und Veras Personalisation, die durch ihren Kontakt zu einer jugendlichen Subkultur die Möglichkeit hatten, ihre Wut (gegen Vater und Mutter und die Normalbürger) in einem subkulturellen Lebenszusammenhang herauszubrüllen, und den Wunsch nach Selbständigkeit bis zu einem gewissen Grad notfalls mit Gewalt durchsetzten. Dies vermittelte den beiden ohne Zweifel eine gewisse Souveränität und Durchsetzungsvermögen. Die Ordnung des von ihnen Erlebten ist durch Kampf gekennzeichnet, während Ullas Konstitution durch Passivität und Opferhaltung geprägt ist.

Die Erfahrung des Überschreitens der familialen Erfahrungswelt unterlag im Verlaufe der Personalisation von Vera, Michael und Ulla in ihrem täglichen Auseinandersetzungsprozess mit der sozialen subkulturellen Realität Modifikationen, die zurückwirken auf die subjektive Deutung der familialen Erlebniswelt. Was sie an problematischen lebensgeschichtlichen Erfahrungen als subjektiv bedeutsame Erfahrungen erinnern, unterliegt einer Selektion, die nach Maßgabe des subjektiven Interessenvollzugs in einer aktuellen Lage erfolgt und als relevante Erfahrungsspur in einen Handlungsentwurf einfließt. Dabei haben sie beim Erinnern keine Phantasien beschrieben, sondern selektiv konkret erfahrene Ereignisse aufgegriffen, die ihre wirklichen Handlungen und Leidenschaften wie auch die der Eltern betreffen. Aus diesem Grund ist die subjektive Bedeutsamkeit der erinnerten lebensgeschichtlich problematischen Erfahrungen aus den vielseitigen Abhängigkeiten zu verstehen, in denen sich Vera (nach der Haftentlassung) und Michael und Ulla (auf der Szene) befinden.

In diesem Zusammenhang muß auch z.B. die subjektive Relevanz von Veras Haß-Liebe zu ihrer Mutter aus ihrem aktuellen Erfahrungszusammenhang gedeutet werden. Vor dem Hintergrund der aktuellen Erfahrungswelt ordnet Vera in ihrer Erinnerung jedes einzelne lebensgeschichtliche Ereignis neu und weist ihm seinen Platz in einer gegenwärtigen Realität zu. So wird das Verlangen zum Teil ihres alltäglichen Entwurfes mit eigenen Bedeutungen und Relevanzen.

Erinnern wir uns: Vera ist mit Auflagen aus dem Gefängnis (wo sie sich relativ wohl fühlte) entlassen worden, sie hat sich eine Arbeit gesucht, aber noch keine Wohnung gefunden, und ist auf ihre Mutter angewiesen. Diese Nähe bedroht sie. Veras Selbst, der Name, den sie sich – bei allen Widersprüchen – auf der Szene geschaffen hat, ist durch die Zwangsgemeinschaft (Bewährungshelfer) mit ihrer Mutter wieder bedroht. Die sozialen Verhältnisse werfen sie so nach ihrer Entlassung wieder zurück in den Schoß der Mutter. Vera erlebt dies als Niederlage und Streß.

Die Spuren ihres konkreten Strebens nach einem mit sich identischen und selbständigen Selbst sind einerseits immer von der Anstrengung geprägt, dieses herzustellen. Andererseits sind ihre Erinnerungen von der Angst geprägt, dieses Selbst wieder zu verlieren und die mühsam hergestellten Grenzen zwischen sich und den anderen (Mutter, Familie, normale Kultur) aufzuheben.

Auch bei Michael sind die subjektive Bedeutsamkeit und die reale Form, die seine Idealisierung des Vaters in der Erzählung annimmt, nicht ohne seine hoffnungslose Ausgangslage zu verstehen. Während unserer Gespräche hat Michael mehrfach versucht, seinen Vater anzurufen, in der Hoffnung, daß dieser Richter und Bewährungshelfer davon überzeugen wolle und könne, den Bewährungswiderruf zurückzunehmen. In dieser Situation, in der Michael sich hoffnungslos den strafrechtlichen und therapeutischen Apparaten ausgeliefert sieht und kaum noch Hoffnung hat, sich in der Szene wieder hocharbeiten zu können, erinnert er sich, daß er noch der Sohn seines Vaters ist: »Ich möchte noch sein Sohn sein.«

Der Zwang der sozialen Kontrolle sowie seine Lage als physisch und psychisch schwer geschädigter Fixers zwingen Michael dazu, daß er sich erneut dem Vater zuwendet. Die in Michaels lebensgeschichtlicher Erzählung aufscheinende Idealisierung des Vaters determiniert demzufolge nicht sein Handeln und seinen Charakter, sondern wirkt als vermittelnde Instanz, vor der ein erlittener und unabgegoltener sozialer Mangel in einer aussichtslosen Lage eingeklagt werden kann: Zuneigung, Schutz, Nähe, Liebe – alles was er, als ein vor dem Scheitern stehender arroganter und durchsetzungsfähiger Einzelkämpfer, der sich gegen die Eltern und die Normalität auflehnte, immer noch vermißt.

Ullas Erzählung über die Familie ist vor allem durch Emotionslosigkeit und Opferhaltung geprägt. Für sie wiederholen sich auf der Szene jene Erfahrungen, die sie als gedemütigtes und geschlagenes Kind und als Jugendliche erfahren hat. Die Erinnerungen an den tyrannischen Vater und die schwache und aufopfernde Mutter sind stark ambivalent. Einerseits sind für Ulla ihre Erfahrungen in der Familie ein möglicher Grund dafür, daß sie anfing, Heroin zu drücken. Andererseits hebt sie hervor, daß dies nicht der einzige Grund für ihre Abhängigkeit sein könne. Die Interpretation hat gezeigt, daß Ullas Handlungsstrategien trotz ihrer passiven Konstitution eine Energie und ein Wille zugrundeliegen, die auf das selbständige sich Heraus- und Durcharbeiten aus der Opferolle zielen. Die Suche nach Identität und Selbständigkeit geht immer auch mit dem Wunsch einher, den familialen Erfahrungszusammenhang zu überschreiten. In Ullas Rekonstruktion der eigenen Lebensgeschichte stellt sich dies als Spirale dar: immer dann, wenn sie erneut den Versuch unternahm, »selber klar zu kommen«, wurde sie in eine Unterdrückungssituation zurückgeworfen, in der sich die Negativerlebnisse aus der Familie wiederholten. Vor diesem Erfahrungszusammenhang macht Ulla ihrem Vater die Tyrannei und ihrer Mutter die schuldgefühlerzeugende Schwäche erneut zum Vorwurf.

Veras Haßliebe zu ihrer Mutter, Michaels Idealisierung des Vaters und Ullas Identifikation mit der schwachen Mutter sind nicht absolut zu setzen und auf eine ursprungsmythische Situation (Ödipuskonflikt) zurückzuführen. Sie sind vielmehr Resultat eines durchlebten Konfliktes, der aus dem Wunsch entspringt, sich aus dem fa-

milialen ins soziale Feld heraus- und hindurchzuarbeiten, und einen sowohl lebenserhaltenden (die Möglichkeit, sich selbst als Person schaffen) wie auch lebensbedrohenden (die Unmöglichkeit, sich als Person zu leben) Aspekt besitzt.[42]
Die spezifischen Formen des Rückgriffs auf die Familie bei Vera, Michael und Ulla sind demzufolge das Ergebnis materialisierter lebensgeschichtlicher Erfahrungen und zugleich Ausdruck eines erfahrenen, unabgegoltenen sozialen Mangels, dessen Überwindung die drei in ihrer aktuellen miesen Lage aus der Erinnerung an die Familie einzuklagen versuchen. Dieser Mangel geht auch in ihre aktuellen Entwürfe ein, wodurch sie mehr oder weniger vehement wieder zurückgeworfen werden in den Schoß der Mutter oder unter die Kontrolle des Vaters. Der Bewegung dieses durchlebten Konfliktes liegt die Wunschproduktion zugrunde, in deren Vollzug die Subjekte das Territorium der Szene libidinös besetzen mit dem Ziel, die Grenzen der Familie und des erlittenen Mangels zu überschreiten. Die Bestandteile und Elemente dieses fundamentalen Wunsches existieren real als materialisierte lebensgeschichtliche Erfahrungen weiter. Die dichotome Form, die er bei den dargestellten Individuen angenommen hat (und die sie in Haltungen und Empfindungen verinnert haben), umfasst den Wunsch nach anderem Leben und die Unterwerfung unter freiwillige Knechtschaft.

5.2 Anders leben

Die Erinnerung an das Erlebte ist bei Vera immer verknüpft mit Beschreibungen von Durchsetzungsvermögen, Selbständigkeit, Anerkennung und Erfolg innerhalb des jeweiligen sozialen subkulturellen Settings. In dieser Einheit bildet die Subkultur das soziale und gesellschaftliche Feld, das Vera mit ihrem Wunsch nach einem Leben ohne Mangel libidinös besetzt hat: Geborgenheit bei den Rockern und die große Liebe zum Vizeboss; Sicherheit, Erfolg und Anerkennung auf der Szene und der Schuß Heroin, den sie als »Wahnsinnsfeeling« erlebte; dann die Befriedigung, die sie als Sprecherin der »roten« Gruppe im Gefängnis und als Respekts- und Vertrauensperson erfahren hat. Hinzu kommt, daß Vera dieses soziale Feld stets in Verbindung bringt mit sozialen Phantasien: Kommunikation, Spaß, Identität, anderes Leben, Gemeinschaft, Solidarität, sich gemeinsam wehren. Veras Wunsch nach einem anderen Leben ist dabei primär gesellschaftlich und erst sekundär familial besetzt. Im Zentrum der geschilderten familialen Erlebniswelt stehen deshalb ihre Erfahrungen mit den ökonomischen (Herrschaft des Geldes), kulturellen (»feine Pinkel«; gesellschaftsadäquates Verhalten) und sozialen (Geld ersetzt persönliche Zuwendung) Verhaltensweisen ihrer Eltern, die sie schon als Kind gehaßt und abgelehnt hat.

Auch Michael verknüpft in seinen Schilderungen Kategorien wie Erfolg, Spaß, Gemeinschaft immer wieder mit seinem Ausstieg aus der normalen Welt, seinem Entschluß, in der Subkultur der Hippie-, Rocker- oder Heroinszene zu leben. In diesen Szenen hat er etwas aus sich gemacht, das ihm Identität und phasenweise ein mit sich identisches Selbst verliehen hat. Das Motiv, das seinem Handeln zugrunde liegt, ist der Wille, anders zu sein:

> »Ich will nicht so sein wie die Alten, ich will kein Spießbürger sein, ich will auffallen, ich will den Leuten zeigen, es geht auch anders. Ich kann anders leben, so nach dem Motto.«

Die Erfahrungen und Beweggründe, welche die Durchsetzung dieses Willens begleiten, sind Aufsässigkeit, Auffallen um jeden Preis, Abgrenzung von der älteren Generation, Aggression und der Wunsch nach einem freien Leben. Die zentrale Kategorie, mit der Michael diesen Erfahrungen Form gibt, ist Arroganz. In ihr artikuliert er sowohl Durchsetzungsvermögen, Diestanzierung und Bereitschaft, seinen Weg zu gehen, egal was kommt, als auch Selbständigkeit. Ähnlich wie Vera kehrt Michael in seiner Sprache Gewalt und Haß hervor. Zugleich umgibt er sich mit einer Art Wild-West-Mythos vom lonely fighter, der am Rande der Gesellschaft lebt. Daß er dabei auch einmal eine Freundin auf den Strich schickt und sie an einen Zuhälter verkauft, ist Teil seiner Borniertheit – dient aber auch seinem unabhängigen Überleben.

Aus Michaels Schilderungen geht hervor, daß er schon immer ein Außenseiter sein wollte, der nach Abenteuern suchte. Er empfand sein Leben stets in diametralem Gegensatz zur normalen Welt. Die Welt der Heroinszene, der Rocker und der Zuhälterei sind für ihn ein Zufluchtsort des Nichtangepaßten, ähnlich den Welten, die er auf seinen Reisen aufsuchte und in seiner Musik beschrieb. Michael betont, daß er bewußt ausstieg, um sich eine eigene Welt mit einem eigenen Alltag anzueignen. So kaputt er heute ist, bereut er den Weg nicht, den er eingeschlagen hat. Im Gegenteil: »Ich bin stolz, daß ich noch lebe und nicht den Löffel hingeschmissen habe.«

Michael sucht nach keiner Entschuldigung für seine gegenwärtige Situation, obwohl er weiß, daß es für ihn »keine Perspektive mehr gibt«. Was er sucht, ist ein Ausweg, der ihm die Möglichkeit gibt, auch weiterhin auf der Szene zu leben, denn das Leben auf der Szene ist zwar »ein Scheißleben, aber es ist immer noch ein Leben«. Was Michael besonders bedrückt, ist die Aufhebung der Haftverschonung – sie bedroht seine Reproduktion auf der Szene. An einer zentralen Stelle seiner Selbstreflexion, die von der Gesellschaft handelt, die das »Verhalten der Fixer zu bekämpfen« versucht, sagt er:

> »Ich kann kein Normalbürger sein ... Ich würde sagen, es war mal schön mit Drogen ... Ich will nicht so sein wie die Anderen. Ich will nicht so werden wie mein Alter ist und das macht mich noch heute wahnsinnig an.«

Aus diesem Willen und dem Wunsch, anders zu sein, sowie aus den gelebten Erfahrungen eines von dem der Eltern unterschiedenen Lebens erwächst Michaels subkulturelle Identität; aus seiner Gewißheit, anders zu sein, resultiert sein Hochmut als Fixer.

Verbinden Vera und Michael ihre lebensgeschichtlichen Erzählungen stets mit den Kategorien von Haß und Geborgenheit im subkulturellen Lebenszusammenhang, so stellt Ulla ihre Erfahrungen als individuelles Opfer in den Mittelpunkt. Kategorien wie Kommunikation, Spaß, Selbständigkeit, Gemeinsamkeit, an deren konkrete Erfahrung Ulla und Michael sich immerhin erinnern, benennt Ulla in ihrer Selbstdarstellung lediglich als etwas Fehlendes. Auch ist Ullas Sprache – im Unterschied zu der der beiden anderen – niemals von der Grammatik der Gewalt oder von Haß geprägt. Der Ton ihrer Erzählungen ist emotionslos, gedämpft und distanziert. Die Art und Weise, wie Ulla ihre Lebensgeschichte erzählt, nimmt Züge von Gleichgültigkeit an und erhält dadurch zugleich etwas Undurchdringbares. Selbst jene Stellen, an denen sie von erlittenen Prügeln erzählt, werden sachlich und ohne jegliche stimmliche Bewegung beschrieben. Es irritiert dabei während der Gespräche oder später beim Anhören der Tonbänder, daß Ulla diesen Fatalismus zugleich mit einer Entschlossenheit verbindet, die besagt: ich will unter allen Umständen weiterdrücken. Habitus und Duktus der Sprache wollen nicht Mitleid erregen, sie grenzen aus. Ulla errichtet eine Mauer um sich, die es fast unmöglich macht, die kognitiven Verarbeitungsstrategien ihrer Lebensgeschichte und ihrer Handlungsmotive zu verstehen. Beim Erzählen artikuliert sie lediglich ihren handlungsleitenden Willen: »Ich will weiterdrücken.« Dadurch schliesst Ulla alles, was außer ihr ist, aus und kann jegliche Einflußnahme auf ihren Willen zurückweisen. Diesen regressiven Habitus verstärkt sie noch durch die Betonung der Außendeterminiertheit ihrer Lebensgeschichte (Opferhaltung) und indem sie die Unwiderruflichkeit der Wirkung der Droge hervorhebt (Die abhängige Ulla braucht die Droge). Diese Form der Selbstdarstellung ist Teil von Ullas subkultureller Praxis, in der sie ein anderes Leben nur noch als Selbstzerstörung und Abgrenzung leben kann, dabei aber von einer dumpfen Hoffnung auf ein besseres Leben geleitet wird, an das sie sich nicht erinnern und das sie nicht ausmalen kann.

Trotz der unterschiedlichen lebensgeschichtlichen Erfahrungen, welche die Erinnerungen an ein anderes/besseres Leben in den dargestellten Erzählungen prägen, können wir doch festhalten, daß der betonte Wille, das Leben in die Hand zu nehmen, um es selber zu gestalten und – irgendwie – anders zu leben, bei allen dreien wesentlich Inhalt und Form der Selbstdarstellung strukturiert. Zugleich wird dabei auch jener Antrieb deutlich, der sie in ihrer Adoleszenz Interesse und Neugier auf eine andere Kultur empfinden ließ.

In allen drei Erzählungen wird bei der Erinnerung an den Einstieg in die Subkultur eine affektive Neigung zu einer anderen Kultur thematisiert – sie zeigt die Bereitschaft an, die Kultur der gesetzten gesellschaftlichen Normalität hinter sich zu lassen. In diesem Sinne besetzt Michael seine Mitgliedschaft bei den Hippies, Vera ihre Aufnahme bei den Rockern und Ulla ihren ersten Schuß Heroin immer noch mit einem positiven Gefühl als Einstieg in den Ausstieg. Daran halten sie fest, auch wenn ein anderes Leben nicht in Sicht ist. Der gewollte Antrieb zum Ausstieg lebt dabei als Wille und im Hang weiter, sich tiefer oder erneut in Abhängigkeit zu stürzen. Der Wunsch nach einem anderen Leben verkehrte sich in der kolonialen Alltagswelt der Szene zur Demonstration der Unmöglichkeit, anders leben zu können.

Die drei Lebensgeschichten zeigen, daß Vera, Michael und Ulla ausgestiegen sind, um etwas aus dem zu machen, was aus ihnen in ihrem früheren Leben gemacht worden ist. Sie haben versucht, das eigene Leben zu gestalten, um als selbständige Person in einem sozialen, nicht familialen Zusammenhang zu leben. Indem sie freilich auf der Heroinszene landeten, wurden sie noch mehr als zuvor Gegenstand gesellschaftlicher Machtausübung. Der Versuch, die schlechte Realität zu überschreiten, endete mit einer Niederlage: die Realität wurde nicht abgeschafft, nur weggedrückt im Rausch oder im Tod.

Die Interviewten begreifen sich selbst als Opfer und Subjekt zugleich. Diese Ambivalenz prägt ihre Selbstdarstellung. Sie haben ihre freiwillige Knechtschaft akzeptiert und weisen sie als etwas selbst Gewolltes aus. Die Szene bleibt für sie trotz aller Miserabilitäten der Ort des Überlebens. Ihre Entkolonialisierung und ihre Wiedereingliederung in die Gesellschaft findet deshalb auch nur statt, wenn sie dem eigenen Willen entspricht: dies ist das moralische Minimum, das die Fixer nach ihrem langen Überlebenskampf auf der Szene einklagen. In diesem Willen steckt jene kleine Hoffnung, die für die Fixer immer noch im Begriff der Szene liegt, mit der sie sich identifizieren.

Um diese Hoffnung freilich verwirklichen zu können, muß ihre Materialisierung in der Gesellschaft als ein »Leben nach der Szene« möglich sein. Diese aber beharrt auf dem individuellen Bekenntnis von Schuld und Schande sowie auf Anpassung an die Normalität durch die Verleugnung der individuell bedeutsamen Lernerfolge auf der Szene. Vera, Michael und Ulla erfahren dies lediglich als Rückschritt und neuerliche Einschränkung ihres Selbst und machen sich »lieber selber kaputt, als daß sie sich kaputt machen lassen.«

5.3 Freiwillige Knechtschaft

> »In der Gesellschaft scheut man die Ehrlosigkeit, aber in einer Versammlung von Verdammten gibt es keine andere Schande als die, nicht ehrlos zu sein. Die Verdammten bilden für sich eine Nation, jeder, der zu ihnen kommt, darf versichert sein, als Feind betrachtet zu werden, solange er nicht ihre Sprache spricht, solange er nicht ihre Denkungsart sich angeeignet hat« (Francois Eugene Vidocq 1827, Komödiant, Soldat, Räuber, Spieler, Schleichhändler und Kettensträfling, endlich Chef der Pariser Geheimen Polizei)

Die freiwillige Knechtschaft, die die Fixer unter den kolonialen Zwangsverhältnissen auf der Szene schließlich akzeptieren, führt zu einer kolonialen Mentalität, welche die »Sklavenmoral« (F. Nietzsche) zu ihrem Ausgangspunkt macht: das Nein zu einem Anderen, zum Nicht-Selbst, zum Außerhalb. Diese Umkehrung des zersetzenden Blicks der herrschenden Moral und Norm führt dazu, daß sie das Kaputte, Aggressive, kurz: das Andere und sozial nicht Zugelassene, das sie selbst repräsentieren, zu ihrem Wesen erklären und die miese Realität der Szene als eigene Leistung, als Verdienst und als etwas Gewolltes begreifen. Überleben wird zum selbstproduzierten Sinnzusammenhang, durch den sie sich abgrenzen. Indem sie sagen: ich will nicht aufhören zu drücken, bekunden sie ihren Glauben an das autonome Subjekt. Diesen Glauben haben sie nötig, um sich selbst als Person zu erhalten. Dabei verlieren sie im Verlauf ihrer Drogenkarriere völlig aus den Augen, was sie ursprünglich aus sich machen wollten.

Angesichts der totalen polizeilichen Kontrolle und des staatlich verordneten »helfenden Zwangs« scheint den Fixern ihr eigenes Schicksal nicht mehr von ihnen abzuhängen. Um sich als Person in dieser Situation zu retten, vollziehen sie einen Prozess der Umwertung, indem sie das erreichte Schlechte zum Positiven wenden: sie personalisieren sich, indem sie sich als Drop-Outs und Fixer begreifen und damit als Ausgegrenzte innerhalb der sozialen Welt und der kulturellen Ganzheit agieren können. Ihre Überlebensstrategien und ihr Versuch der Selbstbehauptung – sowohl auf der Szene wie auch gegen die Institutionen – sind aus einem Protest gegen die Ausweitung des Herrschaftsanspruches der Kultur über das Individuum und aus dem Wunsch, sich selbst als Person zu schaffen, hervorgegangen; aber dieser Protest, der zu Beginn einer Karriere noch in der Neugier aufscheint, verkehrt sich im Szenenalltag in Abwehr, Trotz und Widerstand, die den Gedanken oder gar die Praxis eines anderen Lebens nicht zulassen.

In ihrem Widerstand leben Vera, Michael und Ulla nur noch gegen die »normalen« Verhältnisse, sie handeln lediglich reaktiv. Die Beschränktheit ihres eigenen Handelns und Denkens ist ihnen dabei dumpf bewußt. Dies äußert sich darin, daß sie stets ihr Anderssein hervorheben müssen und sich ihrer selbst dabei unsicher sind. Sie sind voller Mißrauen gegenüber anderen Fixern oder anderen Personen, es fehlt ihnen – was sie selber bemängeln – die Fähigkeit mit anderen, »normalen« Menschen umzugehen. So ist die Kolonialisierung durch die staatlichen Institutionen in Selbstkolonialisierung umgeschlagen. Vera, Michael und Ulla – und so begreifen sie sich auch selbst – sind Subjekte der eigenen Geschichte und Opfer von Unterdrückung zugleich. Es gelingt ihnen niemals, mit sich identisch zu sein, es sei denn in der Gewißheit »irgendwie« anders zu sein.

Dieses Spannungsverhältnis zwischen dem Willen der Individuen und den herrschenden Machtverhältnissen erzeugt jenen Streß, der in allen drei Erzählungen offenbar wurde und den wir in Anlehnung an Sartre als System der Neurosen gekennzeichnet haben: einerseits die verinnerte Aggression, die gegen den Machtanspruch der Kultur gerichtet ist, andererseits die Strategie der Individuen, mittels subkulturell angeeigneter Verhaltensweisen diese Macht zu umgehen. In den dargestellten Selbstdarstellungen kommt dieser Streß am deutlichsten zum Ausdruck, wo sie die Herausforderung des Ausgeschlossenseins und der Stigmatisierung annehmen und sich zugleich selber als von den Normalbürgern unterschieden akzeptieren. Eindrucksvoll wird dies in den Beschreibungen der Gefängniserfahrungen: trotz des Eingesperrtseins fühlten sie sich alle drei mehr oder weniger wohl im Gefängnis und fanden sich unter Ihresgleichen mit ihrer Lage als Gefangene ab.

Diese Mentalität kommt auch zum Vorschein, wenn die Interviewten über ihre miserable Lage auf der Szene reden und diese als das Resultat der herrschenden Politik, des Staates oder institutioneller Maßnahmen zu begreifen versuchen. Denn obgleich sie sich gegen die Behinderung ihrer individuellen Entfaltungsmöglichkeiten durch eine Gesellschaft wehren, die sie als kranke Drogenkriminelle, als »Müll« oder »Extraminimum« behandelt, halten sie an der Notwendigkeit der Trennung von eigener und fremder Kultur fest. Die Demonstration des Anders-Seins ist eine trotzige Gegenreaktion. Durch den alltagspraktischen Vollzug und die Aufrechterhaltung dieses Bruchs im Lebenszusammenhang der Szene sind sie dem Rest der Gesellschaft fortan nichts mehr schuldig: sie sind anders. Besonders bei den beiden, die noch auf der Szene leben, steht die Geste des Weiterdrücken-Wollens im Vordergrund ihrer Selbstdarstellung, mit dem sie der anderen Kultur anzeigen, daß sie endgültig mit ihr gebrochen haben.

Die Macht der an den Rand der Gesellschaft Gedrückten gegenüber den Kontrollinstanzen besteht im Weiterdrücken und in einer Selbstzerstörung, die den Normalbürger schaudern macht. Sie zwingen sich, dieses als gewollte Notwendigkeit anzusehen, und bemühen sich, ihre ganze Niedrigkeit zu bejahen – um sie schließlich zum Zeichen ihrer Größe und Einzigartigkeit erheben. Diese schaffende Urkraft der Opfer, die sich der herrschenden Moralität und dem Elend, aus dem die Menschheit gemacht worden ist, entgegengestellt, wurde nie treffender und nachvollziehbarer beschrieben als von Jean Genet (1982):

> »Wir sind gefallen, solange wir die Male des Gefallenseins tragen ... unser einziges Hilfsmittel war der vom Elend gezüchtete Hochmut, wir forderten Mitleid heraus, in dem wir die abstoßenden Wunden pflegten. So wurden wir Eurem Glück zum Vorwurf« (S. 68).

Überleben bedeutet für die Interviewten, die Konfrontation mit der Gesellschaft erfolgreich ausgestanden zu haben, bedeutet, die Machtzentren der Gesellschaft (Gefängnis, Therapieeinrichtungen, polizeiliche Kontrolle und den Alltag in der Metropole) erfolgreich attackiert zu haben und dabei »cool« und »tough« geblieben zu sein. Für die Fixer bedeutet das Leben auf der Heroinszene einen täglichen Kleinkrieg mit der Gesellschaft, in dem sie freilich stets unterliegen. Diese Niederlage werten sie als Sieg. Im Widerstand gegen die herrschende Kultur akzeptieren sie schließlich nicht nur die Negativität der eigenen wie der fremden Kultur – sie reproduzieren beständig, was aus ihnen gemacht worden ist: kaputte Fixer. Diese Negativität weist sie als Szenemitglieder aus und bestimmt ihre »andere« Identität. Im Lebensvollzug als Fixer reproduzieren sie die ihnen angetane Unterdrückung, um sie zurückzuweisen. Das Dilemma der Szenemitglieder besteht folglich darin, daß sie sich in ihrer Zurückweisung immer noch und ausschließlich auf die Unterdrückung beziehen. Als Kolonisierte im eigenen Lande geht es ihnen dabei wie den Kolonisierten in einer fremden Kultur:

> »Er (der Kolonisierte, P.N.) wurde zerrissen zwischen dem, was er war, und dem, was er sein wollte; und nun ist er zerrissen zwischen dem, was

er sein wollte, und dem, zu dem er sich jetzt macht. Aber die schmerzhafte Ungleichzeitigkeit mit sich hält an« (A. Memmi, 1980 S. 126).

So verkehrt sich den Fixern die Suche nach einem anderen Leben im harten Tagesablauf und in der strikt organisierten Szene in eine einfache Gegenwelt: in Innenwelt und Außenwelt, in eigene und fremde Kultur. In den lebenspraktischen Entwürfen der Fixer existieren diese Gegensätze als zwei Seiten ein und derselben Medaille: als Unmöglichkeit, individuell wie sozial unter den herrschenden Bedingungen zu leben.

Die Erinnerungsspuren der Erzählungen zeigen deformierte Verhaltensweisen, Gesten und Denkformen, die auf die Verinnerung von Machtansprüchen der gesellschaftlichen Instanzen im Individuuum verweisen: Selbstzerstörung, freiwillige Knechtschaft, Apathie, Konkurrenz etc. Umgekehrt zeigen diese Spuren aber auch Haltungen, Empfindungen und Verhaltensweisen, mit denen sich Vera, Michael und Ulla durch das Einrichten im subkulturellen Kolonialzusammenhang und durch die Aneignung sozialer Unterdrückungs- und Unterwerfungsmechanismen gegen die Zwangsherrschaft der Verhältnisse und die totale Unterwerfung zur Wehr setzen: Trotz, Wille zum Weiterdrücken, Selbstzerstörung als Demonstration der Ohnmacht der Gesellschaft, Trennung von eigener und fremder Kultur etc. Diese verinnerten und in sozialen Praktiken entäußerten Deformationen stellen die Herausforderung der Individuen an die gesellschaftlichen Zwänge dar: es handelt sich um eine kulturelle Praxis, welche die Unmöglichkeit der Revolte und zugleich ihre Notwendigkeit als Verwirklichung des selbstbewußten Anderen erzeugt. Immer aber ist diese Praxis angetrieben vom mangelgeborenen Wunsch nach einem anderen Leben.

Anmerkungen

1 Der Begriff der materiellen Kultur bezeichnet die kulturellen Ausdrucksformen einer sozialen Gruppe im Sinne einer »popular culture«, die Erfahrungen des »materiellen Lebens« (M. Bloch, F. Braudel) wie auch der »moralischen Ökonomie« (E.P. Thompson) umfaßt. In diesem Sinne wurde der Begriff von H. Reinicke (1975) in einer Theorie der Soziomikrologie des Alltags verwendet.

2 In einer Interpretation von Sartres »Saint Genet« stellt Klaus Dörner die Frage, ob die Kultur der Randständigen nicht auch einen eigenen Beitrag zu unserer Kultur leisten, denn »man muß schon wählen: wenn jeder Mensch der ganze Mensch ist, muß dieser Abweichler entweder nur ein Kieselstein oder *ich* sein« (J.P. Sartre zit. in: Dörner 1988 S. 452)

3 Darauf haben Autoren wie Horkheimer und Adorno insbesondere in der »Dialektik der Aufklärung« (1955) hingewiesen.

4 Der Begriff der »Maschine« wird hier nicht als Metapher benutzt, die die Anpassung des Menschen an die Maschinen bezeichnet, sondern im Sinne des surrealistischen Begriffs der »Montage«, die nicht nach Ganzheiten und Bedeutungen fragt, sondern neue Funktionsweisen aus schon bekannten Teilen erfindet (K. Theweleit 1977 Bd1 S. 264; Deleuze/Guattari 1977 S. 497 f.). Junkie-Maschinen sind in diesem Kontext als der Komplex Mensch-Droge zu verstehen, der unter der Bedingung entsteht, daß einerseits die illegale Droge Heroin als Teil einer relativ autonomen subkulturellen Praxis angewandt wird und andererseits den Mechanismen sozialer Kontrolle unterworfen ist.

5 Eine Übersicht über die Arbeiten des CCCS in: Ästhetik und Kommunikation, Nr. 24, S. 35 ff.

6 Michael May (1986) hat sich eingehend und kritisch mit dem Stilbegriff des CCCS in der Jugendforschung beschäftigt, wie dies in dieser Arbeit nicht möglich ist. Er diskutiert den kulturtheoretischen Ansatz des CCCS im Rahmen eines gesellschaftstheoretischen Konzeptes, das in der marxistischen Tradition einer »Kritik des Alltagslebens« (H. Lefebvre) fragt, inwiefern der Alltag »auf die Möglichkeit oder Notwendigkeit einer Veränderung drängt« (S. 42). May trifft den Ansatz der vorliegenden Studie, wenn er sagt: neben der Frage, »warum die Menschen so leben, wie sie leben, gilt es, das sozialwissenschaftliche Augenmerk auch auf jene Anhaltspunkte im Alltagsleben sozialer Gruppen zu richten, die zeigen,

daß Menschen nicht mehr so wie bisher, sondern anders leben wollen und können.« (S. 32)

7 In der sozialisationstheoretischen Diskussion wird die Form der Auseinandersetzung von Heranwachsenden mit den Wertsystemen, Normen und Deutungsmustern der Gesellschaft als entscheidend für den Verlauf der Adoleszenz angesehen. In diesem Lebensabschnitt besteht für Jugendliche das zentrale Problem darin, einen eigenen Identitätsentwurf zu erarbeiten und zu realisieren. Der Bedeutung der Adoleszenz für den sozialen und kulturellen Wandel ist Mario Erdheim (1984) nachgegangen. Er will zeigen, daß die Teilhabe am kulturellen Wandel verhindert wird, wenn der für die Adoleszenz typische Antagonismus zwischen Familie (von der sich der Jugendliche ablöst) und Kultur nicht mehr erfahrbar, d.h., ins Unbewußte abgedrängt wird. Zugleich würde dadurch die »zweite Chance« verhindert, daß Adoleszente frühkindliche Beschädigungen neu bearbeiten können. Erdheims Analyse beschränkt sich allerdings darauf, den Nachweis zu führen, daß die frühkindlichen problematischen Erfahrungen in einer neuen Form weiterexistieren. Er sieht nicht, daß der weiterhin bestehende Widerspruch in Erfahrung und in ein konkretes Verhalten übergehen kann: die Erfahrung des Widerspruchs nämlich zwischen dem, was sich im Subjekt als Wunsch nach Autonomie und Identität engagieren will, und dem 'Realitätsprinzip', welches das Subjekt zur Teilhabe an der herrschenden Kultur nötigt. Die Bewältigung frühkindlicher Konflikte in der Adoleszenz bleibt für Erdheim die Voraussetzung für sozialen Wandel, nicht die Erfahrung ihres Widerspruchs.

8 Der Begriff der Kolonialisierung bedarf der Erläuterung. Begriffsgeschichtlich umfaßt der Kolonialismus die Eigendynamik eines Gewaltzusammenhangs von Kolonisator und Kolonisiertem, also von Herr und Knecht. Die spezifische Beziehung dieses Herrschaftsverhältnisses basiert auf einem Prozess der Ausgrenzung der Unterdrückten. Der Begriff des Kolonialismus umfaßt darüber hinaus aber auch die Erfahrung der Kontinuität und der strukturellen Affinität von Kolonialismus und Faschismus als besondere Form des Imperialismus. Diese Erfahrungen wurden zum Beispiel von Frantz Fanon (1981), Aimé Cèsaire (1968) oder Albert Memmi(1980) mit den Erfahrungen der Kolonisation und der Zerstörung kultureller Identität in Algerien und auf den Antillen, sowie von Hannah Arendt in: *Elemente und Ursprünge totaler Herrschaft* (1962) thematisiert. In diesem Zusammenhang erst erhält der Begriff seine Bedeutung für die kritische Analyse aktueller Bewußtseinsformen und Lebensweisen. Die Kontinuität liegt dabei in der kolonialen Methoden der Menschenbehandlung begründet, konkret: der Ausgrenzung fremder Kultu-

ren und ihre Rückwirkung auf das Mutterland. Der Kolonialismus umfaßt nicht nur Herrschaft innerhalb eines fremden politischen Raums, sondern auch die Art und Weise, wie er sich gleichermaßen in private, öffentliche und seelische Angelegenheiten im eigenen Land einschaltet. Kolonialismus ist damit als Teil einer Genealogie von Gewalt und Herrschaft zu begreifen, die den Kapitalismus als Erfahrungszusammenhang begleitet (vgl. Einleitung). Die spezifischen Ausgrenzungsversuche der Heroinszene und die »Politik des helfenden Zwangs« (S. Scheerer) in der Bundesrepublik verweisen in diesem Kontext immer auch auf Formen der Kontinuität in der Geschichte der Deutschen. Die Frage, inwieweit die repressive Drogenpolitik in der Bundesrepublik auf diese Kontinuität zurückzuführen ist, ist in der bisherigen Drogendiskussion vernachlässigt worden.

9 Zur Analyse dieser Alltagsformen vgl. Helmut Reinicke, Revolte im bürgerlichen Erbe, Lollar; ders.: Gaunerwirtschaft, Berlin 1983

10 Volker Happel und Werner Schneider (1988) haben in einer Studie 102 ehemalige Fixer untersucht und unter ihnen 64 »Selbstheiler« (63%) gefunden, die inzwischen bis zu 15 Jahre clean sind. Geschätzt wird, daß bis zu 70% der ersten und zweiten Fixergeneration (die zwischen 1968 und 1980 süchtig wurden) ohne therapeutische Hilfe ausgestiegen sind.

11 Alfred Lorenzer (1986) hat die innerpsychischen Strukturen als Zusammenhang von objektiven und subjektiven Strukturen ausgewiesen. Im Begriff der »Interaktionsform« macht Lorenzer deutlich, wie schon die Äußerungsformen des kindlichen Organismus von Anfang an ihre gesellschaftliche Formbestimmtheit erhalten und wie aus diesem Konstitutionszusammenhang sich die ins Unbewußte abgedrängten, nicht gesellschaftsfähigen Lebensentwürfe der Individuen herausbilden. Gegenstand der psychoanalytischen Erkenntnis ist die »Lebensform individuellen Erlebens«, in der sich »bewußtseinsunfähige Praxisentwürfe« entäußern, die danach verlangen, ins Bewußtsein aufgenommen zu werden.

12 Der genealogische Aspekt der Psychoanalyse – d.h. die genetische Erkenntnis der Struktur des Unbewußten aus der »Wiederkehr des Verdrängten« – impliziert zugleich, das Unbewußte als Moment der Regressionen der Subjekte (O. Marquard 1987 S. 230), nicht aber als Moment ihrer Progressionen im Deutungspozess entwickeln zu können. Dieser Erkenntniszusammenhang wird deutlich, wenn die Freudsche Theorie nicht als ein dem 2o. Jahrhundert geschuldeter Theorietypus verstanden wird, sondern als Endpunkt innerhalb der entfremdungstheoretischen Tradition der transzendentalphilosophischen Naturphilosophie (O. Marquard 1987). Marquards These läuft darauf hinaus, daß die psychoanalytische Theorie ein Vergangenheitsverhältnis rekonstruieren, aber kein zurei-

chendes Zukunftsverhältnis konstruieren kann. Hier liegt denn auch ein zentrales Problem, warum die Verbindung von Psychoanalyse und Gesellschaftstheorie sich so schwierig gestaltet. In der Kritik des »Anti-Ödipus« an Freud und dem Versuch die Psychoanalyse um die Dimension des Wunsches zu erweitern, sehe ich den bemerkenswerten Versuch, den Zusammenhang von Individuum und Gesellschaft innerhalb psychoanalytischer Kategorien neu zu denken.

13 Vergleiche die psychohistorische Anwendung des »Anti-Ödipus« in »Männerphantasien« von Klaus Theweleit (1979).

14 Die Kritik des »Anti-Ödipus« an der Freudschen Theorie will den Blick auf ein Desiderat der Psychoanalyse richten: die unbewußte Produktivkraft des Wunsches. Deleuze und Guattari kritisieren an Freud, daß dieser mit der Konstruktion des Todestriebes, den er als Bestätigung der Essenz des Unbewußten begreift, letztlich nur die mythische, zwanghaft bindende Macht des Ursprungs von Destruktion und Leiden bestätigt, die das Es ausmacht und auf die das Ich und damit das Bewußtsein keinen Zugriff haben: das Perverse, Asoziale, Chaotische und Barbarische. Dem Unbewußten wird so von Freud seine verändernde Kraft genommen und die darin eingeschlossene Möglichkeit der Sprengung des Herrschaftsrahmens verdrängt, die Enthüllung des subjektiven oder vitalen Wesens des Wunsches als Libido gar liquidiert:

»In der Tat nimmt das Postulat des Todestriebes der Sexualität ihre treibende Rolle, zumindest in einem wesentlichen Punkt, dem der Entstehung der Angst. Denn diese wird autonome Ursache der Sexualverdrängung, statt deren Ergebnis. Daraus folgt, daß nicht mehr die Sexualität als Wunsch der gesellschaftlichen Kritik der Kultur zugrunde liegt, sondern daß der Kultur als einziger Instanz das Vermögen zugesprochen ist, sich dem Todestrieb zu widersetzen.« Deleuze/Guattari (S. 428).

15 Deformierte Formen der Abgrenzung und des Versuches, sich von den bürgerlichen Verhältnissen abzusetzen, zeigt das folgende Beispiel:

»Die ganze Menscheit ist dabei, sich umzubringen. Sie machen die Natur kaputt, bauen Atombomben für Milliarden Mark, die sie später betimmt nicht wegwerfen wollen und gehen irgenwann bestimmt drauf spätestens dann, wenn sie in ihrer eigenen Scheiße ersticken. Okay, ich mache da mit, bei dem großen Massenselbstmord, weil ich nichts dran ändern kann. Aber ich mache mich auf meine Art kaputt, so daß ich wenigstens noch was davon habe! Ich weiß, daß ich irgenwann einmal draufgehen werde, wenn ich so weitermache. Aber ich weiß auch, daß ich draufgehe, wenn ich aufhöre. Nur dann ist das Sterben nicht mehr so angenehm. Was soll's also?« (aus: »Wendepunkt«, Knastzeitung, SVA Butzbach)

16 Die ausführliche empirische Beschreibung der Diskurse würde den Rahmen der vorliegenden Studie, in deren Zentrum die Analyse von Lebensgeschichten steht, überschreiten. Für das Verstehen der Herausbildung von spezifischen Formen von Subjektivität in der Heroinszene ist jedoch der machttheoretische Zusammenhang unumgänglich. Die folgende Darstellung der beiden Diskurse gibt deshalb zusammenfassend wider, was in der Studie »Heroinszene. Fremd- und Selbstdefinitionen einer Subkultur« (Noller/Reinicke 1987) ausführlich beschrieben wird.

17 Dieser Blick im polizeilichen Diskurs kann im Rahmen psychoanalytisch orientierter Deutung als gesellschaftlich-kulturelle Verdrängungsstrategie interpretiert werden, die gesellschaftliche Bedrohungen durch Zentrierung auf die Fixer als Stigmatisierte wegschiebt. Im Gegensatz zu den von gesellschaftlichen Ordnungs- und Reinlichkeitswerten geprägten kulturellen Praxisformen der »Normalgesellschaft« verbergen die Fixer nicht ihr Abgesondertsein als gesellschaftliche Extremität – ähnlich den Punks negieren sie jene Werte ostentativ. Durch diese Provokation sieht sich die bürgerliche Gesellschaft genötigt, als Rächerin aufzutreten und hart gegen die Szene vorzugehen.

18 Dieser Blick hat auch den Diskurs über AIDS erfaßt, wo unverdeckt gefordert wird:
»Man müßte Aidspatienten wie früher die Tuberkulosekranken aus dem Verkehr ziehen und an irgendeinem Ort versorgen ... Um eine Ausbreitung des Aidsvirus in weitere Kreise der Bevölkerung verhindern zu können, müßten halt HIV-positive Prostituierte gemäß dem Epidemiegesetz aus dem Verkehr gezogen werden« (Walther Flury, Präsident der Berner Ärztegesellschaft, zit. in: Frankfurter Rundschau v.3.1.89).
Auf die Gefahren eines interventionistischen Seuchenstaates und die damit einhergehenden Einschränkungen der Grundrechte von Betroffenen verweist Günter Frankenberg (1988).

19 Wurde unter dem Diskurs der sprachliche Ort verstanden, an dem sich ein System von Beziehungen strukturiert, so unter den diskursiven Beziehungen die Bewegung des Hin- und Hergehens, die Schritte seiner Verwirklichung in der räumlichen Ausdehnung zwischen Szene und Institutionen. Über die Verwendung der Begriffe in Anlehnung an Roland Barthes gibt Heinrichs (1983) Auskunft.

20 Da an dieser Stelle die Bedeutung dieser Begriffe für die Selbstreflexion der Fixer auf den Lebenszusammenhang der Subkultur nicht weiter entwickelt werden kann, muß auch hier auf die Studie »Heroinszene ...« (Noller/Reinicke 1987) verweisen werden. Am Beispiel einer »narrativen

Analyse« eines Interviews mit einer Fixerin wurden dort zentrale soziale Handlungsmotivationen herausgearbeitet.

21 Die Zahl der Alkohol- Nikotin- und Tablettenabhängige ist aufgrund der hohen Dunkelziffer nur schwer zu schätzen, dürfte aber bei 4-5 Millionen Menschen liegen (geschätzt werden 2 Mill. Alkoholabhängige und 1,5 Mill. Tabellenabhängige). Auch die Zahl der alkohol- nikotin- und tablettenbedingten Sterberaten kann nur grob geschätzt werden, von den kaum überschaubaren Krankheits- und Frühverrentungsfällen ganz abgesehen, die durch den Genuß legaler Drogen verursacht werden. Es wird allgemein jährlich mit ca. 17-18.000 alkoholbedingten tödlichen Leberzirrhosen gerechnet; die durch Nikotin bedingten Todesfälle werden auf 70.000 geschätzt. Laut Meldung des BKA sind im Jahr 1988 662 Fixer gestorben (die höchste Zahl seit 1979); die Zahl der Fixer liegt zwischen 70-90.000.

22 Kultur bedeutet Triebverzicht. Aber der Verzicht, den die Kultur dem Individuum abverlangt, ist nicht der Verzicht auf den Wunsch, sondern der auf Aggression:

»Die Kultur bewältigt also die gefährliche Aggressionslust des Individuums, indem sie es schwächt, entwaffnet und durch eine Instanz in seinem Inneren, wie durch eine Besatzung in der eroberten Stadt, überwachen läßt« (S. Freud 1984 S. 100).

Die »List der Kultur« (P. Ricoeur 1974 S. 316) besteht dabei darin, daß nicht die Kultur das Individuum, sondern das Individuum selbst sich einengt und Aggressionen gegen sich ausübt.

23 Damit wird der objektive Standpunkt von Institutionenmitarbeitern als Funktionsträger von sozialer Kontrolle gekennzeichnet und nicht die subjektive Entscheidung einzelner Individuen, diesen Standpunkt einzunehmen.

24 Der hier verwendete Begriff der kolonialisierten Alltagswelt unterscheidet sich von dem der kolonialisierten Lebenswelt, wie ihn Jürgen Habermas eingeführt hat. Habermas zufolge können sich »nur zurechnungsfähige Personen« rational und das heißt sozial verhalten: »In Zusammenhängen kommunikativen Handelns darf als zurechnungsfähig nur gelten, wer als Angehöriger einer Kommunikationsgemeinschaft sein Handeln an intersubjektiv anerkannte Geltungsansprüche orientierten kann.« (Habermas 1984) Mit anderen Worten, das Soziale orientiert sich an der Verständigung über Normen, Werte und Wahrheiten und sein Fortschritt bemißt sich an der Lernfähigkeit und an Lernprozessen, an denen jeder teilnehmen kann, der sich dem allgemeinen Konsens nicht verweigert. Habermas muß deshalb auch die von Gewalt und Herrschaft geprägte »kolonialisierte Lebenswelt« als Teil eines vorrationalen, unbegriffenen

Lebens, das allenfalls als »systemisch induzierte Lebensweltpathologie« begriffen werden kann, aus dem sozialen Verständigungsprozess ausklammern. Aber Leben und Sterben, Überleben, Trauer, Lust, Trotz und Sehnsucht nach Freiheit sind wesentliche Momente von Alltagserfahrungen, die auf der Szene allemal die materielle Basis für die Erkenntnis über die Verfaßtheit des Sozialen bilden. Diese sozialen Erfahrungsprozesse entspringen nicht der kommunikativen Verständigung, sondern der Konfrontation zwischen zwei Kulturen. Will man an dem Begriff des Alltags festhalten, der diesen auch als negative Erfahrungswelt begreift, dann kann man den Alltagserfahrungen außerhalb von kommunikativer Rationalität nicht wie Habermas die Möglichkeit von Erkenntnis (erzeugt durch die Trennung von System und Lebenswelt) über die Gesamtheit der herrschenden Verhältnisse absprechen, und damit gerade jenen Erfahrungszusammenhang aus der Alltagswelt herauslösen, in dem sich die Welt als zerrissene und unversöhnliche und von Herrschaft und Macht überformte darstellt.

25 Name und persönliche Daten der Interviewten wurde geändert.

26 vgl. hierzu Kapitel 2.4 »Lebensgeschichten: Erfahrungen im Sich-Erinnern.«

27 Grundlage für die Interpretation ist die Lektüre der vollständig transkribierten Interviews und das mehrfache Abhören der Tonbandaufzeichnungen. Letzteres ermöglicht einen für die hermeneutische Interpretation wichtigen sinnlicher Zugang zu den Empfindungen der Interviewten und ihren Stimmungslagen, der der reinen Textlektüre verschlossen bleibt.

28 Über den Zusammenhang von Entschuldigungsverhalten und der Leugnung von Willensfreiheit innerhalb der Subjekttheorie Sartres vgl. Löw-Beer 1988 S. 55 f. Zentral ist die Aussage, daß Personen, die ihre Willensfreiheit leugnen, sich als Dinge begreifen, da sie sich vermeintlich unabhängig von der Entscheidung, wie sie sein möchten, auffassen. Unter der Voraussetzung, daß Individuen sich wirklich nach freiem Willen entscheiden können, wäre die Leugnung von Willensfreiheit, die gezielt zur Problemlösung eingesetzt, dem Entschuldigungsverhalten zugrunde liegt, als Selbsttäuschung zu qualifizieren. (S. 70)

29 Vera geht es wie dem süchtigen Spieler, der hoch und heilig schwört, nicht mehr zu spielen:

»Die frühere Entscheidung [nicht mehr zu spielen – P.N.], ist immer da, und in der Mehrzahl der Fälle wendet sich der Spieler, wenn er in die Nähe des Spieltischs gerät, zu ihr zurück, um sie um Hilfe zu bitten, ... glaubt er an die Wirkung dieses Entschlusses. Aber was er dann in der Angst erfaßt, das ist gerade die totale Unwirksamkeit des vergangenen Entschlusses. Er ist da, zweifellos, aber erstarrt, wirkungslos, überschritten gerade durch die Tatsache, daß ich Bewußtsein von ihm habe. Er ist noch Ich, insofern ich meine Identität mit mir selbst über den Zeitablauf fortwährend realisiere, aber er ist nicht mehr Ich, weil er für mein Bewußtsein ist ... ich hätte so gerne gewünscht, nicht mehr zu spielen; erst gestern hatte ich ein synthetisches Erfassen der Situation (drohender Ruin, Verzweiflung meiner Angehörigen) als einer, die mir verbietet zu spielen ... nachdem ich geduldig Barrieren und Mauern errichet habe, nachdem ich mich in den magischen Kreis eines Entschlusses eingeschlossen habe, merke ich mit Angst, daß nichts mich hindert zu spielen« (Sartre 1962 S. 84, cit. in Löw-Beer 1988 S. 57)

30 Michael Siegert (1979) erklärt die Flucht von Jugendlichen in Drogen mit nicht hinreichend operative Abwehrstrategien des Ich. Diese regressive Strebung wird durch den spezifischen Problemdruck erzeugt, dem die Heranwachsenden in der Adoleszenz ausgesetzt sind. Dabei treffen die regressiven Strebungen auf weitgehend ungelöste Handlungsprobleme aus der Primärsozialisation. Diese Konstellation wiederum verhindert, daß die konventionellen Orientierungsmuster durch eine im Zeitablauf stabile Identitätskrise (Adoleszenz) von der familialen Sphäre transformiert sowie die von der Gesellschaft gestellten objektiven Handlungszusammenhänge bewältigt werden können. Die Bewältigung von Reifungskrisen und die produktive Umstrukturierung des Ich sind dabei an die notwendige inhaltliche Auseinandersetzung mit den gesellschaftlichen Orientierungsmustern und Wertsystemen gebunden, an die Neugestaltung sozialer Kontexte an die Erprobung alternativer Identitäts- und Lebensformen. Die gesellschaftliche Tolerierung von Abweichung ist jedoch sehr begrenzt. In einem restriktiven sozialen Umfeld aber können Positionen der konfliktuellen Identitätsvalidierung »nur um den Preis einer eklatanten Verletzung sozialer Akzeptabilität eingenommen werden« (S. 38).

31 Erdheim betrachtet das Unbewußtmachen des sozialen Widerstandes im Kräftefeld typischer Herrschaftsstrukturen und bezieht das Schicksal der Adoleszenz auf diese gesellschaftlichen Kräfte und Faktoren. Die »ausgebrannte Adoleszenz« zeichnet sich dadurch aus, daß sie nicht über Strukturen verfügt, welche zwischen frühkindlichen Konflikten der Erwachsenen vermitteln können und damit Abwehr und Anpassung ermöglichen. Vielmehr ist für sie typisch, daß die frühen Traumatisierungen im Reifungsprozeß weiterwirken. »Ausgebrannt« ist dabei das, was die Adoleszenz zur »zweiten Chance« macht, d.h. die Möglichkeit, an der Erwachsenenkultur teilzunehmen. Auffallend ist die selbstzerstörerische Kreativi-

tät, die mit einer überdurchschnittlichen Ausbildung von Ich-Funktionen zusammenfällt. Die Intensität des Fühlens, die Fähigkeit zur Begriffsbildung und das Wahrnehmungsvermögen sind dabei stets mit einem negativen Vorzeichen versehen.

32 Boneys Ranch wird von der Szene die Therapieeinrichtung der Karl-Bonhoeffer-Gesellschaft in Berlin genannt.

33 Frauengefängnis in der Wehrter Straße in Berlin.

34 Michael Siegert (1979) hat gezeigt, daß durch diesen Konflikt die Selbstkonzepte von Heroinabhängigen gekennzeichnet sind (S. 164 f.)

35 Die Bedeutung der Szenenökonomie für die Selbstdarstellung von Befragten wird in der »narrativen Analyse« eines Interviews mit einer Fixerin entwickelt in: »Heroinszene ...« (Noller/Reinicke 1987)

36 Daß zwei von drei Fixern in den hier exemplarisch rekonstruierten Lebensgeschichten Erfahrungen mit Rockern gemacht haben, ist eher zufällig und keinesfalls repräsentativ für die Heroinszene. Das hier angewandte Interpretationsverfahren zielt vorrangig um das Verstehen von grundlegenden Zusammenhängen und ihre begriffliche und kategoriale Verallgemeinerbarkeit, nicht auf die Beschreibung sozialstruktureller oder sozialkultureller Determinanten der Heroinszene. Die enge Freundschaft zwischen Vera, Ulla und Michael bilden hierfür eine geeignete ethnographische Einheit.

37 Die Abgrenzung von der »stinknormalen Arbeitswelt« ist ein wichtiger Aspekt im Diskurs der Subkultur. Man will »nicht normal arbeiten, sondern ganz anders« (Fixer). Vgl. Noller/Reinicke 1987 S. 121 ff.

38 Im Vorwort habe ich angedeutet, warum ich meine Bedenken aufrecht erhalte. Zur Methadonfrage vgl. Quensel 1982 u. 1985.

39 Zur Kritik des Freudschen Begriff des Unbewußten, der per definitionem gar nicht bis in die Formen des Bewußtseins hineinreicht vgl. Sonnemann (1981) und Theweleit (1979). Sonnemann führt das »erkenntnistheoretische Dilemma« der Psychoanalyse darauf zurück, daß das Ziel ihrer Erkenntnisarbeit die Bewußtmachung von Unbewußtem und das Erlebbarmachen von Verdrängtem ist. Wesentlich ist dabei die Deutungsarbeit, die bloßlegt, was unbewußt in einem Subjekt oder in der Kultur am Werke ist, vom Objekt aber gar nicht artikuliert, sondern lediglich symbolisch mitgeteilt werden kann. Widerstand oder Verweigerung werden dabei von der Psychoanalyse als Strategie des Unbewußten (seine Widerkehr) interpretiert. Daß dieser Verweigerung aber auch eine quasi-bewußte Strategie zugrunde liegt bleibt außerhalb der Reichweite ihrer Erkenntnis. Theweleit hat gezeigt, daß latente Vorstellungsinhalte wie sie z.B. im »Inzestwunsch«, »Vatermordwunsch« oder im »Kastrationswunsch« nicht im

Unbewußten, sondern im Vorbewußten (also dem Bewußtsein prinzipiell zugänglich) liegen und dort die gesellschaftliche Repression vertreten (S. 268f.)

40 Alfred Lorenzer hat in seiner psychoanalytischen Theorie darüber hinaus auch die gesellschaftliche Bedingtheit der Konstitution von Persönlichkeitsstrukturen aufgezeigt.

41 Damit wird in keiner Weise in Frage gestellt, daß aus der Kindheit die Konstitutionsbedingungen von lebensgeschichtlichen Entwürfen und auch von Praxis hervorgehen. Man muß aber gleichzeitig sehen, daß die strukturelle Erklärung des Persönlichkeitscharakters der Fixer aus dem ödipalen Konflikt zwar Aufschluß gibt über das Wie und Wo der gesellschaftlichen Mechanismen, die das Individuum beherrschen und unterdrücken, damit aber noch nicht die materiellen Erfahrungen der Individuen erfaßt werden, welche aus der Intention und dem Willen hervorgehen, die familialen Verhältnisse auf ein soziales Feld hin zu überschreiten. Diese für die Außenstehenden oft als diffus, labil oder regressiv erscheinende Bewegung basiert auf den lebensgeschichtlichen und gesellschaftlichen Poren materialler Erfahrungen, die nicht im Kontext der Familie, sondern im Kontext der subkulturellen Szene gemacht werden. Die Szene als Erfahrungszusammenhang hat überhaupt erst jene kulturellen und individuellen Praktiken ermöglicht, mit denen die Fixer ihre Identität als gesellschaftliche Subjekte und Opfer zugleich entwickeln konnten, indem sie mehr oder weniger bewußt eine – wenn auch das Selbst sabotierende – eigene, außerhalb von Ödipus und auch von der Normalität ausgegrenzte Welt geschaffen haben.

42 Der Anti-Ödipus will die produktive Tätigkeit des Wunsches wie seine qualitativen Transformationen aufdecken. Die Vorstellung gegensätzlicher Energien (Lebenstrieb vs Todestrieb) wie sie Freud entwickelt hat, machen den Blick auf diese Transformationen unmöglich,
»da diese insgesamt über eine indifferente neutrale Energie laufen müssen, die aus Ödipus hervorgeht und die in der Lage ist, sich jeweils einer der beiden wechselseitig nicht zurückführbaren Formen anzufügen – es geht darum, das Leben zu neutralisieren, abzutäten« (Deleuze/Guattari 1979 S. 430).

Literatur

Adorno, Th. W.: »Soziologie und empirische Forschung«, in: *Aufsätze zur Gesellschaftstheorie und Methodologie,* Frankfurt/Main 1962

- *Minima Moralia*, Frankfurt 1980

Arbeitsgruppe Drogenforschung: *Die Westdeutsche Heroinszene. Anmerkungen zu einem Forschungsprogramm. Arbeitspapier des Institut für Sozialhistorische Forschung* (unveröff.)

Arendt, H.: *Elemente und Ursprünge totaler Herrschaft,* Frankfurt 1962

Baethge, M./Schomburg H./Voskamp U.: *Jugend und Krise. Krise aktueller Jugendforschung. Forschungsbericht des Soziologischen Forschungsinstituts Göttingen,* Frankfurt 1983

Balint, M.: *Therapeutische Aspekte der Regression. Die Theorie der Grundstörung.* Stuttgart 1970

Barth R.: *Mythen des Alltags*, Frankfurt/Main 1970

Battaille, G.: *Die Aufhebung der Ökonomie*. Texte aus: *Der Begriff der Verausgabung*, 1933; *Der verfemte Teil*, Erstver. 1949; *Kommunismus und Stalinismus*, Erstver. 1953, Raubdruck, ohne Datum

Becker, H.: *Außenseiter. Zur Soziologie abweichenden Verhaltens,* Frankfurt/Main 1980

Berger, Herbert u.a.: *Wege in die Heroinabhängigkeit*, München 1980

- »Fixersein als Lebensstil«, in: *Rausch und Realität,* Reinbek 1982, S. 1207
- *Differentielle Karrieremuster bei jugendlichen Drogenkonsumenten,* Diss. Köln 1976

Berteaux, D.: *A very different picture. From the life history approach to the transformation of sociological practice.* Referat auf dem 9. Weltkongreß für Soziologie, Uppsala 1979

Böllinger, L.: *Drogenrecht, Drogentherapie. Ein Leitfaden für Drogenberater, Drogenbenutzer und Juristen.* Materialien zur Sozialarbeit und Sozialpolitik Bd. 12 Fachhochschule Frankfurt/Main 1983

Bosse, H.: *Diebe, Lügner, Faulenzer,* Frankfurt 1984

Bossong, H. u.a.: *Sucht und Ordnung,* Frankfurt/Main 1983

Brake, M.: »the Skinheads – an english working class subculture«, in: *Youth and Society* vol. 6, no. 2, Dec. 1974

- *Hippies and Skinheads – sociological aspects of subcultures,* PH. D. Thesis, London School of Economics, 1977
- »Cultural revolution or alternatie delinquancy – an examination of

deviant youth as a social problem«, in: Bailey, R. and Young, J. (eds.), *Contemporary social problems in Britain*, D.C. Heath, London 1974
- *Soziologie der jugendlichen Subkultur*, Frankfurt/Main – New York, 1980

Breyvogel, W. (Hg.): *Autonomie und Widerstand. Zur Theorie und Geschichte des Jugendprotestes*, Essen 1983

Bron, B.: »Drogenabusus und Sexualität«, in: *Praxis der Kinderpsychologie und -psychiatrie* 1982, S. 64

Brückner, M.: *Die Liebe der Frauen*, Frankfurt/Main 1973

Bruder-Bezzel, A./Bruder, K. J.: *Jugend, Psychologie einer Kultur*, 1984

Burian, W.: »Die Cannabis-Legende. Ideologiegeschichte der Medizin«, in: *Kriminalsoziologische Bibliographie* 7, Heft 26/27, 1980, S. 82

Burroughs, W. S.: *Nova Express,* Wiesbaden 1973

Butzko, H.: »Das Mystische am Drogenverbot«. In: *Sozial Extra,* Nr. 1, 1986

Canguilhem, G.: *Das Normale und das Pathologische,* Frankfurt/Main 1977

Capote, T.: *Kaltblütig,* Reinbeck 1983

Centre for Contemporary Cultural Studies, in: *Ästhetik und Kommunikation,* Nr. 24, S. 35 ff.

Cesaire, A.: *Über den Kolonialismus,* Berlin 1968

Clarke, J. und Jefferson, T.: »Jugendliche Subkulturen in der Arbeiterklasse«, in: *Ästhetik und Kommunikation* Nr. 24, 1966

Clarke, J./Cohen, Ph./Corrigan u.a.: *Jugendkultur als Widerstand. Milieus, Rituale Provokationen,* Frankfurt/Main 1979

Cohen, P.: »Subcultural conflict and working class community«, in: *Working Papers in Cultural Studies* 2, Universität v. Birmingham

Cohen, A. K./Short, J.: *Kriminelle Jugend. Zur Soziologie jugendlichen Bandenwesens,* Reinbek 1961

Cohen, S.: »Neuester Stand der Heroinforschung«, in: *Rausch und Realität,* Reinbek 1982, S. 1417

Corbin, A.: *Pesthauch und Blütenduft. Eine Geschichte des Geruchs,* Berlin 1984

Dammann, B./Scheerer, S.: »Von der freien Therapie zum Therapie-Vollzugsgesetz? Zur Verrechtlichung der Drogentherapie«, In: *Sozial Extra,* Nr. 1, 1986

Deleuze, G./Guattari, F.: *Anti-Ödipus. Kapitalismus und Schizophrenie,* Frankfurt 1977

Deutsches Jugendinstitut (Hg.): *Die neue Jugenddebatte,* München 1983

Devereux, G.: *Angst und Methode in den Verhaltenswissenschaften,* München 1967

Diederichsen/Hebdige/Marx: *Schocker. Stile und Moden der Subkultur,* Reinbek 1983

Dörner K.: »Über die Randständigkeit des Menschen.« In: König, T.: *Sartre. Ein Kongreß,* Reinbeck 1988

Elias, N.: *Über den Prozess der Zivilisation,* Frankfurt 1978

Erdheim, M.: *Die gesellschaftliche Produktion von Unbewußtheit,* Frankfurt/Main 1984

Erhard, H.: *Rauschgiftsucht,* Stuttgart 1967

- »Rauschgiftsucht«, Heft 13 der *Schriftenreihe zum Problem der Suchtgefahren,* Hamm

Evans-Pritchard, E. E.: *Hexerei, Orakel und Magie bei den Zande,* Frankfurt 1978, S. 60-76

Fanon, F., *Die Verdammten dieser Erde,* Frankfurt 1981

Fleck, L.: *Entstehung und Entwicklung einer wissenschaftlichen Tatsache,* Frankfurt/Main 1980 (erstver. 1935)

Foucault, Michel: *Psychologie und Geisteskrankheit,* Frankfurt/Main 1972

- *Archäologie des Wissens,* Frankfurt/Main 1973
- *Von der Subversion des Wissens,* München 1974
- *Sexualität und Wahrheit. Der Wille zum Wissen,* Frankfurt/Main 1977
- *Dispositive der Macht,* Berlin 1978
- *Mikrophysik der Macht,* Berlin 1976
- *Der Fall Riviere. Materialien zum Verhältnis von Psychiatrie und Strafjustiz,* Frankfurt/Main 1975

Frankenberg, G.: *Aids-Bekämpfung im Rechtsstaat: Aufklärung-Zwang-Prävention,* Baden-Baden 1988

Freud, S.: *Das Unbehagen in der Kultur,* Frankfurt 1984

- *Die Zukunft einer Illusion,* Frankfurt 1974
- *Abriß der Psychoanalyse,* Frankfurt 1974
- *Totem und Tabu,* Frankfurt 1984
- *Jenseits des Lustprinzips,* GW XIII, 1-69
- *Der Mann Moses und die monotheistische Religion,* GW XIII, S. 101-246
- *Die Verdrängung,* GW X, S. 247-261
- *Das Unbewußte,* GW X, S. 263-303
- *Die Traumdeutung,* GW II/III

Friedeburg, L. v. (Hg.): *Jugend in der modernen Gesellschaft,* Köln/Berlin 1965

Frith, S.: *Jugendkultur und Rockmusik,* Reinbek 1981

Fuchs, W.: »Jugendliche Statuspassage oder individualisierte Jugendbiographie?« In: *Soziale Welt* 1983, S. 341-371

- »Stichwort: Jugendkultur.« In: Fuchs, W. (Hg.), *Lexikon der Soziologie,* Stuttgart 1978

Geertz, C.: *Dichte Beschreibung,* Frankfurt 1983

Genet, J.: *Tagebuch eines Diebes*, Frankfurt 1982

Gerdes, K./Wolffersdorff-Ehlert, C. von: *Suche nach Gegenwart,* Stuttgart 1974
Gerdes, K.: »Zur Soziologie der jugendlichen Drogensubkultur.« In: *Soziale Welt,* Jg. 23, S. 148
Habermas, Jürgen: *Theorie des Kommunikativen Handelns,* Bd. 1-2, Frankfurt 1981
Halbach, H.: »Terminologie«. In: Steinbrecher, Solms (Hg.): *Sucht und Mißbrauch,* Stuttgart 1975, I/27
Halbwachs, M.: *Das kollektive Gedächtnis,* Frankfurt 1985
Hall, S. u.a. (Hg.): *Resistance Through Rituals,* London 1976
Hall, S.: »Über die Arbeit des Centre for Contemporary Cultural Studies, Gespräch mit G. G. Klaus«. In: *Gulliver* Bd. 2, p. 54-67
Hall, S./Jefferson, T. (eds.): *Resistance through rituals,* London 1976
Happel V./Schneider W.: *Forschungsprojekt Selbstheiler. Ausstieg aus der Drogensucht am Beispiel der Selbstheiler.* Zwischenbericht 1987, Frankfurt 1988
Harding, Wayne M.: »Kontrollierter Heroingenuß – ein Widerspruch aus der Subkultur gegenüber herkömmlichem kulturellem Denken«. In: *Rausch und Realität,* Reinbek 1982, S. 87
Harding, W.M. u.a.: »Formerly-addicted-now-controlled Opiate users«. In: *International Journal of the Addictions* 15 (1), 1980
Hebdige, D.: *Subculture: the meaning of style,* London 1979
Heckmann, W.: »Drogenkultur und Therapie«. In: *Sozialmagazin* 7, 1978
Heinrich, K.: *Parmenides und Jona,* Frankfurt 1982
Heinrichs, H.-J.: *Sprachkörper. Zu Claude Levi-Strauss und Jacques Lacan,* Frankfurt/Paris 1983
Holzkamp, K. »Die Menschen sitzen nicht im Kapitalismus wie in einem Käfig«. In: *Psychologie heute* 11, 1984
Hoppe, F. E.: *Drogeninformation in Presse und Fernsehen,* Frankfurt/Main 1983
Horkheimer, M./Adorno Th. W.: *Dialektik der Aufklärung.* Edition »Emigrant« Lichtenstein 1955
Irwin, J.: *Scenes*, Beverly Hills, 1977
Jugendwerk der Deutschen Shell: *Jugend 81. Lebensentwürfe, Alltagskulturen, Zukunftsbilder,* Frankfurt/Main 1982
Kade, S.: *Methoden des Fremdverstehens,* Frankfurt/Main 1982
Kappel, S./Scheerer S.: »Das Fiasko der deutschen Drogenpolitik«. In: *Kriminologisches Journal* 1, 1980
\- »Das Betäubungsmittelgesetz im neuen System sozialer Kontrolle«. In: *Der Strafverteidiger* 4, 1982
Kerouac, J.: *Unterwegs,* Reinbeck 1968

Kielholz, P./Ladewig, D.: *Die Drogenabhängigkeit des modernen Menschen,* München 1972 a
- *Die Abhängigkeit von Drogen,* München 1972 b

Knaak, L.: *Sucht,* Darmstadt 1983

Kreuzer, A.: *Drogen und Delinquenz. Eine jugendkriminologisch-empirische Untersuchung der Erscheinungsformen und Zusammenhänge,* Wiesbaden 1975
- *Jugend-Rauschdrogen-Kriminalität,* Wiesbaden 1978
- u.a.: *Drogenabhängigkeit und Kontrolle,* Wiesbaden 1981 (Forschungsreihe des Bundeskriminalamtes, Bd. 14)
- »Ist der Fixer krank oder kriminell?« In: *ZEIT* 14 v. 28.3.1980
- »Das Drogenproblem aus kriminologischer und kriminalpolitischer Sicht«, in: *Politische Akademie Eichholz: Werkbericht*, Melle 1980

Kursbuch 65: *Der große Bruch – Revolte,* 1981

Kutsch, Th./Wiswede, G.: *Drogenkonsum,* Königstein 1980

Lange, K.-J. »Neuere kriminalistische Beobachtungen zum Verlauf der Opiatabhängigkeit«. In: *Suchtgefahren* Heft 2, 1986

Laplanche, J./Pontalis, J.-B.: *Das Vokabular der Psychoanalyse.* Frankfurt 1973

Lemert, E.: *Social Pathology,* Chicago 1951

Leonhardt, W. R.: »Haschisch heute – Rückblick auf ein sogenanntes Rauschgift«. In: *Rausch und Realität,* Reinbek 1982, S. 1317

Lessing, H./Liebel, M.: *Jugend in der Klassengesellschaft. Marxistische Jugendforschung und antikapitalistische Jugendarbeit,* München 1974

Levi, G.: *Das materielle Erbe. Eine bäuerliche Welt an der Schwelle zur Moderne,* Frankfurt 1986

Levi-Strauss, C.: *Das wilde Denken,* Frankfurt/Main 1977
- *Traurige Tropen*, Frankfurt/Main 1979

Levine, H. G.: »Die Entdeckung der Sucht – Wandel der Vorstellung über Trunkenheit in Nordamerika«. In: *Rausch und Realität,* Reinbek 1982, S. 212

Lindner, R.: »Punk rules, o.k.!«. In: *Ästhetik und Kommunikation* 31
- »Das Centre for Contemporary Cultural Studies in Birmingham«. In: *Nachträge* 1, 1981

Lindsmith, A. R.: *The addict and the Law*, New York, Vintage 1967

Lohmann, H.-M.: »Noch einmal: Das Unbehagen in der Psychoanalyse«, in: *Die Psychoanalyse auf der Couch,* Frankfurt/Paris 1984
- »Wie harmlos dürfen Psychoanalytiker sein? Notizen zur verdrängten Tanatologie«. In: *Das Unbehagen in der Psychoanalyse. Eine Streitschrift.* Frankfurt/Paris 1983
- *Freud zur Einführung.* Hamburg 1986

Lorenzer, A.: *Zur Begründung einer materialistischen Sozialisationstheorie,* Frankfurt/Main 1972
- *Die Wahrheit der psychoanalytischen Erkenntnis,* Frankfurt/Main 1974
- »Der Gegenstand psychoanalytischer Textinterpretation«, in: Goeppert, Sebastian (Hg.): *Perspektiven Psychoanalytischer Literaturkritik,* Freiburg 1978

Löw-Beer M.: »Ist die Leugnung von Willensfreiheit eine Selbsttäuschung. Zum Begriff der 'mauvaise foi'«. In: König, T.: *Sartre. Ein Kongreß,* Reinbeck 1988

Lürssen, E.: »Psychoanalytische Theorien über die Suchtkulturen«, in: *Suchtgefahren* 1974

Maas, U.: »Kulturanalyse. Bibliographische Hinweise und Anmerkungen zu den Arbeiten des Birminghamer Centre for Contemporary Cultural Studies.« In: *Osnabrücker Beiträge zur Sprachtheorie* 16, 1980
- »Eine historische Anmerkung zur Kulturdiskussion und ein Hinweis auf den kulturanalytischen Ansatz des Birminhamers CCCS.« In: Helt, J. (Hg.): *Kulturtheorie und Kunstgeschichte,* Köln 1981

Marks, Sh./Reinicke, H./Noller, P.: »Leben und Arbeit des Fabrikarbeiters D.Z. Die narrative Analyse eines Interviews.« In: Deutscher Volkshochschulverband: *Weiterbildungsbereitschaft und Lebenswelt,* 1982

Marks, Sh./Noller, P.: »Kein Schwanz ist so hart wie das Leben: Instandbesetzungen.« In: *Digger* 2, 1982

May, M.: *Provokation Punk. Versuch einer Neufassung des Stilbegriffs in der Jugendforschung.* Veröffentlichung des Instituts für Jugendforschung und Jugendkultur e.V. Bd. 6, Frankfurt/M. 1986

Memmi, A.: *Der Kolonisator und der Kolonisierte. Zwei Porträts.* Frankfurt, Syndikat 1980

Mesrin, J.: *Der Todestrieb. Lebensbericht eines Staatsfeindes.* Reinbeck 1984

Meudt, V.: *Drogen und Öffentlichkeit: soziale Probleme, gesellschaftliche Konflikte und öffentliche Kommunikation,* München 1979

Miller, W.B.: »Die Kultur der Unterschicht als Entstehungsmilieu für Bandendeliquenz.« In: Sack, F./König, R. (Hg.): *Kriminalsoziologie,* Frankfurt/Main 1968

Neubaur, C.: »Verwünschter Wunsch«. In: *Wege des Anti-Ödipus.* Hg.: J. Chasseguet-Smirgel, Frankfurt, Syndikat 1986, S. 136f.

Nietzsche, F.: *Zur Genealogie der Moral.* Vollständige Ausgabe nach dem Text der Erstausgabe (Leipzig 1887) Goldmann-Verlag, München
- *Jenseits von Gut und Böse.* Vollständige Ausgabe nach dem Text der Erstausgabe (Leipzig 1887), Goldmann-Verlag, München

Noller, P.: »Da unten ..., aus der Drogenszene.« In: *Digger* 2, 1982

Noller, P./Reinicke, H.: *Heroinszene. Fremd- und Selbstdefinitionen einer Subkultur.* Frankfurt/New York, Sommer 1987

Parin, P.: *Der Widerspruch im Subjekt,* Frankfurt 1983

Parin, P., Parin-Matthey, G.: »Der Widerspruch im Subjekt. Die Anpassungsmechanismen des Ich und die Psychoanalyse gesellschaftlicher Prozesse.« In: *Provokation und Toleranz*. Festschr. f. A. Mitscherlich, Frankfurt 1978

Parow, E. u.a.: *Über die Schwierigkeit, erwachsen zu werden. Rauschmittel und Adoleszenzkrise,* Frankfurt/Main 1976

Platt, J. J./Labate, Ch.: *Heroinsucht: Theorie, Forschung, Behandlung,* Darmstadt 1982

Pohlen, M.: »Zu den Wurzeln von Gewalt. Ein psychoanalytischer Beitrag zur Genealogie der Gewalt der Familie und zur Genealogie des Faszinosums des Faschismus.« In: Passett P./Modena E. (Hg.): *Krieg und Frieden aus psychoanalytischer Sicht,* München 1987

Projektgruppe Tudrop: *Heroinabhängigkeit unbetreuter Jugendlicher,* Weinheim 1984

Przybilla, K.: *Drogen in der Stadt,* Münster 1982

Psychoanalytisches Seminar Zürich (Hg.): *Die neuen Narzißmustheorien: zurück ins Paradies?,* Frankfurt/Main 1983

Quensel, St.: *Drogenelend. Cannabis, Heroin, Methadon: Für eine neue Drogenpolitik,* Frankfurt/Main 1982

- Mit Drogen leben. Erlaubtes und Verbotenes, Frankfurt/New York 1985

Redl, F./Wineman, D.: *Kinder, die hassen,* München 1984 (Erstaufl. 1951)

Reinicke, H.: *Revolt im Bürgerlichen Erbe*, Gießen, Lollar 1975

- *Gaunerwirtschaft. Die erstaunlichen Abenteuer hebräischer Spitzbuben in Deutschland,* Berlin 1983

Reuband, K.-H.: *Rauschmittelkonsum. Soziale Abweichung und institutionelle Reaktion,* Wiesbaden 1976

Ricoeur, P.: »Der Text als Modell: hermeneutisches Verstehen«, in: Bühl, W.L.: *Verstehende Soziologie,* München 1972

- *Die Interpretation. Ein Versuch über Freud,* Frankfurt 1974

Roszak, T.: *Gegenkultur,* Düsseldorf/Wien 1971

Rusche, G./Kirchheimer, O.: *Sozialstruktur und Strafvollzug,* Frankfurt 1974

Sack, F.: »Die Idee der Subkultur: Eine Berührung zwischen Anthropologie und Soziologie.« In: *Kölner Zeitschrift für Soziologie und Sozialpsychologie,* 23. Jg.

Sartre, J.-P.: *Marxismus und Existentialismus. Versuch einer Methode,* Reinbeck 1967

- *Der Idiot der Familie. Gustave Flaubert*, Bd. 1-5, Reinbek 1980

Scheerer, S.: *Therapie als Strafe,* Münster 1979 (unveröff. Diplomarbeit, FB Erziehungswissenschaften der Univ. Münster)
- »Die gegenwärtigen Tendenzen in der deutschen Drogenpolitik«, in: Mader, R./H. Strotzka (Hg.): *Drogenpolitik zwischen Therapie und Strafe,* Wien 1980a, S. 317
- »Über die Erfindung des helfenden Zwangs«. In: *links* 127/128, 1980b

Scheidt, J.v.: *Der Falsche Weg zum Selbst: Studien zur Drogenkarriere*, München 1976

Schenk, J.: *Droge und Gesellschaft,* Berlin 1975

Scheuch, E. K.: *Haschisch und LSD als Modedroge,* Osnabrück 1970

Schmitt-Egner, P.: *Kolonialismus und Faschismus. Eine Studie zur historischen und begrifflichen Genesis faschistischer Bewußtseinsformen am deutschen Beispiel.* Gießen/Lollar 1975

Schulz, Paul: *Drogenszene,* Frankfurt 1974
- *Drogentherapie,* Frankfurt 1974

Schumacher, J.: *Die Angst vor den Chaos. Über die falsche Apokalypse des Bürgertums.* Makol-Verlag, Frankfurt, 1972

Schwendter, R.: *Theorie der Subkultur,* Frankfurt/Main 1978

Shaw, C.: *The Jackroller,* Chicago 1966

Shell-Jugendstudie, *Jugend 81, Lebensentwürfe, Elemente der Alltagskultur, Zukunftsbilder,* Bd. 1-3, Hamburg 1981

Siegert, M. Th.: *Adoleszenzkrise und Familienumwelt. Prozeß der Identitätsstörung bei opiatsüchtigen Jugendlichen,* Frankfurt/Main 1979

Sinus 1982, *Jugendforschung in der Bundesrepublik, Literaturbericht*

Soeffner, H.G.: *Interpretative Verfahren in der Sozial- und Textwissenschaft,* Stuttgart 1979

Sonnemann, U.: *Negative Antropolgie, Frankfurt,* 1981
- »Monade und Polis. Zur Selbstkritik der Psychoanalyse.« In: Horn, K./Lorenzer, A.: *Das Elend der Psychoanalysekritik.* Sozialwissenschaftliche Sonderserie, Psychoanalyse als Sozialwissenschaft, Bd. 2, 1971

Steinbrecher, W./Solms, H. (Hg.): *Sucht und Mißbrauch,* Stuttgart 1975

Szasz, Th., S.: *Das Ritual der Drogen,* Wien 1978a
- *Recht, Freiheit und Psychiatrie,* Wien 1978b

Täschner, K.-L.: »Wirkung von Rauschdrogen«. In: *Polizeiliche Drogenbekämpfung,* BKA Schriftenreihe Band 49, Wiesbaden 1981
- »Drogenkonsum - Stand der Forschung aus medizinischer Sicht«. In: *Rausch und Realität,* Reinbek 1982, S. 1426

Thamm, B.G.: »Die Drogenszene heute«. In: *Jugendwohl* 61, 7/8, 1980, S. 262-268

- Die Drogensituation in der BRD. In: Soziale Arbeit 29, 1980, S. 60-64
Theweleit, K.: *Männerphantasien* Bd. 1, Frankfurt 1977
Theyson, F./Spazier, D.: *Newhere. Therapeutische Expedition in die Unwegsamkeit der Drogenszene,* Frankfurt/Main 1981
Thomas, N.: *Drogenkriminalität,* Stuttgart 1982 (Kriminalistik und Kriminologie; Bd. 2)
Thompson, E.P.: *Plebejische Kultur und moralische Ökonomie,* Frankfurt, Berlin, Wien 1980 a
- *The Making of the English Working Class,* Harmondsworth 1968
Vidocq, E. F.: *Aus dem Leben eines ehemaligen Galeerensklaven, welcher, nachdem er Komödiant, Soldat, Seeoffizier, Räuber, Spieler, Schleichhändler und Kettensträfling war, endlich Chef der Pariser geheimen Polizei unter Napoleon sowohl als unter den Bourbonen bis zum Jahre 1827 wurde.* Buchverlag Der Morgen, 1971
Vogt, R.: »Theorien über den Mythos«. In: *Psyche* 9, Jg. 39, 1985
Wanke, K.: »Die aktuelle Drogenszene«, *Dtsch. Apoth. Ztg.*, 117 (25), 1977, S. 18
Wanke, K./Täschner, K-L.: »Drogen und Gesundheitserziehung«. In: *Medizin, Mensch, Gesellschaft* 3, S. 18, 1978
Wendepunkt, Knastzeitung, SVA Butzbach
Williams, R.: *Culture and Society,* 1961
- »Zur Basis-Überbau-These in der marxistischen Kulturtheorie«. In: *Alternative* 101, 1975
Willis, P.: »Subcultural meaning of the motor bike«. In: *Working papers in Cultural Studies,* Univ. of Birmingham, 1972
- »Symbol and Realität. Zur gesellschaftlichen Bedeutung der Popmusik«. In: *Ästhetik und Kommunikation,* Nr. 31, 1978
- *Spaß am Widerstand. Gegenkultur in der Arbeiterschule,* 1978a
- *Profane Culture, Rocker, Hippies, Jugendkulturen,* Frankfurt/Main 1978b
- »The man in the Iron Cage«. In: *Working Papers in Cultural Studies,* Birmingham 1967
Yiannis, G.: »Unbehagen und Illusionen in Freuds Kulturtheorie«. In: *Psyche*, Jg. 40, 1986, S. 21-48
Young, J.: *The Drugtakers, The Social Meaning of drug Use,* London 1971
Zinnecker, J.: »Lieber 'nen Ted im Bett als 'nen Punk im Schrank, Werkstattbericht einer Jugendstudie«. In: *Päd. Extra,* Nr. 12, 1981
Zutt, J.: »Anthropologie von Rausch und Sucht«. In: Steinbrecher/Solms: *Sucht und Mißbrauch,* Stuttgart 1975, I/31